신(神)의 입장으로 보아

세상에 빛을 드러내기 위해
반드시 어둠이 필요했던 것과 같이

선(善)을 드러내기 위해서는
악(惡)의 존재도 필요했던 것이니

이 인간 세상에
사악한 무리가 존재하는 것은
그 반대 되는 빛의 인간을
보다 선명하게 드러내기 위함이라

그러므로 이 땅에는 이미
지옥과 천국이 형성되어 있으며
각자가 가야 할 길을 스스로
찾아 달려가고 있는 것이다

신 인간 혁명

국민 행복 자동성취기

독특하고 간단 명료한 신 정신 혁명

사회의 기본 단위인 한 가정, 그 구성원인 전 국민이 진정으로 행복해지는 공통공식, 그 독특하고 간단명료한 행복 바이러스가 때맞춰서 電波를 타기만 하면 이 사회가 단숨에 천국이 되고, 국가 시스템은 개혁할 필요가 없어진다. 과연 이게 가능할까?

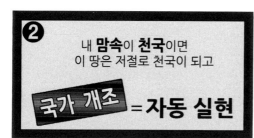

❷ 내 맘속이 천국이면
이 땅은 저절로 천국이 되고

국가 개조 = 자동 실현

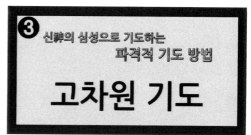

❸ 신神의 심성으로 기도하는
파격적 기도 방법

고차원 기도

경고!

이 책은 아무나 읽는다고 다 이해되고 감동을 얻는 것은 아닙니다. 선과 악을 구분하듯이 이 책이 사람을 구별합니다. 선악과를 따먹고 눈이 밝아진 자만이 깨닫게 될 것이니 [**선악과**]란? 성경 속의 용어지만 그 [선악을 알게 하는 나무의 실과]는 오로지 [**맘 먹기 나름**]으로 당신의 선한 마음속에서 생성되는 고도의 깨달음으로서, 그 순도(巡道)에 따라 [**더 완전한 곳**(성경 속의 천국)]으로 나아갈 수 있는 열쇠이자 통로가 됩니다. 이 사실 자체가 벌써 천기누설이니 당신은 이미 정확하고도 어마어마한 [**신의 프로젝트**]에 진입하였습니다. 집중하십시요.

당신의 영혼을 쪼갤만한 성경 구절과 당신의 기도가 순간적으로 하늘에 상달되게 하는 방법 등 그 모두가 천기누설이라 할 만큼 파격적입니다. 어떤 식으로든 종교를 가지고 있거나, 또는 신의 존재에 관해 강한 탐구심을 가진 분 또는 참 신앙을 찾아 여기저기 떠도는 **구도자**들에게는 즉시 눈이 떠지고 감동의 깨달음을 줄 것입니다.

그 외 **종교 따위는 관심이 없고 오로지 과학만 믿는다는 사람은** 이 책을 접하는 순간 심한 두통 내지는 어떤 알레르기 반응에 의한 분노 따위 아니면 히스테리 증상이 유발될 수 있습니다. 다시 말해 즉시 깨달음을 얻거나, 좋은 방향이든 안 좋은 방향이든 그 영혼을 혼란 속으로 몰아넣는 경우, 그리고 아무런 감흥도 느낄 수 없는 세 가지 유형으로 나눌 수 있습니다. 그러니까 이 책은 사람의 영혼을 쪼갤 수도 있는 **영적 칼이 내재(內在)되어 있다는 사실에 유념하시어** 안 좋은 징크스가 심하게 느껴져서 도무지 책 읽기가 곤란하신 분은 책 읽기를 중단하고 다른 사람에게 선물하십시오.

특히 종북 주사파 또는 그와 유사한 사상적 이념에 사로잡혀 있거나 편견이 심한 분은 이 책 읽기가 매우 곤란할 것입니다. 왜냐하면 이 책은 그런 극단적, 편향적인 사상에 매몰된 사람은 강한 거부감이 일어날 수 있으며, 첫머리부터 오늘날의 저 여의도 정치판을 상대로 [극우라 할 정도의 날 선 칼(?)]을 휘두르고 있기 때문입니다.

끝까지 숙독한 이후라도 깨달을까 말까이니, [지금까지 우리가 얼마나 편향된 시각으로 세상을 바라봤는지, 현재도 그 편견으로 인해 사악한 정치꾼(사실은 악마)들의 선전·선동에 얼마나 놀아나고 있는지]를 정녕 깨달을 수 있을지 의문입니다. 진정한 자아를 회복한 이후에나 이런 깨달음이 가능할 것이니, 아무리 극좌라 할지라도 참인간이 되고 싶은 분이라면, 머리가 복잡해지고 혼돈이 와도 계속해서 읽고 또 읽어서 하늘과 땅의 차이를 경험하십시오.

만약 당신이 종북 주사파 장본인이거나 [미군 철수], [사드 반대], [일본 원전 오염수 어쩌고]하는 따위의 선동에 가담한 사실이 있거나, 저 중국 공산당에게 [높은 산] 어쩌고 하면서 머리를 조아리는 사대주의자 또는 그 추종자라면 이 책을 읽는 중에 **눈알이 뒤집어 질 수도 있습니다. 그런 일이 있으면 즉시 중지**하고 스스로 진단하십시오.

혹여 뒷장의 [진정한 기도]부터 읽고 난 뒤 앞 장을 읽으면, 인생을 바꿀 수 있는 **전향의 기회가 될 수도 있으며**, 당신의 진정한 자아와 정체성을 회복하는 데 도움이 될 것입니다. 그 머리에 번갯불을 맞은 듯한 깨달음도 가능합니다. 이 [경고]를 허투루 생각하고 시험하려 들거나, 무시하지 마십시오. 조금이라도 기도하는 자세로 읽을 것을 권합니다. 그리고 이 땅의 정치꾼들에 대한 비판을 두고 [극우]라 비난하려면 이 책을 다 읽은 후에 해도 늦지 않다는 사실, 잊지 마십시오.

반드시 성취하는 법

객관식 시험이라도 주관식으로 공부하고
7급 공무원 정도는 사법시험 수준으로 공부하라

무엇이라도 배우고 싶으면, 머릿속에 사진처럼 박히도록
수만 명 앞이라 가정하고 거울 앞 강의도 해보고

인간 존재의 가치를 깨닫고 싶으면
신과 같이 살기를 염원하라

이 간단한 원리만 터득하면

무엇이든 거뜬히 통과할 것이고
남들이 힘들고 고통스럽게 산을 오를 때도
만만하게, 가볍게 넘으리라

그는 이미 달인이고 초월한 상태라
더 높은 곳에 도달해 있으니
만물의 실체가 바로 그 눈 아래 있느니라

세상만사가 다 [**맘먹기 나름**]이라
당신 앞에서는 어떤 문젯거리도
쉬운 거부터 가볍게 해결되고,
해답 없어 접어두면, 세월이 다 해결한다

세상에 태어난 것부터 감사할 일이니
너 자신을 먼저 사랑하게 될 것이다

남을 먼저 배려하면 내가 먼저 행복해진다

진정한 배려란 어떤 것일까?

그리고 진정한 행복이란 무엇일까?

[진정한 행복은 돈과 권력에 있지 않고 인간 내면의 진정한 자아를 회복할 때 이루어진다. 자기 자신을 자유로운 영혼의 소유자로 여기는 우리의 일상적인 감각이 대부분 잘못된 사실에 기초한 망상이며, 내면적 성찰을 통해 깨달음을 얻게 되면 그 속박에서 해방될 수 있다. 그러나 이것이 우리를 아무것이나 마음대로 하겠다는 방탕자로 만드는 게 아니라 참된 이해와 통찰력을 생성, 사물을 있는 그대로 바라볼 수 있는 직관력을 제공함으로, 허황하게 전도된 의식 세계로부터 해방하게 한다.] - 스피노자 (1632~1677 : 네델란드) 행복론 中

※ [내면의 진정한 자아]를 어떻게 회복시킬 것인가? 그 해답을 여기서 확실하게 발견하는 당신이라면 그 남은 미래는 이미 성공이다. 억눌리고 상처받은 또 다른 당신, 그 내면의 잠재의식 속에 잠자고 있던 능력을 현실 속에 끌어내어 당신이 진정으로 원하는 행복과 빈틈없이 연결할 것이다. 그 능력은 [남을 먼저 배려하는 당신의 속 깊은 마음]에서 나오게 되고 이것이 촉매로 작용할 것이다. 당신을 변화시키기 위한 이 방법론이 얼마나 효율적이고, 또 얼마나 빠르게 이루어지는지 당신 내면에 숨어 있던 기적적인 반응 센서의 성능에 달렸다. 너무 쉽고 간단하고, 기상천외한 이 방법을 누구나 즉시 활용하여 전 국민이 행복해질 [행복 바이러스], 그 전파자가 될 당신이 참으로 자랑스러울 것이다.

머리글

 공약 또는 정책적인 측면에서 제시되는 복지 정책은 대부분 후차적이고 임시방편이며 소극적 수단에 그친다. 또한 새로운 불만과 요구는 계속해서 터져 나오고 그런 잡다한 문제를 해결하기 위해 정부는 더 많은 예산과 인력을 투입해야만 한다. 이런 [**선심 정책**]은 끝이 없고 근본적인 문제는 해소되지 않으며 여당 야당 할 것 없이 국민의 지지를 받으려면 반드시 내놔야 할 필수 공약이라 하겠으나, 결코 지혜로운 방법은 아니다. 국민 대부분이 그런 것을 복지라고 생각하기 때문에 시행착오는 계속되고 최악의 경우 국가 파산으로 이어지기도 한다.

 각 개인의 입장이라면 어떨까. 진짜 행복을 원하면서도 실제로는 피곤함만 가중될 쓸데없는 일로 바쁘기만 한 경우가 대부분이다. 무슨 말일까? 행복의 근원조차 정확하게 알지 못하기 때문에 일어나는 불협화음, **인간관계 부조화로 스트레스를 받는 것**이니 오히려 몸만 피곤할 뿐이다. 누구든지 자신이 설정한 기준에 따라 스스로 행복하다고 여길지라도 그것이 **진정한 행복인지는** 아무도 알 수가 없다. 그 기준점 또한 수시로 흔들리고 변하기도 하는 것이니 이 다양한 인간 세상에서 행복에 대한 정의를 내린다는 자체가 모호하다.

 <**인생만사 세옹지마**>라고. 지금의 행복이 오히려 화근이 될 수도 있고, 현재는 불행한 것이 내일이 지나면 행운이 될 수도 있음을 우리는 경험으로 알고 있다. 그러면서도 가끔은 자신의 고통스러웠던 과거를 되뇌거나 흙수저(=저소득층) 집안에서 태어난 자신의 운명을 한탄하기도 한다. 이것저것 생각할 겨를도 없이 돈 벌기에 바쁘기만 한 사람도 있을 것이다. 매일매일 충동적으로 살아가는 여러 부류의 현대인들에게 과연 행복이란 무엇인지, 그 주관적 기준을 초월하여 고도의 정신세계에서 공통분모로 사용할만한 행복의 기준은 추출할 수 없는 것일까?

복지라는 것도 마찬가지다. [가난 구제는 나랏님도 못한다]는 옛말이 있다. 그러니까 궁극적으로는 〈복지 = 국민 불만 해소〉쯤으로 결론지어야 하는 현실에서 만백성을 두루 잘 살게 하겠다는 복지 개념은 전 세계적으로 실패한 공산주의 이론에 지나지 않는다. 그런데도 이것이 정권 탈취 수단으로 오늘날까지 활용되는 것을 보면, 그 선전·선동이 사람들을 유혹하는 수단으로는 꽤 효과가 있어 보인다. 그러니까 먼저는 이 신기루와 같은 선전·선동에 놀아나는 어리석은 국민이 없도록 해야 할 것이나, 정부 정책 홍보 차원에서는 거부반응도 고려해야 할 것이니 전 국민을 상대로 한 진정한 복지를 위해서는 선심성을 초월하여 더 진보되고 차원 높은 정신적 가치를 지향할 필요가 있다.

우리가 현재 안고 있는 사회문제는 여러 가지가 있겠지만 여기서는 주로 [인간성 상실]에 관한 것만 다룬다. 이거 하나만 집중적으로 회복시키면 도미노 현상이 일어나서 빈곤 문제나 사회 통합과 같은 국가적 난제까지도 저절로 해결될 수 있기 때문이다. 많은 사람이 상대적 박탈감을 느끼지 않으면서 공정하게 경쟁할 수 있는 사회, 부정부패 없는 나라, 안전하고 행복한 삶이 시스템적으로 보장되는 자유민주주의 세상이 가능한 것이다. 그런데 이건 또 무슨 수치(羞恥)스러운 일인가?

우리가 마침내 선진국에 진입했다 하나 2018년의 〈세계 행복보고서〉 발표 한국의 행복지수는 OECD 37개국에 포함도 안 되는 57위로 꼴찌 수준이다. 선진국 순위나 행복의 지수는 정부 관리의 부패나 언론의 자유가 그 기준에 포함된다는데 한국에서는 그 기준이 무엇인지 의심이 들 정도의 설문조사가 나왔다.

2021년을 마무리하면서 〈삶을 의미 있게 하는 것이 무엇이냐?〉는 질문에 대해 17개 나라 가운데 한국만 유일하게 〈물질적 풍요〉를 1위로 꼽았다는 것이다. 이거 하나만으로도 [물질(=돈)에 눈이 멀어 있다]는 말 아닌가? [물질 만능]이 팽배하면 인간 중심 사상은 쇠퇴하고 짐승들의 [약육강식 논리]만 판을 친다. 말로만 비단같이 [사람이 먼저]라고 유혹해 놓고 [자기편 먼저]밖에 없는 정치 논리가 이 나라를 망조 들게 했던 사실을 기억하는 사람이 몇이나 될까?

예언가들이 말하는 〈세계의 중심 국가〉가 그런 집단 이기주의 사고방식으로 가능하겠는가 이 말이다. 만에 하나 그와 비슷하게 된다고 해도 그것은 단지 **잘 사는 나라**에 그칠 뿐, [세계인이 우러러보는 모범국가]는 절대 될 수가 없다. 세계를 선도할 중심 국가라면 지구촌의 평화와 인류의 구원에 이바지할 [위대한 사상]이 전제되어야 하고, 실로 국민 대다수가 그렇게 **정신적으로 무장**되어 있어야 할 것이다. 이해하기 어렵고 추상적이며 철학적인 사상이 아니라, 누구나 고개를 끄덕일만하고 만인이 쉽게 실천할 수 있는 **감동적 콘텐츠와 획기적인 아이템**이 요구되는 시대다. K-POP이나 한류 문화에 걸맞은 사상의 정립이 필요하고 그만큼 우리가 이를 직접 증명해야 할 것이다.

[인류를 구원할 위대한 사상]도 그리 어려울 게 없다. 흔히 말하는 [배려와 봉사], 그리고 여기서 제시되는 [반전의 콘텐츠]로부터 간단하게 추출할 수가 있다. [남을 먼저 배려하면 내가 먼저 행복해진다]는 원리를 새삼 깨달음으로 인해 각 가정이 먼저 행복해지면 이 사회가 천국으로 탈바꿈하는 이변도 가능하다는 말이다. 이것을 현실화하는 데는 [세상만사 맘먹기에 달렸다]는 이 말 한마디가 핵심이다. 이것은 어디라도 제대로 대입만 시키면 만사형통하는 최선 최고의 공식이다. 깊은 지식을 요구하거나 힘든 노력이 필요치 않다.

[세상만사 맘먹기에 달렸다] - 이 한 구절 속에, 국민 개개인의 행복과 성공, 그리고 국가나 지자체가 하는 대규모 사업까지도 반드시 성공시킬 수밖에 없는 마법의 원칙이 들어 있다. [국가 개조 프로젝트]조차도 그야말로 전 국민의 [맘먹기] 하나로 완성되는 것이다. 배려라고 해서 지금까지 우리가 생각하던 보편적인 개념이 아니다. 어떻게 반전시

켜서 내 것으로 만들어야 기적을 일으키는지를 각자가 여기서 직접 체험하게 될 것이다. 너무 쉽기는 하지만 [맘먹기] 그 자체가 조금은 어렵다고 할 수도 있다. 이 책은 여느 책들처럼 재미나 흥미를 유발할 감각적인 이야깃거리는 없다. 오늘날 현대인은 SNS에 더 빠져 있고 단순하면서도 쾌락적인 것들을 추구한다는 사실은 알고 있다. 그러나 우리의 속 마음(영혼)은 고차원적인 무언가를 갈망한다.

그래서 이 책의 제목도 [**신인간 혁명으로 국민 행복을 창조하자**]는 의미를 담고 있다. 어딘가 꼰대 냄새가 날 수도 있다. 그러나 여기서 우리 인간의 맘속에 잠자고 있는 [**긍정의 힘**]을 불러일으키고, 각 개인의 자신감을 더하여 심기일전의 단초(端初)가 될 수 있을 것이다. 신인간 혁명의 계기가 되기를 바라지만, 이 바람과는 달리 이와 반대의 결과를 초래할 수도 있음을 솔직하게 고백한다. 왜냐하면 소경의 세상에 눈을 뜨고 들어가면 비정상이기 때문이다.

이 책은 우리가 처한 현실과 새로운 마음가짐으로 이 사회를 어떻게 변화시킬 수 있을 것인가 하는 관점에서 하나의 방법론을 제시하는 것이고 우리가 쉽게 깨달을 수 없는 내면의 또 다른 자신을 통해 인간 본연의 편견과 아집의 어둠에서 벗어날 수 있는 계기가 되는 사람에게는 감동의 선물이 될 수 있다. 눈을 제대로 뜨고 보기만 하면 이것은 너무 쉽고 간단하면서 그 효과는 가히 상상할 수 없을 것이다.

더욱 구체화 조직화하여 범국민 캠페인으로 전개할 때, 이 사회의 기본 단위인 각 개인과 그 가정은 물론 국가 발전의 원동력이 되고 국가 개조라는 과제까지 저절로 해결된다. 글씨체 또한 12포인트로 노안이신 분들도 쉽게 읽을 수 있을 것이니 남녀노소를 막론하고, 누구나 이 경이로운 프로젝트에 동참, [**맘먹기 달렸다**]는 이 말 한마디로 끝내자.

- 이 책은 소설이 아니며 인류를 구원할 신세계 창조 계획서다 -

이 책을 쉽게 읽히기 위해

40대 이후만 되면 노안이 옵니다
노안이신 분들이 쉽게 볼 수 있도록 글씨 크기를
12폰트로 사용하였습니다. 그리고
제삼, 제4 강조한 단어가 있지만
그것이 우리의 영혼을 일깨우기 위한
배려의 일환이라 여겨 주시고 시간 날 때마다
조금씩 읽어주시면 감사하겠습니다.

제1부 : 당신 마음속에 천국을 이루리라

[전 국민 행복]이라는 화두를 놓고 진정한 행복이 무엇인지를 전혀 다른 차원에서 현실적으로 탐구한다. 그러기 위해 먼저는 이 인간 세상의 고통에 대한 이해와 자기 성찰의 시간이 필요할 것이다. 우리가 지금껏 추구하던 감성적 행복과는 차원이 다른 절대 불변의 공통 공식 같은 것은 없을까? 그것이 가능하다면 어떤 상황 속에서도 실패하지 않는 **[절대 성공 원칙]**까지도 추출할 수 있게 된다. 그것을 가능케 할 키-포인트는 무엇일까? 아마도 당신은 일순간에 그것이 바로 당신 내면의 또 다른 당신, 그 진정한 긍정의 생각으로 치환되는 **[발상 전환]**이 바로 기적을 일으킨다는 사실을 알게 될 것이다. 이 **[마음먹기 나름]**으로 도통하는 날에는 당신 마음속에 먼저 천국이 이루어질 것이니 굳이 행복을 찾아 여기저기 기웃거릴 필요가 없다. 먼저는 당신의 닫혀 있는 마음의 문을 열어야 하는데 그것도 조급해할 필요가 없다.

제2부 : 저절로 달성되는 [국가 개조사업]

국민 주권 세상이라고 다양성을 존중해야 한다? 맞는 말이다. 그러나 이 땅의 다양성, 진보나 보수 또는 개혁이라는 단어가 무색하게 느껴지는 것은 무엇 때문일까? 이 세상은 어차피 한 치 앞도 분간할 수 없는 어둠의 세상이지만 코로나바이러스보다 더 지독한 **이념의 바이러스**가 이 땅을 잠식하고 오염시키고 있다는 사실을 당신도 이미 알고 있을 것이다. 소시오패스, 사이코패스 증후군에 중독된 자들이 민주나 국민이라는 이름으로 이 나라 발전 동력 시스템을 파괴하고 무너뜨린 것을 대통령 한 사람의 힘으로 해결할 수는 없다. 그러므로 조작한 대통령 지지율이나 쳐다보고 비판이나 해서 될 일이 아니다. 주권자인 우리 국민이 직접 나서야 할 때다. 사악한 이념의 바이러스를 사멸시키는 작업도 **[발상 전환]**만으로 가능하다. 총과 칼보다 강한 영적 칼이 내장된 **[발상 전환 방법]**을 가슴 깊이 받아들일 필요가 있다.

제3부 : 차원 높은 기도

기도라고 하면 당신은 아마도 우리의 어머니 세대의 [지극 정성]이라는 단어를 떠올릴 것이다. 당신뿐 아니라 이 땅의 모든 사람은 누구나 다 미래를 알 수 없는 불안한 심리를 안고 있다. 이 인간 세상이 영적으로는 암실과 같이 캄캄한 세상이라, 한 치 앞을 알 수 없는 그야말로 소경 천지이기 때문이다. 그래서 우리는 전지전능(?)한 신에게 기댈 수밖에 없는 존재가 아닐까. 더구나 살아 있는 동안의 고통과 번민은 끝이 없고, 삶이란 것이 어쩌면 고통의 연속이 아니던가.

그렇다면 이왕에 하는 기도, 그 최종 판단은 하늘에 맡긴다 치더라도 어떻게 해야 절대자인 신에게 정확하게, 그리고 진실하게 전달할 것인가, 이것이 문제다. 조금은 엉뚱하고 황당한 질문일 거 같으나 이렇게 문제를 제기해 놓고 보면 해답을 얻어야 할 구실이 생긴다. 아무도 부정하지 못할 정도의 구체적이고 현실적인 방법이 있다면 보다 많은 사람이 관심을 가지고 한 번쯤은 실행해 봐도 손해 볼 게 없다.

더구나 그것이 지금까지 우리가 알고 있던 고행이나 고통을 동반하지 않고, 오히려 재미있는 놀이처럼 언제 어디서나 할 수만 있다면 그것이 진정 인류를 구원할 [집단 성불], 기독교에서도 말하는 [천국 침노]의 기회다. 어렵게 생각하면 어려울 수밖에 없는 것이 인생사다. 그러니까 이것을 성취하기 위해서는 정통이나 전통에 얽매일 필요가 없으며, 당신이 지금까지 터득한 세상 지식이나 어떤 원칙의 틀을 깨고 그 아집의 울타리를 벗어나야 한다. 당신은 지금도 캄캄한 영적 어둠 속에 갇혀 있다는 사실을 직시하고 하루빨리 탈출하는 것이 먼저다.

C·O·N·T·E·N·T·S

제1부 : 전 국민 행복 사업계획서

주권을 잃어버린 국민 주권 시대

제2부 : 저절로 달성되는 [국가 개조사업]

[국가 개조사업]도 간단하게 자동 해결

순례지 차원의 정신문화 중심지 시각화사업

사회적 난제까지 한 방에 해결

무사안일주의에 빠질 수밖에 없는 공무원 사회

절대 성공의 원칙

세계를 하나 되게 하는 신 인간 혁명

총성 없는 혁명은 진행 중이다

인간은 저 숲속의 굼벵이와 같은 존재다

다음 단계의 새로운 방법

제1부 : 전 국민 행복 사업계획서
- 당신 마음속에 먼저 천국을 이루리라 -

캐치프레이즈 (누구라도 행복해지고 싶으면 이 문구를 생각하라)
- 남을 먼저 배려하면 내가 먼저 행복해진다 -

[배려]라고 하면 어려운 이웃이나 장애인을 돕는 것쯤 생각하고, 그런 시설 찾아 라면박스를 배경 삼아 사진이나 찍는 광경을 떠올릴 것이다. 인간 세상에서 행해지는 배려의 수준이다. 그러나 지금 당신은 [맘먹기 나름]으로 이 인간 세상을 천국으로 바꿀 수 있는 하나의 위대한 프로젝트에 참여하고 있으며, 전 인류에게 동시 적용이 가능한 공통 공식을 부여받게 된다. 너무 쉽고 간단한 이 공식을 다른 사람에게 전파하는 것도 고차원적 배려라는 사실.

당신과 당신 가정 안에 먼저 천국을 이룰 것이니 그 방법이 너무 쉽고 간단하다는 사실에 놀랄 일이지만 사람에 따라서는 불가할 수도 있다. 그래서 처음부터 [경고!]를 한 것이니 누구든지 마음을 먼저 열어야 한다. [마음을 연다]는 것도 쉽다면 쉽지만, **당신을 향한 [매우 직접적이고 모욕적인 비판]조차도 기꺼이 받아들일 만큼 당신 자신을 객관적으로 바라볼 수 있어야 가능하다.** 그렇지 않으면 참으로 재미없고 무의미한 시간이 될 것이다.

그 핵심이 바로 우리의 언어생활에 관한 것인데, 한마디 말이라도 당신의 입에서 쏟아지기 전에 [딱 3초만 뜸을 들이자]는 캠페인이다. 간단하지 않은가? 국민 누구나 자발적으로 참여하여 습관화, 생활화하자는 [새 마음 운동]이다. 별것 아닌 것처럼 보이지만, 그 [최면 효과] 하나만으로도 당신의 가정과 당신의 마음속에 [천국]을 이룰 정도이니, 그 말만큼이나 쉽지도 않으며 이것을 위한 준비 운동 또한 **당신의 영혼을 시험하는 과정**이기도 하다.

현 세태 진단하기

1. 생색내기로 전락한 [배려]와 인간성 상실의 시대

　유럽의 어느 나라 전철의 지정 좌석은 [나라를 위해 헌신한 영웅들]이 1순위라 한다. 세심한 부분까지 **[나라의 안위]**를 먼저 생각하는 국민 의식 수준이 감동스럽지 않은가? 나라를 지키다 순직한 장병들은 푸대접하고, **[한 번도 경험하지 못한 나라를 만들겠다]**면서 불과 5년 만에 이 나라를 구석구석 파멸로 몰아간 **[공산 주사파의 망령]**들에게는 꿈에서도 바랄 수 없는 일이다. 이것을 지켜보기만 해야 했던 우리의 국민 정신은 어디로 갔던 걸까? 그 **멍청함, 무감각, 무관심, 몰지각**의 바이러스가 아직도 사라지지 않은 연기처럼 세상을 뒤덮고 있다. 집단 마취나 사기(詐欺)가 아니면 도무지 이해할 수 없는 일이 벌어진 것이다.

　하루하루 먹고살기 힘든 사람에게는 한 푼의 돈이라도 집어주는 지도자가 최고로 보일 수밖에 없을 것이다. 그게 아니라도 누구나 쉽게 뿌리칠 수 없는 유혹 앞에서 그 **[사람이 먼저]**라는 요사스러운 구호와 **[소득 주도]**라는 **[립-서비스]**에 우리의 의식구조가 마취되었던 건 아닐까? 그것이 지옥행을 예고하는 것인 줄 어느 누가 상상이나 했겠는가 말이다. 그 **[사람]**이라는 것이, 생긴 거부터가 꼴뚜기인데도 오로지 자기편이면 장관도 시키고, **노동자 이익을 우선하겠다는 [당근 정책]**은 **[국민 입막음용]**이었던 거다. 참으로 요망(妖妄)하다. 나라의 빚이야 늘든 말든 마구마구 달콤하게 퍼질러 놓고, 뒤로는 나라를 통째로 적의 손에 갖다 바치던 매국노가 누구냐 이 말이다. **인간성 상실의 마약을** 퍼뜨린 사악한 바이러스 근원지는 지금도 멀쩡히 건재하다.

2. 속물 인간을 열광케 하는 것은

속물 인간을 열광케 하는 데는 [소득 주도]라는 정책에 [정규직 승격]을 더하여 **[사람이 먼저]**라는 그럴듯한 선전·선동 구호가 바로 **마약**이었다. **[자기 것에 유달리 집착하는 이기주의]**가 국민 의식 세계를 지배할 때는 이런 마약에 걸려들지 않을 사람 별로 없다. [진보(進步)의 탈]을 쓴 극좌 나부랭이들이 그 마약을 더욱 계승 발전시켜서 새로운 마약을 만들 냈으니 그게 바로 [기본소득]이라는 신종 마약이다. 그 출현 배경이라 할 국민정신은 이미 [악성 이기주의 증후군]에 집단으로 감염된 상태라 국가 이익이나 국가관 따위는 뒷전으로 밀릴 수밖에 없었던 거다. 이념의 독주로 집단 마취가 되었으니 그 장단에 놀아나게 하는 건 [식은 죽 먹기]였던 것이다. 그러니까 국민을 개돼지 취급한다는 말이 나온 거다. 그리고 그것이 지금도 자행되고 있다는 사실, 이 무서운 음모를 간파하지 못하면 또 당하게 되어 있다. 이제는 눈을 떠야 한다. 두 번 다시 속아서는 안 된다.

국민을 상대로는 입에 발린 소리로 표를 갈취하고, 진짜 상전으로 여기는 것은 바로 저 중국 공산당과 북한 김정은이었다. 뭘 보고 아냐고? 모리배들의 농간에 정권을 빼앗긴 전 박근혜 대통령은 그냥 박근혜라 부르면서, 저 살인마 김정은 뒤에는 반드시 [위원장]이라는 호칭을 붙인다. 그거 하나만 봐도 알 수 있는 거 아닌가?

중국 인민들을 유혹할 목적으로 만든 공산당 구호가 이 땅에 도입되면서 대국민 집단 마취약으로 이용되는 것이다. 사기꾼들의 **공짜 속에는 항상 마약과도 같은 속임수가 들어 있다.** 일단은 경계심을 허물고 다음 제안에도 찬동하게 만든다. 배부른 개돼지는 군말이 없다고 보는 것이다. 그러니까 내로남불과 괴담 그리고 촛불 선동이 통하던 시절을 못 잊어서 자꾸만 같은 짓거리를 계속하고 있는 거다.

국민 행복을 논한다면서 왜 이렇게 정치 얘기부터 하느냐, 극우(極右) 아니냐고 부정적인 시각으로 삐딱하게 보는 사람도 있을 것이다. 이런 사람, 저런 사람 아무라도 듣기 좋은 꽃노래나 들려주면서 지역 민심이나 얻고 보자는 얄팍한 보수주의자들이 오히려 나라를 망치고 있다는 사실을 알아야 한다. 이 땅의 보수라는 집단도 불의와 적당히 타협하면서 자기들의 이권이나 챙기겠다는 하나의 이익단체, 또는 이기주의 집단에 불과하다. 지난 5년 동안 나라가 통째로 침몰하고 있을 때, 그들이 무엇을 하고 있었는지 되짚어 보면 금방 알 수 있는 거 아닌가?

정직하기만 한 박근혜 정권을 무너뜨리고, 나라를 궁지로 몰아넣은 좌익 빨·갱·이들과 협잡(挾雜)하였으니, 그 하나의 죄과만 해도 모조리 단두대에 세워야 하는 거 아닌가? 지금의 [국·힘·당]은 그래도 조직의 힘이 필요했던 윤석열 대통령이 선택했기 때문에, 울며 겨자 먹기로 지지하고 다시 여당이 되게 해준 거밖에 없다. 이런 오합지졸들을 청산하고 오로지 나라의 안위를 1순위로 걱정하는 **제대로 된 보수, 우익정당**이 필요한 시점에 와 있다. 그러니까 우익이면 우익이지 극우라는 단어로 폄훼할 게 아니다. 국익을 우선하는 진정한 우파, 진실로 나라 사랑하는 우익정당이 절실한 시대다.

지금 우리는 어떤 정신상태에 있을까? 불과 5년 남짓 상간에 우리의 정신세계에는 이상한 바이러스가 침투하여 오로지 자기 이익이나 추구하는 개인이기주의가 집단화하면서 그것이 마치 민심인 줄 착각하게 만드는 인간성 상실의 시대를 살고 있다. 이해하겠는가? 당신의 진정한 행복과 당신 가정의 평화를 위해 그 악질 바이러스를 먼저 사멸시키지 않으면 안 된다. 그러기 위해 당신의 마음가짐을 먼저 점검할 필요가 있으며 이것이 진정 행복한 사회, 천국을 창조하는 과정이란 사실을 깨달아야만 한다. 이 책 속에 제시되는 그 쉬운 방법들을 하나씩 실천하면서 당신이 얼마나 위대한 과업에 참여하고 있는지도 알게 될 것이다.

3. 나의 행복과 정치가 무슨 상관이 있을까?

인간성 상실의 시대, 이 인간 세상이 왜 이렇게 캄캄한지를 가장 적나라하게 보여주는 것이 정치판이다. 민생을 챙긴다는 그 [선심 공약]에 한 번 매혹되면 폭탄을 지고 적진에 뛰어들 만용도 생긴다. 이 논리를 가장 잘 이용하는 사악한 자들이 전문 정치꾼이다. 여기에 이용당하여 촛불 들고 행진하는 용맹스러움을 나라를 구하는 일에 투자하면 영웅 칭호라도 받겠지만 결국에는 자기 몸만 불태울 부나방의 신세로 전락하고 만다. 단세포적인 이념의 바이러스에 오염된다는 것이 그토록 위험하기 짝이 없다. 그 선심 이면에 숨겨진 저의가 무엇인지 넘겨짚어 볼 수만 있다면 무엇이 문제겠는가 말이다. 그만큼 안목이 넓고 지혜로운 자들만 있다면 이 사회가 진작에 천국이 되었을 것이다.

정치판에 난무하는 그 이념과 사상이 당신에게 어떤 형태로 영향을 미치는지 그것을 먼저 파악해야 [수박 겉핥기]가 아닌 진정한 행복을 논할 수가 있다. 그러기 위해서는 당신의 속마음을 먼저 들여다볼 필요가 있다. 세상만사 그 해결책이 바로 당신 맘속에 있기 때문이다. 누구든지 [맘먹기 나름]으로 성취할 수 있는 [전 국민 행복 프로그램]을 자발적으로 실행하는 데 있어 약간의 거부반응이 일더라도 그 혼돈의 순간을 잘 극복하기만 하면 무릎을 치며 감동할 일이 생기기도 할 것이다. 당신이 얼마나 [마음의 문]을 여느냐가 중요하다.

세계는 지금 전쟁 상황이고 이 나라 또한 위중한 상태라, 현 시국이 결코 이론이나 찾고 있을 만큼 한가롭지 않으며, 한갓 이론서에 지나지 않을 거면 이미 나와 있는 것들을 참고하면 될 것이다. 그러니까 이 책은 당신의 표면적인 눈으로는 볼 수 없고, 깨달을 수도 없는 것들을 아주 분명하게 [시각화하여 보여주는 영적 선물]이다. 현 정치판의 구체적인 사례를 통해서 쉽게 이해하자는 것이다.

4. 인간 세상이 고통인 까닭

— **인간 세상 대부분의 고통과 길흉화복은** 우리의 언어생활, 바로 우리 인간의 세 치 혀에서 기인한다. 특히 비수와 같은 말 한마디가 가족과 이웃의 유대를 파괴하고 그 가슴에 영원히 지울 수 없는 상처를 남기기도 한다. 그러니까 **[말 한마디로 천 냥 빚을 갚는다]**는 말은 알아도 우리가 그것을 지혜롭게 활용하는 데는 너무도 서툴다. 그것이 총알처럼 튀어나오기 직전에 **[3초만 뜸을 들이자]**는 것이니 이것을 얼마나 잘 활용하느냐에 따라 세상이 달라질 것이다. 사회의 기본 단위인 국민 한 사람 한 사람이 행복하고 그 가정이 평화로우면 이 사회는 저절로 천국이 된다. **이 원리를 거꾸로 이용하게 되면**, 행복을 바라는 인간의 기본적 욕구를 이간질하고 선동하여 사악한 이념의 노예로 만드는 작업이 가능하다. 그런 작업에 능숙한 달인들이 준동하면 이 인간 세상이 하루아침에 지옥으로 변할 수도 있다는 것이 작금의 현실이다.

누구나 본성으로 가지고 있는 **[이기주의]**, 이것을 사특하게 잘만 부추기면 집단화, 세력화가 가능하고, 여기에 **[사악한 이념]**을 양념으로 추가하면 **[미치광이 집단]**으로 만들 수도 있다. 이런 세력을 이용하여 정권을 탈취하고 그들만의 욕망을 충족시키려는 무리가 이미 구더기처럼 들끓는다. 이것들이 조작한 **[악성 이념의 바이러스]**가 TV라는 매체를 타고 빛과 같은 속도로 전파된다. 먼저는 어리석은 자들의 영혼을 파괴하고 이간질하며, 그 자극 방법에 따라 **[집단 광란극 연출]**도 가능하다. 선전·선동 그 한마디에 어떻게 광란하는지는 뉴스만 봐도 다 보이고, 그 현장이 바로 대한민국 서울의 한복판이란 사실에 경악할 일이다. 네 편 내 편도 사실은 분간이 안 된다. 내 편 속에도 사악한 자들이 숨어 있고, 오늘 내 편이 내일이면 철새 되어 떠나기도 한다. 현대의 인간은 파스칼이 말한 **[생각하는 갈대]**가 아니라 **[사상·이념에 따라 바람 부는 대로 움직이는 간사(奸邪)한 갈대]**다.

5. 내부 총질?

　여당 속에도 반대를 위한 반대자가 있어 [내부 총질]이라며 좋은 말로 꾸짖기도 하지만, 그런 자들에게는 씨알도 안 먹힌다. 그들의 눈에는 자기 이익밖에 보이지 않기 때문이다. 뇌 구조 자체가 별다르게 생겨 먹은 본태성이라 인위적 변화가 불가능하다. 그런 자를 **모리배**(謀利輩)라 하고 영어로 말하면 [사이코패스 / 소시오패스]라 한다. 이런 자를 두고 [다양한 목소리]로 봐야 한다거나, 그런 사특함을 좋아하는 지지층도 있으니, 정당 지지도를 봐서라도 [안고 가자]는 사람도 있다. 그것이 오히려 마이너스로 작용하여 분란과 파멸을 초래할 위험성만 커진다는 사실은 전혀 예상하지 못하는 것이다.

　하나의 이념으로 뭉친 조직체에서 [다양한 목소리]로 인정받으려면 비판을 위한 비판이나 얕잡아보는 충고가 아니라, 상대를 먼저 배려하는 마음 씀씀이가 그 어투에 깔려 있어야 한다. [작금의 내부 총질]이란 행태는 한마디로 국민이 뽑은 대통령을 깔아뭉개려는 [악의적 수작]일 뿐이고 [집단 지성] 고양에도 도움이 안 된다. 오로지 사악한 이념의 바이러스에 감염된 자들에게서나 나타나는 **몰상식, 몰지각** 그 이상도 이하도 아니기 때문이다. 두둔하는 자들도 마찬가지다. 이런 꼬장질을 [다양한 목소리] 또는, [좋아하는 사람도 있다]며 내버려 둘 수밖에 없을까? 온 도랑물에 구정물을 일으킬 때는 국민의 이름으로 단죄하는 결단도 필요하다.

　그런 모리배를 오히려 두둔하고 당 대표까지 시켰으니 그 당의 정체성도 문제지만 겉으로나마 지지할 명분까지 사라지고 만다. 몰상식, 몰지각의 이미지밖에 안 보이니 그냥 두면 여론만 더 악화할 수밖에 없다. 그 입을 꿰매버릴 만큼의 대적자 또는 지혜로운 자가 나와야 제거할 수 있고 당의 이미지도 회복할 수 있을 것이다.

6. 김일성의 [적화·전술 이론 - 갓끈 이론]을
과감하게 실행한 좌·빨 세력

지난 수십 년간 주한미군 철수를 주장하던 종북 주사파 세력들이 지난 정권부터는 [적폐 청산]이라는 이름으로 [애국 세력 말살]을 자행하면서 [반일 감정 극대화]에 미쳐 있었다는 사실. 이것은 북한 김일성의 [적화·전술 이론인 갓끈 이론]에 따른 [국가 말살 정책의 일환]이다.

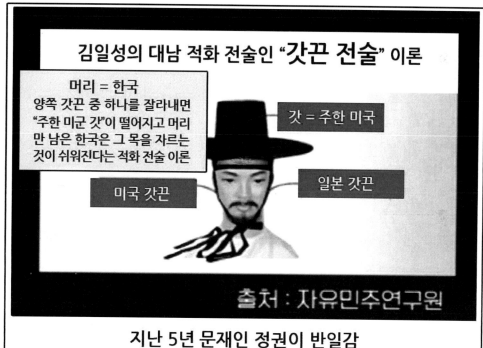

김일성의 대남 적화 전술인 "갓끈 전술" 이론

머리 = 한국
양쪽 갓끈 중 하나를 잘라내면 "주한 미군 갓"이 떨어지고 머리만 남은 한국은 그 목을 자르는 것이 쉬워진다는 적화 전술 이론

갓 = 주한 미국

미국 갓끈

일본 갓끈

출처 : 자유민주연구원

지난 5년 문재인 정권이 반일감 정을 극도로 부추긴 가장 큰 이유

수십 년간 "미국 갓끈"을 자르려고 별 짓을 다해도 안 되었으니, 이제는 훨씬 쉬울 것같은 "일본 갓끈"을 잘라서 김일성의 대남적화전술인 갓이 떨어지게 하겠다며 반일 감정을 고조시킨 주사파 간첩 세력들이 준동한 사실이 이제 만천하에 드러나고 있다. 아직도 새정부의 "한일관계 회복 조치"를 반대한다는 악성 이념의 바이러스 전파자들이 민노총과 야당, 서울대 교수진까지 그 은거지를 드러내고 있다

이 땅의 진정한 애국자, 참 목자(牧者)가 누구냐! 사탄의 세력과 맞서 싸우고 있는 목사가 있다. 그가 주도한 [광화문 세력]이 아니었으면 저 사악한 집단의 조작과 음모에 의해 영웅 윤석열이 등장하지 못했을 수도 있다. 그가 진실로 하나님의 사자인지는 둘째 치고, 일반인들보다는 선견지명이 있는 사람임엔 틀림없다. 이는 좌익 주사파 좀비라 할지라도, 나라 돌아가는 꼴을 제대로 인식하기만 하면 그 즉시 고개가 끄덕여질 것이다. 아래 영상을 시청하다 보면 애국 국민을 대표하는 박사들이 증명하는 그의 충정 어린 투쟁을 인정해야 할 것이다.

[특별 LIVE] 전광훈 목사 긴급 생방송! - 2023.03.29.
(위 한글 문장만 유튜브 검색창에 입력하면 최신 영상부터 상단에 뜬다)

아래 영상은 북 지령에 따라 움직이는 민노총에 대해 그 내막을 폭로하고 있다. 저 청와대도 간첩의 은거지가 아니었을까? 그 정황이 위에서도 확인되고 있다. 간첩이 아니고서야 어찌 [갓끈 이론]의 실행을 미친 듯이 감행했겠는가. 이 땅에는 지금 애국자와 간첩을 식별할 분별력조차 사라지게 하는 공산 좀비 바이러스가 극성이다. 선량한 국민을 상대로 전염시키는 것이니 그 매개체가 바로 공영방송이다. 전파는 빛만큼이나 빠르다. 그러니까 무차별적으로 쏘아대는 TV 뉴스만 보는데도 코로나바이러스보다 더 빠르게 전염된다.

檢,"민노총 압수 수색 / 北 지령 정황 속속 드러나 -누리PD-TV
https://www.youtube.com/watch?v=pziX-nW-2Qw

7. 나라가 있어야 국민의 행복도 보장된다

사람 죽이는 걸 파리 목숨처럼 여기는

저 폐쇄 지옥의 살인마 김정은을

한 민족의 테두리 안에 넣고 도와야 한다는 논리는

잔인하기 짝이 없는 연쇄 살인범에게

　　도망갈 퇴로를 열어 주고

　　생활비까지 지원하자는 것보다

더 멍청하고 사악한 짓이다.

[한민족]이란?

저 북쪽의 지옥에 갇혀 있는

헐벗고 굶주린 주민들만 해당하는 것이다.

그들을 지배하고 살육하는 자는 제거 대상일 뿐이라

핀셋으로 콕 집어 제거할 **[평화 수호 작전]**이 필요하다.

※ 참으로 통쾌한 유튜브 방송, 한글 문장 그대로 유튜브 검색창에 입력하고 검색만 해도 시청할 수 있습니다. 이 책이 전자 서적으로도 출간되면 URL 주소를 클릭만 하면 열릴 것이니 이 영상을 건너뛰지 말고 바로 시청하고 넘어갑시다. 정말 통쾌하고 안심이 되는, 보기 드문 영상입니다.

美 군사 전략에 변화가 일어났다!

https://www.youtube.com/watch?v=2rV91arEgcl

악령들과의 전쟁

당신 내면 깊숙이
청정해야만 할 그곳은 이미
악령들의 놀이터가 된 것은 아닌지
되돌아봐야 할 것이다

그것들을 몰아내지 않으면
당신이 원하는 어떤 것도
강 건너 불구경하는 꼴이라
남 좋은 일만 시킬 뿐이다

※ 공산주의자들은 절대로 자기 입으로는 자기를 "공산주의자"라 말하지 않는다 : 아래, 한글 문장 그대로 유튜브 검색창에 입력하고 검색만 해도 시청할 수 있습니다. 이 책이 전자 서적으로도 출간되면 URL 주소를 클릭만 하면 열릴 것이니 이 영상을 건너뛰지 말고 바로 시청하고 넘어갑시다.

충격! 꼭! 시청 바랍니다!!

https://www.youtube.com/watch?v=IQEn7WXPbjI

1. 민노총 세상이 된 공영방송 KBS, MBC

유튜브 검색창에 아래, **한글 문장만** 그대로 입력해도 된다. 이 나라 중요 관청과 공기업에 간첩들이 얼마나 암약하고 있는지 당신인들 어찌 알기나 하겠는가? 이 땅은 이미 간첩 천지다. 법원? 헌법기관? 대학교 교수 집단? 종교계? 전교조? 민노총, 그리고 법을 만드는 국회에까지 간첩이 침투하지 않은 곳이 없다. 지금이 얼마나 위기의 상황인지, 이 사실을 인정이라도 하겠는가? 자신도 모르게 공산이념의 좀비가 되었거나 좀 맹한 사람은 "지금도 간첩이 있나?" 이런 소리나 할 정도로 몽롱한 환각 상태에 빠져 있다. 그런 얼치기들이 보수 집권당이라 해서 없을 리 없다. 각성하고 돌이켜서 정신들 차리지 않으면 이 나라가 전복되는 것도 한순간이다.

[속보] 좌파간첩들, 설마 여기까지 침투할 줄은

https://www.youtube.com/watch?v=7DwJzfKx1UY

누구라도 한 달간만 TV를 단절시켜 보라. 당신의 진정한 내면의 소리를 들을 수 있을 것이다. 마약 끊기보다 어렵겠지만 이것도 맘먹기 나름이다. 그 대신 스마트폰에 "유튜브"를 깔아 놓고 여기서 제시되는 영상만 시청해도 당신의 영혼을 온전하게 되돌릴 수 있게 된다. 종교가 있든 없든 나름대로 기도하거나, 알고 있는 염불이라도 외워보라. 당신의 영혼에 영양가 있는 에너지를 공급하는 방법이고 진정한 기도의 시작이기도 하다. 누워서 해도 상관없고 어떤 격식도 필요 없다.

특히 좌파 TV 뉴스에 빠져 있는 동안에는 당신의 영혼이 당신 속에 존재하지 않는다. 그 TV 속 전파 속으로 끌려 들어간 영혼은 사악한 이념의 바이러스에 노출되고 거기에 오염되지 않으면 분노만 유발한다.

좌파건 우파건 지금의 공영방송국 모든 프로그램은 좌익 빨갱이가 수장인 방송심의원원회나 방송통신위원회라는 막강한 (직속상관) 권력의 심의와 감시를 받는다. 정권은 바뀌었으나 그 수장들은 임기 보장이라는 공무원법 때문에 어쩔 수 없이 앉혀둬야 하는 악의 세력이다. 좌익 빨갱이들의 [정치해설]을 억지로 들어야 하는 이유가 바로 거기서 요구하는 조건 - 좌파와 우파, 똑같은 수로 패널을 정해야 하기 때문이다. 진작에 처단해야 할 자들이 버젓이 공영방송에 나와서 공산 이념의 바이러스를 전파하고 있는 현장이 바로 공영방송 프로라는 사실, 그래서 아예 TV를 끊고 살아보자는 것이다.

양심들이 없기도 해서 그런 것도 있지만, 지난 정권하에서 저지른 비리가 명확하게 드러나고 있는데도 저 수장들이 낯 두껍게 계속 버티고 있는 것은 그 권력의 연결고리가 얼마나 사악하고 깊이 있게 연결되어 있는지 알 수 있게 한다. 어떻게든 버티면서 전 정권의 비리를 무마시키기 위해 철벽 방어망을 형성하고 있는 충신들이다. 구속까지 되어도 끝까지 버티는 것이 저 빨간 이념에 물든 자들의 근성이다. 얼마나 사악한 집단인지 이제라도 좀 깨달을 수 있겠는가?

2. 사악한 이념의 암 덩어리

눈이 조금이라도 떠지는가? 끝없이 진화하는 간악한 자들이 곳곳에서 머리를 쳐들고 계속해서 등장하는 것이 보이는가 말이다. 신정부의 총성 없는 전쟁을 눈이 감긴 자들이 어찌 알겠냐마는 이 책을 손에 쥔 당신만은 상황을 정확하게 직시할 수 있어야 한다. 그러니까 우리가 진정한 행복을 원하면서도 도리어 불행을 자초할 [부정적 악령]을 따르는 경우가 더 많고, 그 악령의 정체가 바로 [사악한 이념의 바이러스]라는 사실을 알아야 한다. 그것이 결국은 어리석은 인간의 [영적 영역]까지 침투하여 진정한 자아를 파괴한다. 이 지독한 바이러스에 감염되는 날에는 이성을 잃게 되고 사물을 왜곡할 뿐만 아니라 사악한 선전·선동에 부화뇌동하는 [이념의 좀비]로 전락한다.

저 민의의 전당인 '국회'는 이미 악마의 소굴이 되었고, 악마가 되레 매를 든다는 [적반하장(賊反荷杖)]이 판을 치면서 그 수(數)를 앞세운 악령들의 전유물이 되고 있다. 낯빛 하나 안 바뀌고 멀쩡한 것이 이상하지 않은가? 양심의 유무로 논쟁하던 때는 이미 지나간 옛이야기가 되었다. **종북 주사파 세력**, 그것이 바로 사악한 이념의 바이러스다.

[종북 주사파~~] 어떤 자들을 말하는 것일까? 아주 쉽게 구분하는 방법이 있다. ❶ [미군 철수]를 주장하거나 ❷ 살인마 김정은 이름 뒤에는 '국방위원장'이라는 호칭을 깍듯이 갖다 붙이면서 박근혜 전 대통령은 그냥 '박근혜'로 부르는 자들이다. 조작된 여론몰이로 탄핵은 되었으나 이 나라를 기적적으로 부강하게 만든 최고의 영웅 박정희 대통령의 후손으로 그녀 또한 애국자다. 무엇을 잘못 했는가? **국정농단**이란 죄가 형법 어느 조항에 있단 말인가. 그런 죄를 덮어씌우려면 지난 5년 동안 나라를 통째로 북에다 갖다 바친 자들의 범죄를 다 까뒤집으면 누구 말마따나 총살-깜인 자들이 무더기로 나온다. 조작된 여론몰이로 탄

핵까지 자행한 자들은, 저 북의 지령이나 사주를 받은 민노총이나 전교조가 그 뒤를 밀어준 은혜를 잊지 못할 것이다. 미래 세대의 교육을 책임져야 할 전교조와 국가 전복 단체로 전락한 민노총이 국민을 상대로 야바위 협잡꾼 아니면 바람잡이 역할을 제대로 해준 덕택에 정권을 잡았으니 당연히 보답해야 할 것이고, 그들의 국가 전복행위를 직간접적으로 도와줄 일이 생긴다. 불과 5년 만에 [대한민국호]를 [침몰 직전 상태]로 몰아간 그 장본인들이 아직도 건재한 것은 그따위로 한 번 당선되면 붙박이장처럼 못이 박히는 국회의원 신분 때문이다. 그러니 모조리 한 통속이라 그 탄핵의 맛을 잊지 못한 자들이 아직도 신정부를 향해 [탄핵] 어쩌고 말도 아닌 말들을 게워내고 있으나 이것들은 대놓고 간첩질을 일삼은 주사파는 아니고 얼치기들로 보이지만 사악한 점에서는 더 고도화되어 있다. 국민을 우롱하는 정치꾼들이며 나라를 망쳐놓은 전 정권의 하수인들이다.

   주사파의 다음 특징은 ❸ [반일 감정]을 고조시키는 자들이다. 낡아빠진 김일성의 [갓끈 이론]에 따라 미국과의 동맹을 파기시키려고 갖은 농간을 다 구사해 봤으나 그것이 쉽지 않다는 걸 알고 이제는 일본과의 관계를 끊기 위해 줄기차게 방해 공작을 일삼는 자들이다. 그것이 훨씬 더 쉬울 것으로 판단했기 때문이고 공산 혁명의 기본 이론을 줄기차게 실천하는 자들이다. 사회 각계각층에서 완전히 뿌리를 내린 상태로 그 영향력이 위험 수준인 법관, 헌법재판관, 장관, 지자체장, 교육감, 교수, 국회의원, 종교집단, 노동 단체 간부, 봉사단체, 사회적 기업, 그리고 [민주]라는 이름으로 위장한 빨·갱·이 족속들이 있다.

   먹고 사는 문제에 집착하다가 이 [사악한 이념]의 덫에 걸려드는 경우가 많은데 그 미끼가 바로 앞에서 말한 선전·선동 문구들이다. 모조리 타죽을 수밖에 없는 그 현란한 불빛을 향해 돌진하도록 내버려 둘 것인가 아니면 그 악의 구렁텅이에서 구출할 것인가 그것이 문제다. 당신 스스로가 그런 사악한 이념에 감염된 사실이 없다면 이 책이 그냥 술술 잘 읽어지고 마침내 당신의 영혼은 더 높은 곳으로 업그레이드될 것이다. 만에 하나 당신 마음 깊은 곳까지 이미 그 악성 바이러스가 침투한 상태라면 당신의 의지로 그것을 치료하기가 쉽지 않다. 한 번 감염되면 치료가 거의 불가능하기 때문이다. 그것은 당신이 가지고 있는 기본적인 편견이나 고정관념, 또는 선입견이라는 고질적 성향을 더욱 자극하여 증폭시킨다. 이렇게 증폭된 바이러스들이 똘똘 뭉쳐지면 암덩어리와 같은 [이기주의 집단]이 된다. 하나님을 빙자한 사제단이나 노동 단체, 그리고 '운동권'이라는 망령 집단이 그 뿌리다.

당신이 만약 그 부정적인 [몰상식, 몰지각]의 바이러스에서 벗어나고 싶다면 이 책이 많은 도움을 줄 것이다. 한층 쉬운 방법으로, 현대인이 즐겨 보는 유튜브 영상을 소개하고 있으니 시간이 걸리더라도 반드시 청취하고 넘어가자. **자신의 운명까지 바꿀 수 있는 [사상 전향]**, 그것이 생각만큼 쉽지는 않다. 그 가는 곳이 저 북한의 지옥이 될지라도 **[한 번 꽂혔다]** 하면 죽어도 빠져나올 수 없는 함정이 공산주의 이념이다. **다 같이 잘 살게 해주겠다며 선동하는 마약, 오로지 이거 하나** 때문이다. **[대동의 사회 - 기본소득]** - 이것이 그 마약의 주원료다.

[기본소득], 여기에 홀리지 않을 사람이 별로 없다. 그러나 이것이 당신을 지옥으로 데려가는 마약이란 사실을 깨우치기만 하면 당장에 성불(成佛)도 가능하다. 그러나 이 인간 세상은 그야말로 암흑과도 같은 어둠 속에 잠겨있어, 우리의 영적 세계 - 영적 안목이 완전히 폐쇄된 상태라 눈을 뜬다는 자체가 불가능하다. 그러나 이 책에는 그것을 해결할 영적 칼이 프로그램화 되어 있으니 눈이 떠지고 싶은 사람이라면 누구라도 끝까지 가 보는 것이 중요하다. 사람에 따라 받아들이는 양상이 다르겠지만 당신의 진정한 자아를 확립하고, 치유가 필요하면 그 방법을 터득하는 데 도움을 줄 것이다.

내가 사는 이 나라가 평화로워야 나와 내 가족의 행복이 보장된다는 생각은 어린아이도 알 수 있는 상식이다. 어느 국민이 이것을 모른다고 하겠는가. 그러나 그 [기본소득]이라는 사악한 선동에 한 번 눈이 멀면 그때부터는 아무것도 뵈는 게 없고, 들을 귀도 막혀버린다. 국회의원 되기 전에는 [불체포 특권, 내려놔야 한다]고 주장하던 자가 자기 죄가 종합백화점으로 드러나자 [이제는 상황이 바뀌어서] 못 내려놓는다는 게 지금 이 땅의 야당 최고지도자다. [그런 뻔뻔함이 좋다]는 게 같은 소속 패거리들이고, 이미 눈이 먼 소경들 즉 [기본소득 좀비들]이 지지를 보낸다. 정상적인 인간의 생각으로 가능한 일인가?

꼭 미군이 있어야 국방이 유지되냐면서 거기 쓸 돈으로 [기본 소득]이나 보장하자는 [김일성의 갓끈 이론 신봉자]들이 아직도 이 땅에 건재하다. 그 공산주의 이론을 추종하고 선전하는 것만으로도 국적을 박탈해야 하는 거 아닌가? [미군 철수]나 [반일 감정]을 부추기는 정치꾼들은 국민의 대표가 아니라 망국적 국가 파괴행위자들이다. [국민, 민주]라는 말은 사악한 [공산 좀비]를 양산하는 수단에 불과하다. [악의 축]도 세력이 커지면 [사이비 종교]처럼 정당성을 부여받는 것이 민주 사회인가? 아무리 다양성을 인정한다 해도 국가 이익을 먼저 생각하지 않고 [민생 우선]이라는 포퓰리즘을 앞세워서 정권을 탈취하고 공산 사회주의 건설을 목표로 하는 자들은 반드시 척결해야 할 악의 축이다.

[기본소득], 정말 지독한 마약이다. 자유민주주의의 혜택을 무한 누리다 보니 그 머릿속에 이상한 바이러스가 침투한 거다. 그것을 퍼뜨린 자들은 겉보기엔 멀쩡해도 정상적인 인간이 아니다. 아주 지독하고 강력한 신종 마약을 먹은 것보다 더 위험하다. 어떤 마약이라도 시간이 지나면 깨어나지만, 저 노무 극약은 [한 번 취했다] 하면 그 영혼까지 변질시키고 만다. 뇌 구조 자체가 다르다는 사이코패스 / 소시오패스 환자들이고, 오지게도 마취된 주사파 골수분자라 치유할 방법이 없다.

지금은 전쟁 중이다. 국민이 함께 나서야 할 때다

아래, **한글 문장만 그대로 유튜브 검색창에 입력**해도 된다. 윤 대통령만 나오면 알레르기 반응을 보이는 사람이라면 아마도 종북 주사파 아니면 고정간첩, 그리고 이재명을 광적으로 지지하는 [개·딸]밖에 없을 것이다. 그 외에 이 책 읽기가 불가능할 정도로 알레르기 반응이 일지만 않으면 계속해서 더 나아가 볼 필요가 있다. 가다 보면 어느 순간, 머리에 벼락을 맞은 듯한 깨달음이 임할 수도 있을 것인데 만에 하나 그렇지 못하더라도 실망할 것은 없다. '참'이란 것은 맛본 뒤가 아니면 아무도 그 맛을 미리 알 수가 없기 때문이다.

마침내

이 대한민국이라는 나라가 얼마나 좌익 주사파와 도적 떼나 다름없는 조폭 노조에 의해 발목이 잡혀 있는지, 그 해악이 얼마나 심각하고, 그로 인해 우리의 영혼이 또 얼마나 그 사악한 이념의 바이러스에 의해 심각하게 훼손되어 있는지를 자각하게 될 것이다. 이것을 인식하는 순간에 자신의 참 자아를 발견하게 되는 것이니 중간중간에 제시되는 동영상을 반드시 확인하고 넘어갈 필요가 있다.

윤대통령 격노, 결국 그가 선택한 것
https://www.youtube.com/watch?v=5LuS8vFIDMQ

회사들 삥뜯다 걸린 조폭 노조와 시민단체들
https://www.youtube.com/shorts/x6p67V4mGvo

3. 난세의 영웅들

이 절박한 위기 상황을 돌파하기 위해 신정부는 가히 혁명적이라 할 만한 [깡패노조] 개혁을 소리 없이 진행 중이다. 무기를 들어야 혁명인 줄 아는 어리석은 국민은 그 눈과 귀가 [기본소득]에만 꽂혀 있으니, 현재 진행 중인 개혁이 바로 [무혈 혁명]에 버금가는 개혁이란 사실을 알 리가 없다. 이를 실행하는 **일선의 지도자들 또한 난세의 영웅들**이다. 이들이 아니었으면 이 나라가 도대체 어디로 굴러떨어지고 있을지 상상이나 하겠는가? [기본소득]이라는 미끼가 바로 **[공산주의 선전·선동 구호]**에서 따온 거라는 사실조차 모르고 있다면, 어느 누가 지옥으로 변해가는 대한민국을 걱정이라도 하겠는가 이 말이다. 정말 답답하고 기가 차고, 한심한 노릇이 아닐 수 없다.

그러니까 성경에서 [회개하라]고 하는 거다. 사적인 잘못을 뉘우치는 것이 [회개(悔改)]라고 지금도 저 교회들은 없는 죄를 쥐어짜면서 회개 기도한다고 야단들이지만, 그 정확한 뜻은 [현 사태를 직시하라]는 외침이다. [무관심과 무지, 무감각], [몰지각과 몰상식]에서 벗어나야 사태를 직시할 수 있을 것이니 아무나 할 수 없는 것이 회개이기도 하다. 이 해석 자체가 벌써 [천기누설]이니 우리가 얼마나 멍청한 민족이고 얼마나 어리석은 인간인지 그것부터 깨닫고, 저 사악한 족속들을 물리쳐서 **[이 땅에 천국을 이루라]**는 신의 명령을 직시해야 할 것이다.

종교가 정치에 개입하면 안 된다는 논리는

저 사악한 자들이 만든 방패막이 수단이며, 하나님의 뜻도 모르는 가짜 지도자들의 근시안적 오류에서 빚어진 착각이다. 알겠는가? 상식적으로만 봐도 **나라가 있어야 종교고 나발이고 존재할 거 아니냐** 이 말이다. 답답해서 말이 잘 안 나온다. 하나님을 믿는다는 교회들은 모두

다 광화문에서 예배를 봐야 할 것이고, 부처님을 믿는 스님들도 모두 광화문광장에서 목탁을 두드려야 할 것이다. 김정은의 사격 연습용 총알받이나 되어도 상관없다고 생각하는 자나, 고정간첩이 아니라면 모두가 나서야 할 때다. 이 나라가 죽느냐 사느냐, 그것이 문제다.

아래, 유튜브 영상은

어떤 목사의 설교인데 흔히 들어본 것과는 180도 다르다. 설교에 대한 선입견을 버리고 **한글 문장 그대로 유튜브 검색창에 입력,** 검색하면 된다. 열강의 틈바구니에서 살아남은 대한민국의 정체성과 당신 개인의 정체성 확립을 통해 영적 눈이 더욱 밝아질 것이다. 동시에 대한민국이라는 나라와 당신의 존재 가치를 동시에 깨닫는 것은 물론이고 당신의 자부심까지도 한껏 높여줄 것이다. 국가관이 불분명한 자는 이 땅에서 살아갈 명분과 복지 운운할 자격이 없다.

대한민국이 만들어진 목적, 한반도 통일 시나리오 | 데이비드 차

https://www.youtube.com/watch?v=T6ll_vvk5vg&t=4311s

[특별방송 LIVE] 민주당"70%"가짜,선언 북한,지령문"또열어보니

https://www.youtube.com/watch?v=KijhgWjgf0Q   2023.0522

이제 눈을 좀 더 크게 떠야 한다. 신영복보다 더한 간첩에게 나라를 맡겨놓고 우리는 대체 뭣들 하고 있었던가? 만약 시청 방법을 모른다면 지금 당장 젊은 사람에게 부탁해서라도 당신의 스마트폰에 [유튜브]를 깔고 검색하는 방법까지 배우는 적극성이 필요하다. 지금까지는 좌파였거나 이름만 보수라는 정치이념에 마취되어 있던 어정쩡한 영혼조차도 이 영상 청취 후에는 머릿속이 분명하게 정리될 것이다.

다음 영상은 배승희 변호사와 민영삼이 진행하는데, 편파적인 좌파 언론만 접하던 사람이라도 무조건 외면할 것이 아니라 제대로 눈이 떠질 만큼의 정확한 정보이니 반드시 열어서 확인하자. 죽창가를 외치며 반일 감정만 부추기던 악마의 모습과 진정한 영웅이 분명하게 구별될 것이다.

참모들도 놀란 尹 모습! 대체 뭐길래[따따2부]

https://www.youtube.com/watch?v=p261DjYMMHI

페이스북에 뜬 영상 일부 캡쳐 화면

[종북 주사파 매국노들의 하루]를 이렇게 적고 있다

❶ 대북 충성 맹세문 작성

❷ 한미동맹 반대 투쟁 지령문 수령과 행동 강령 작성

❸ 정권 퇴진 운동으로 국민 호도

❹ 주한미군 철수 운동 기획과 실행으로 국민 선동

❺ 수사가 들어오면 [공안 탄압] 주장할 궁리

❻ 색깔론으로 국민 판단 흐리기 작전 수립

❼ 일부 시민단체 투쟁 구호, 현수막 문구 지령 받아 전달

❽ 평양 가서 냉면 먹는 꿈 이야기로 조직 세뇌

4. 하느님이 보우하사

당신은 아는가? [국민의 대표]라는 [금뱃지 가면]을 쓴 자들이 의도적으로 퍼뜨린 [악성 이념의 바이러스]가 편파 왜곡 언론을 통해 사태를 얼마나 왜곡시키는지를. [사악한 이념의 노예]를 양산하기 위해 동원된 언론은 그 환경(정치적 입지)이 불리해지면 또 다른 가면을 쓰고 발톱을 최대한 숨긴다. 지난 정권의 잔재 세력은 조작한 민심으로 획득했던 그 우세한 수(數)를 아낌없이 동원하여 다시금 권력 탈취를 위해 내로남불 민심 조작, 한일 관계 회복 방해 공작, 민생을 앞세운 공산이념 선전·선동, 당 대표의 [범죄종합백화점 1)방탄막 치기]로 여념이 없고, 그 면상에는 철판을 깔았으니 아직도 기세가 등등하다. 연일 매스컴을 동원, 민중 봉기를 획책하며 길거리 선동에도 열을 올린다.

소위 좌파 언론들 하는 짓을 보면 신정부가 잘한 일은 쏙 빼버리거나 되레 나쁜 것으로 왜곡시켜 비판만 하는 희한한 재주를 가진 공산주의 좀비들로 우글거린다. 오로지 기득권 유지나 정권 탈취를 위해 혈안이 된 후안무치(철면피)) 정치꾼들의 목소리나 달콤한 고물을 묻혀서 읊어댈 뿐이다. 이 사악한 것들을 [민주 사회의 다양한 목소리]로 이해하라고 세뇌된 국민은 이미 선과 악, 옳고 그름에 대한 분별력을 상실한 상태다. 그게 자유민주주의 본질이 될 리가 없는데도 미국을 위시하여 자유 진영이 공산당을 허용하는 자체가 오류를 유발하는 요인이다.

터졌다~ 하면 십억, 백억 비리가 한 두 건이 아닌 현대판 탐관오리의

---

1) **방탄 국회** : 국회의원은 아무리 범죄를 저질러도 '회기 중'에는 체포하지 못한다는 법을 언제부터 만들었을까? 이는 오로지 그들의 기득권 유지를 위한 악법이다. 법 앞에 평등해야 할 법을 만든 자들이 악용하는 사악한 법이다. 최근 야당 대표가 국회의원 되기 전에는 그 악법을 철폐해야 한다고 주장했으나, 현대판 탐관오리로 수사 대상이 되자, 그 수를 앞세워서 법원이 발부한 구속영장으로도 체포하지 못하도록 방해하는 작태를 계속하고 있다. 쉬는 날도 없이 민생을 챙긴다(?)는 이 모리배 떼거리들의 행태를 '방탄 국회'라 한다.

표본이라 할 범죄종합백화점의 비리 보따리가 계속해서 터져 나오고 있는 **좌익 주사파 수괴가 정치를 잘한다고?** 그리고 그런 자를 옹립하고 싸도는 민주당 떨거지들을 지지한다는 말이 어찌 멀쩡한 정신으로 가능한가 이 말이다. 사람 죽이기를 파리 목숨처럼 여기는 김정은에게 굴종하는 최고지도자까지도 등장하는 시대라 특별히 이상하게 볼 것도 아니지만, 이 책을 읽는 사람만이라도 정신들 똑바로 차려야 할 것이다. 잠시 잠깐 정신을 잃었던 사람들도 그 머리에 번갯불을 맞은 듯이 깨달음을 얻어야 할 때다.

오늘의 대한민국 국민 절반 이상은 저 북한 주민과 비교해서 다를 바가 없다. 악(惡)을 보고도 그것이 악인지, 선인지 분간조차 할 수 없는 이상한 바이러스에 감염되어 있다. 이 땅의 주인이라는 국민 상당수가 영혼이 없는 민족이 된 것이다. 그러니까 TV라는 매체를 통해 무차별적으로 쏟아지는 그 **[사악한 이념의 바이러스]**가 얼마나 위험한 것인지 깨달을 머리들이 없다. 저 공산 주사파들의 근본이 되는 **몰상식, 몰지각 인간성**이 그 **[사악한 공산이념의 바이러스]**를 뒤집어쓰면서 고도화하고 증식된 **[기본소득 바이러스]**는 특히 **[착하기만 한 국민의 의식 세계]**를 먼저 침투, 지배한다. 이것을 전파하는 매개체가 공영방송인데 그것을 제재할 **[언론 감시체계]**가 이미 그들이 낙하산으로 뿌려놓은 빨갱이 세력으로 장악되어 있으니 어떤 방법으로도 막을 재간이 없다.

지난 정권 5년 동안 국정 동력이 상실될 정도로 국방, 경제, 사회 전반에 걸쳐 국가 파괴행위가 자행되고 있었는데도, 우리 국민 대다수는 그 사실조차 모른 채, 치료제나 백신도 없는 **[인간성 상실의 시대]**를 살아왔다. 그 현장을 눈으로 보고도 깨닫지 못하는 이상한 현상에 매몰되어 있었던 거다. 어느 누가 상상이나 했겠는가? 지금 생각하면 아찔하다. 조금만 더 갔으면 이 자유 민주국가 대한민국은 이미 망하고 사회주의 김정은 치하의 살육이 진행되고 있을 게 아니냐 이 말이다.

새 정부가 들어서자 너무도 생생한 증거들이 드러나고 있다. 그래서 우리는 지금 [살아 있음]에 감사할 일이고, 그 악몽의 세월을 되풀이하지 않기 위해 철저히 분석하고 대책을 수립해야 할 것이다. 그러나 어쩌겠는가. 하늘이 돕지 않았으면 불가능했을 **영웅의 출현에도** 개혁은 더디기만 하고, 그 잔당들의 농간으로 자꾸만 발목이 잡히는 것을......

[한 번도 경험해 보지 못한 나라]가 그다지도 나라를 송두리째 말아먹는 짓인 줄 애국자인 당신인들 상상이나 했겠는가? 천만다행이 아닐 수 없고, 천우신조로 영웅들이 나타났으니 우리가 지금 진정한 행복이라도 논할 수 있는 게 아니냐. 그때가 바로 재앙이고 우환이고 통탄할 일이라. 우리는 지난 5년 동안 지옥을 경험한 것이다.

이 세상이 얼마나 캄캄한지 이제야 알겠는가? 도대체 무엇이 우리의 눈과 귀를 가리고 있었는지 그것을 규명하지 않으면 안 된다. 당신의 진정한 행복과 [신의 심성으로 이루어질 진정한 기도]를 위해서도 그런 [사악한 이념의 바이러스]에 노출된 적이 없는지를 점검하고 만약 눈곱만치라도 감염이 의심되면 그 원인을 밝혀서 치료하는 것이 먼저다. 당신의 정체성과 진정한 자아는 이미 파괴된 상태가 아닌지, 자유롭게 사유하고 행동해야 할 당신의 영혼이 그 지독한 [공산 이념의 바이러스]에 감염된 것은 아닌지 철저히 살펴봐야 한다. 그 모든 해답을 천천히 그리고 점점 더 높은 곳에 오르게 될 당신의 영(靈)적 안목을 통해 저절로 깨닫게 될 것이다.

주권을 잃어버린 국민 주권 시대

1. 시야를 우리의 맘속으로 집중시키면

우리의 민족 정체성은 도대체 어디서 찾아야 할까? 저 사악한 자들이 뿌려놓은 공산 이념의 바이러스에 집단 감염된 게 아니라면 자발적 최면상태에 빠진 거다. 전파를 타고 감염되는 이 사악한 바이러스의 특성을 보면 얼마든지 그럴 수 있다. 그렇지 않고서야 어찌 강도떼가 이 땅을 유린하고 있었는데도 멀쩡히 눈을 뜨고 보고만 있겠는가 말이다.

코로나바이러스는 우리의 육체에 침투하여 고통을 주지만 저 사악한 [이념의 바이러스]는 우리의 지혜의 눈을 흐리게 하면서 영혼까지 파괴한다. 여론까지 조작하면서 합법적으로 활개를 치니 그게 떼강도들인 줄 어느 누가 상상이나 했겠는가. 이제라도 깨달을 수 있으니 천만다행이 아닐 수 없다. 이 마약보다 더 지독한 공산주의 이념과 선전·선동은 인간 세상의 도덕률은 물론이고 정상과 비정상의 구분조차 흐려놓았으니, 사리분별력이 아무리 뛰어날지라도 [편파적 망상을 부르는 이념의 좀비]가 되는 데는 그리 많은 시간이 요하지 않는다. 지식인이라 해서 쉽게 피해 갈 수 있는 것도 아니다. 그러니까 세상 지식이 많아진다고 해서 현명해지는 것은 결코 아니란 사실을 알아야 한다. 우리가 항상 겸손해야 하는 이유이기도 하다.

그러니까 이 사회 구석구석에서 소시오패스 모리배들이 머리를 쳐들고 수시로 나타나던 바로 그때가 전성시대다. 지난 사·이·코 정권 5년 동안 대학교수, 성직자, 검사, 판사, 장관. 국회의원, 그리고 대법원과 헌법재판소, 문화계, 노동계, 교육계, 사회단체, 특히 문화 대통령이라 불리던 소설가, 사상가도 그 본성을 드러내며 **게임기에서 튀어 오르는 두더지처럼** 무더기로 기어 나온 것이다. 사·이·코 정권이 그런 자들만 선발하여 감투를 씌워주다 보니 서로 선택받으려고 [물 만난 꼴뚜기]처럼 경쟁적으로 머리를 디밀고 올라오는데, 다들 겉보기에는 멀쩡한 인간들이다. 그 선전매체 공영방송이 앞장서서 한 몫을 더했으니, 백성들이 무슨 재주로 그 빛과 같은 감염을 피하겠는가 이 말이다.

 이 땅은 지금 **사이코패스/소시오패스 증후군**에 오염된 공산 이념의 먹구름이 국민정신을 잠식해버린 암울한 세상으로 변해버렸다. 불과 5년 만에 이다지도 심각하게 변할 수 있는지 의심이 들 정도다. 겉으로야 활기찬 도시처럼 보이지만 그 속에서 바쁘게 오가는 사람들 속에는 뇌 구조 자체가 바뀐 사람들이 너무 많다. 말 몇 마디만 나눠봐도 금방 알 수 있는 것은 그들에게 가장 중요한 것이 [물질]이고, 다음으로는 아무리 사악해도 공짜로 돈 주겠다는 정치꾼을 지지한다는 것이다. 그리고 그 하수인들이 아직도 국회를 장악하고 적반하장, 내로남불의 헛소리를 밥 먹듯이 해대는 것을 〈잘한다〉고?~~

 사악한 자를 〈잘한다〉고 말하는 것은 본마음이 아니다. 뇌 구조가 변하지 않고서야 어찌 이다지도 사악한 속물 인간으로 변할 수 있겠는가 말이다. 돈만 주면 그자가 탐관오리여도 좋고 범죄종합백화점이라도 좋다는 말은 아니지 않은가. 이 착하기만 하던 백성들은 지금도 마취된 상태다. 저 사악한 정치꾼들이 외쳐대는 조작과 괴담, 그리고 공산주의 사상 이념으로 범벅된 선전·선동에 현혹된 상태가 아니면 어찌 사람이 그렇게도 변할 수 있겠는가 그 말이다.

 [기본소득]이라는 선심 공약 하나로 인간의 뇌를 마비시킬 수도 있음

을 보면서 저·노무 공영방송과 국회가 발목을 잡고 있으니 국민이 뽑은 대통령이라 할지라도 개혁다운 개혁이나 속 시원히 단죄의 칼을 휘두를 수 없다는 사실에 분노해야 한다. 우리는 원래부터 바보 천치가 아니며 국민 주권을 포기한 것이 아니다. **내년, 4월 10일이 기회이자 전환점**이다. 주인 다운 국민의 심판이 절실히 요구되는 이유다.

사회가 발달할수록 그 연령대가 낮아지면서 20대 아니 10대인데도 벌써 편견에 사로잡힌 경우가 많다. 정치꾼들이 거짓말을 계속하고 그것을 공영방송이 그대로 보도만 해도 그토록 위험한 [**편견의 세상**]을 만드는 일이 가능하다. 이 책을 읽을 성인들도 쉽게 전염될 정도이니 그 순수한 영혼들이야 오죽하겠는가 말이다. 당신 스스로가 생각하기를 [나는 아직도 그런 더러운 바이러스에 오염되지 않았다]고 자부할지라도 **"아, 나도 오염될 수 있겠구나~!"**라고 고개를 끄덕이는 [긍정의 마인드]가 필요하고, 그 반전의 감각이 당신을 다시 살게 할 것이다. 마음 한 번 바꿔 먹는 [**발상의 전환**], 이 **간단한 열쇠 하나**만으로도 [**해탈(解脫)**]에 이르는 기적이 가능한 것이다.

[**편견**], **이 하나의 단어가** 바로 당신을 높은 곳으로 오르지 못하게 붙잡는 족쇄라는 사실, 그 회복의 방법 또한 서서히 터득하게 될 것이니, 감겨 있던 [**영적 안목**]을 밝히는 고난도 훈련은 이미 시작되었다.

첫 번째로 필요한 것이 **세상만사, 인간사에 그 기대치를 제로(0)에 맞추는 것**이다. 그러니까 우리가 태어나면서부터 터득하게 되는 세상 지식, 그것으로 단련되고 굳어진 편견을 하루아침에 소멸시키거나 바로잡을 수는 없다. 누구라도 본 프로그램 [각론]에서 요구하는 쉽고도 간단한 방법을 하나하나 실행하다 보면 당신 내면의 자발적 요구나 갈증에 의해 저절로 해결될 것이다. 그것은 당신 속에 잠재된 진정한 자아가 요청하는 간절함 - 원래대로 돌아가고자 하는 기적적인 자연 치유의 힘이다. 그런 의미에서 우리 인간의 능력을 무한대라 할 수도 있으나 성경에서 말하는 [신과 같이 창조된 인간]이라면 충분히 가능한 일이기도 하다. [신과 같이 살기를 염원]하다 보면 저절로 [신과 같은 본마음]으로 되돌아가려는 힘이 자신도 모르게 발현되기 때문이다. 그런 기적은 하루아침에 이루어지지 않는다. 오랜 기간 습관화가 필요하고 생활화된 [독특한 기도] 속에서 이루어질 고차원적 훈련으로 가능하다.

아무리 마음 한 번 바꾸려고 애를 쓰고 작심한다 해도, 지난 경험으로 보면 작심 3일로 끝난다. 그러니까 [마음먹기 나름]이라는 것도 말로는 너무 쉽다. 그러나 당신은 벌써 [마음먹기 나름]을 너무도 잘 실행하고 있고, 그것을 고도화하는 절차에 이미 진입한 상태다. 자기 자신을 순간적으로 변화시키는 데는 즉각적으로 최면상태에 몰입할 만한 감동의 언어, 자기 최면의 언어 하나만 잘 구사해도 그 가능성은 무한대로 열려 있다고 볼 수 있다. 같은 말을 되풀이하다 보면 저절로 그 말을 성취하고 있는 자신을 발견하게 될 것이다.

우리는 **저 인간 세상의 수많은 지성(?)이 무더기로 [기본 소득]이라는 네 글자에 순간적으로 마취되는 현상을 목도하고 있다.** 대학교수, 박사, 법관, 국회의원이라 해서 예외가 없다. 사상 이념이란 것이 얼마나 위험하고 무시무시한 힘을 발휘하는지를, 그리고 인간이란 존재가 참으로 단순 나약하고 또 간사하다는 사실도 함께 깨닫게 한다.

그러니 누구든지 자신을 위한 [자기만의 긍정 마취제]를 스스로 개발하면 될 것이나, 먼저는 바로 여기서 당신의 영혼 깊숙이 침투시킬 수 있는 [행복 바이러스 공통 공식]으로 충분히 연습할 필요가 있다. 여기에 숙달된 이후가 되면 오로지 당신만의 맞춤 공식도 수시로 창출하는 지혜가 샘솟듯 생겨날 것이니 어렵게 생각할 필요가 없다. 전 국민이 자발적으로 참여할 [새 마음 운동], 그 집단 최면의 기쁨을 누구든지 누릴 수 있는 **공통 공식,** 그것을 바로 여기서 터득하게 될 것이다. 자만심과 편견, 그런 것을 다 내려놓고, 오로지 연습용이라 생각하고 한 번씩 해보는 것, 그것이 중요하다.

 마지막에 밝혀야 할 결론을 미리 다 말했다. 앞으로는 각론이다. 그리고 우리 인간의 영적 세계를 시각화하여 보여주는 감동의 콘텐츠로 당신의 영혼을 일시에 변화시킴과 동시에 영적 감흥을 불러일으킬 준비가 되어 있음을 밝힌다. 이해하는데 좀 부족할 수도 있으나 거듭하여 두 번 세 번 강조할 것이니 그 강조되는 단어는 불과 몇 개로 압축된다. 너무도 간단한 단어들이다.

 너무 쉽고 간단해서 놀랄 일이지만 그 효과 하나만은 당신의 뇌에 번개가 내리친 것과 같을 것이니 당신의 영혼 깊숙이 빛을 보지 못하고 찌그러져 있던 자아를 다시 일으켜 세우게 되고, 진정한 행복을 당신 스스로 실행하면서 그 가치를 누리게 될 것이다. 한 단어 한 줄의 문장이라도 새겨서 읽고 또 읽으면 계속해서 깨달음과 지혜가 폭포수처럼 쏟아질 것이니 이 책을 건성으로 대하지 말 것을 당부한다. 이것은 방법론이다. 소설 같은 재미는 없을 것이다.

2. 우리는 얼마나 남을 배려할 수 있을까?

 우리는 얼마나 남을 배려할 수 있을까? [나 사는 것도 바빠서 그럴 여유가 없다]고 한다. 맞는 말이다. 그렇다면 자신이 먼저 행복해야 하는데, 누구라도 대답 좀 해보시길 바란다. 당신은 진정 행복한가? 이 질문에 대부분은 그 반대이거나 선뜻 그렇다고 말하지 못한다. 설사 그렇다고 해도 그것이 진정한 행복인지는 자신도 알 수 없다. 그 기준이 다를 수는 있으나 우리 국민의 행복지수(幸福指數)가 OECD 국가 중 최하위라는 말이 왜 나왔겠는가.

 당신은 지금 진정한 행복을 누릴 권리가 있음에도 불구하고 그것을 완전하게 느낄 수 없는 이상한 환경에 처해있다. 이해하겠는가? 남 탓할 것이 아니고, 바로 당신 내면으로 들어가서 그 이유를 찾아내어 스스로 복구하는 그날부터, 당신은 진정한 행복의 소유자로 거듭날 것이다. 진정한 배려가 무엇인지를 깨닫는 것으로 그 작업은 끝난다.

 우리는 언제 어디서든 **부(富)에 대한 상대적 박탈감**이나 성공에 대한 **강박관념**에 무차별적으로 노출된다. 특히 자유언론 방송이 앞다퉈가며 경쟁적으로 〈내 집 마련〉에 대한 강박증을 부추기면서 사회적 이슈로 부각시킨다. 이런 무한 자극에 편승하여 우리는 어쩌면 남에 대한 배려나 자신을 되돌아볼 여유조차 상실한 채 그야말로 **[빨리빨리 쟁취할 목표]**를 설정하고, 재물과 명예의 잣대만으로 성공을 향해 미친 듯이 달려들 가고 있는 것은 아닐까? 그런 과정에서 부모와 자식, 또는 형제 간에도 불화하는 경우가 다반사고 칼부림까지도 발생한다. 그러니까 굳이 남에 대한 배려가 아니더라도 먼저는 사회의 기초 단위인 한 가정의 울타리 안에서 어떻게 배려의 문화가 형성되어 있는지 그것부터 살펴볼 필요가 있다. **[진정한 당신의 변신]**을 위해 당신 속마음으로 들어가 보자. 평소에 우리를 유혹하던 것들의 실체가 무엇일까?

우리가 알게 모르게 자신의 것들에 너무 집착한 나머지 행복을 바라는 긍정의 마음과는 달리 자기 마음을 상하게 하는 **실수**를 저지르게 되고, 이것으로 인해 오류에 봉착한다. 다시 말해서 행복이란 것이 바로 〈생각하기 나름〉이라면서도 그 행동은 정반대로 물질만 쫓은 결과, 헛다리 짚기나 반복하는 것이다. 그러니까 남과의 비교 우위를 통한 〈다다익선 바이러스〉에 집단으로 감염된 상태 - [속물 인간]으로 만든 이 무시무시한 전염병을 아무도 인정하기가 쉽지 않다. 당신도 아마 이 마약과도 같은 전염병에 마취되어 도무지 깨어나지 못하는 상태가 아닌지를 깊이 생각해 봐야 한다. 그 간단한 진단법으로 당신의 내면에서 쏟아져 나오는 언어를 통해 쉽게 파악할 수 있을 것이다.

인간의 내면에는 물질로 판단할 수 없을 정도로 **존귀한 영적 가치**가 존재한다. 소유하는 물질이 많아질수록 더 많은 갈등이 유발되는 원인도 바로 이 진정한 자아와의 충돌 때문이다. 당신 속에 잠자고 있는 또 다른 당신의 진정한 가치를 안다는 것, 소크라테스가 말한 [너 자신을 알라]는 말의 실체다. 이 말은 틀림없이 남을 배려하기 전에 자기 자신을 먼저 사랑해야 해답을 얻을 수 있다는 뜻이다. 자기 자신을 괴롭히면서 어떻게 [**남을 먼저 배려**]라고 말이라도 하겠는가 말이다. 그런 의미에서 이 흔한 [배려]가 결국은 자기를 위한다는 사실이다. 그러니까 [**남을 먼저 배려하면 내가 먼저 행복해진다**]는 캐치프레이즈가 단순한 구호가 아니며 국민이 다 같이 행복해지는 [**약속의 원리**]가 담겨있다.

자기 자신을 무한 사랑하지 않으면 남을 위한 배려가 별 의미가 없으며 생색내기에 그친다. 당신은 현재의 당신을 사랑하는가? 이 물음에 과연 얼마나 많은 사람이 선뜻 [Yes~]라고 대답하겠는가. 아마도 당신은 이 책을 다 읽기도 전에 무릎을 치면서 곧바로 당신 자신을 진정으로 사랑하는 방법을 터득하게 되고, 당신의 영적 안목과 통찰력도 눈부시게 향상될 것이니 이것을 완성한 집합체가 바로 천국이다.

[남을 먼저 배려하면 내가 먼저 행복해진다]는 원리, 여기서 중요한 것은 그 매개체가 되는 [자기 사랑의 언어]를 떠올릴 수 있겠는가? 우리가 흔히 알고 있는 자기애의 표현법이 아니다. [너는 할 수 있어!]라고 거울 앞에서 자기 최면을 건다든지 하는 고리타분(?)한 방법은 이미 당신도 알고 있을 것이다. [진정한 자기애의 언어]라는 것이 그런 상식 수준의 배려 언어가 아니라, 바로 **내 입에서 나오는 말 한마디가 [부처님이나 하나님의 성품에서 나오는 고귀한 것으로 정화되었느냐 아니냐]**로 결정지어져야 한다는 것이다. 이것을 현실적으로 행하기 위해서는 편견으로 점철된 인간의 성품으로부터도 초월할 필요가 있으며, 특히 **[사특한 이념의 바이러스]**로부터 해방되지 않으면 안 된다는 뜻이다.

口是禍之門 舌是斬身刀(구화지문 설시참신도). 이 말은 [나의 입이 곧 화를 불러들이는 문이요, 혀는 곧 몸을 자르는 칼]이라는 뜻이다. 상대는 물론 자기 자신까지도 해를 입히는 것이니 우리의 입이 바로 인간 세상의 길흉화복을 좌우한다는 이 사실을 명심할 필요가 있다. 이 책에서 줄곧 강조되는 것이 바로 이 말 한마디로 요약된다.

당신의 인생도, 성공도   [맘먹기 달렸다]는 이 한마디로 끝내자
쉽게 생각하면 너무 쉽다   **이 책은** 소설이 아니며
인류를 구원하고   **신세계를** 창조할 천국 사업계획서다

우습게 여기거나 허투루 보고   **건성으로** 읽으면 오히려
나락으로 빠지고 말아   **이 책은** 그런 징크스가 있는 책이다
당신의 영혼도 쪼갤 수 있는   **영적 칼이** 내포되어 있기 때문이다

3. 집단화한 이기주의와 사악한 공산 이념의 바이러스

나의 행복을 위해 남을 짓밟는 행위는 우리 스스로가 인식하지 못하는 경우가 많다. [남을 짓밟는 행위]가 반드시 물리적으로 남을 해코지해서 이득을 취하는 것만은 아니다. 진정한 사기꾼은 생각부터가 남을 속인다는 게 아니라 〈빌린다거나 도움받는다〉고 생각한다는 거다. 그러니까 남을 해코지하고도 양심의 가책조차 못 느끼는 것이다. 굳이 사기꾼에 한정시키지 않아도 일상생활에서 우리는 알게 모르게 자기에게 유리한 방향으로만 생각하고 행동한다. 그 정도가 심하냐 덜하냐만 있을 뿐이다. 누구라도 본의(本意)는 아니라고 치자.

자기가 내뱉은 말 한마디로 타인의 마음에 상처를 남길 수도 있다는 사실, 다들 깊이 생각해 본 적이 없을 것 같다. 누구에게, 어떤 말을 듣는다 해도 상처받지 않을 만큼의 자존심과 지혜가 필요하긴 하지만 그만한 강심장이나 깨달음을 남에게 강요할 수도 없고, 본인 또한 그렇게 완벽하지 않다는 것을 알고 있을 것이다. 그러니까 일상적인 대화 속에서 그 정도의 실수를 안 해본 사람은 없다고 본다. 무심코 내뱉은 말 한마디가 상대의 마음을 아프게 했다면 그 한마디 말이 바로 자기에도 득이 될 게 없다. 상대의 마음이 아픈 만큼 그것이 되돌아와서 내 마음도 아프다. 그때는 모르고 지나쳤다손 치더라도 나의 뇌리에는 그 악성 바이러스가 증식(增殖)되고 있다는 사실, 이 간단한 것을 깨달은 것만으로도 우주의 절반을 깨달은 것과 같다. 내가 무심코 내뱉은 부정적인 말 한마디에 나의 몸과 마음도 그만큼 함께 오염되고 빠르게 병들어 죽어가는 것이다.

상대의 마음을 상하게 하는 비수(匕首)가 바로 나의 입을 통해 조급하게 발사되는 **편견 덩어리, [분노의 언어]**다. 자신이 알게 모르게 그런 언어를 구사하다 보면 자기 마음도 난잡하게 더럽혀지는 건 당연하고 그것이 도를 넘으면 악의 근원이 된다. 언제 어디서나 무심코 내뱉게 되는 이 부정적인 언어의 뿌리가 [개인이기주의]다. 자기 이익이 먼저고 자기 생각을 관철해야 직성이 풀린다. 진영논리에 빠져서 자기 생각만 옳다는 극렬분자들이 집단으로 똘똘 뭉쳐서 [집단이기주의]를 형성하면, 사회적으로 비난받아야 할 사악함과 불법행위를 오히려 옹호하는 이상한 집단으로 변질하고 만다. 이런 현상이 급속도로 확산, [인간성 상실]과 [편 가르기]라는 사회악을 유발하면서 극단주의자들이 준동하는 무법천지가 되는 것이다. 집단이든 개인이든 가리지 않고, 모든 사회악의 근원이 바로 이런 [이기주의]에서 발생한다.

 2심 법원의 유죄 판결을 근거로 결정한 정ㅇㅇ 교수 자녀의 의전원 입학을 취소한다는, 이 [정당한 법 집행]을 반대한다는 국민청원이 바로 그런 것을 대변한다. 청와대 청원 게시 하루 만에 20만 명이 넘게 서명했다는 것이다. 이것은 배려나 동정의 차원도 아니며 진영논리에 따른 무조건적 [집단이기주의]의 표출이다. 정상적인 사회에서 나타날 현상이 아니다. 이해하겠는가? 지금까지 줄곧 너무 쉽고도 간단하다고 말은 했지만 [사고의 전환, 생각하기 나름]으로 정도(正道)를 실현하는 일이 실로 간단치 않음을 말해준다. 저 20만 명뿐이겠는가? 이 땅의 백성 절반이 악성 바이러스에 감염된 상태라고 외쳐봐도 그다지 놀라는 사람이 없다. 무감각, 무관심, 무기력증에 빠져 있는 대한민국이다.

 우리가 아무리 정도(正道)를 걸으려 해도 그것을 가로막는 악령 - 그 [편견 덩어리]와 [악성 이념의 바이러스]에 [극단적 이기주의]가 추가되는 것이니 인간인 이상 어느 누가 이것을 피할 수 있겠는가. 우리 인간은 스스로 [생각하는 동물]이라 하면서도, 점점 더 많은 것을 탐하는 속물 인간에서 탈피할 수가 없다. 물질을 탐하지 않을 인간이 어디 있겠냐마는 인간성을 상실할 정도의 이기주의에 매몰되는 이것이 심각하다는 것이고, 이것을 더욱 사악하게 조장하는 것이 문제다. 악성 바이러스로 증식시켜서 퍼뜨리는 집단이나 매개체의 등장과 그런 집단의 진화가 끝이 없다. 이 사회를 혼란에 빠뜨리고 나라의 안보까지 무너뜨리는 주범이다. 그 악의 실체로 어떤 것들이 있는지를 밝히는 일, 이것은 우리가 정도를 걷는 데 꼭 필요한 작업이다.

당신과 당신 가족이 혹시 그렇게 지독한 [집단이기주의 바이러스]에 노출된 것은 아닌지를 먼저 살펴보는 작업이 필요하다. 이것은 진정 당신의 행복한 삶의 여정에 도움 될 일이기 때문이다. **집착이나 강박관념 또는 극단적 정치이념에 사로잡히면** 자신의 진정한 자아와는 별개로 그 인생행로가 원치 않는 방향으로 전개된다. 무엇보다 중요한 것은 사실을 사실대로 직시할 수 있는 능력 - **직관력이나 통찰력**이 절대적으로 요구된다. 그런 인성은 타고 난다고 볼 수도 있으나 그 키-포인터가 정확하기만 하면 한순간에 변화하는 일도 가능하다. 그것을 [전향]이라 하는데 이러한 결정을 하는 데는 대단한 용기와 진정한 자기애 그리고 순수한 마음가짐이 요구된다. 철학을 논하는 것이 아니라 방법론을 전하는 것이니 그다지 어려운 것도 없다. 누구나 [마음먹기 나름]으로 실천하는 것이니 [발상 전환], 이 하나의 키워드로 다 해결된다.

[내 생각만 옳다]는 거, 또는 [화내는 거], [안돼!]라는 자기 최면 언어를 항상 떠올릴 수만 있다면 상대의 입장을 먼저 헤아릴 줄 아는 혜안은 저절로 열린다. [집착 또는 이기주의라는 망령들과 전쟁]을 치르기보다는 긍정의 언어, 배려의 언어를 습관화하는 기술을 터득하는 것이 나와 내 가족의 행복을 위해서도 더 좋은 방법이다. 우리가 아무리 급박한 상황에 놓일지라도 내 입을 통해서 튀어나오는 말 한마디라도 시시때때로 걸러져서 나오게 하는 [언어의 필터링 장치]가 필요하다는 사실. 긍정의 언어가 증가하면 부정적인 언어가 그만큼 줄어드는 것은 [질량 보존의 법칙]과 같다. 이것을 실현할 구체적인 방법이 뒤이어 제시될 것이다.

사악한 이념의 바이러스나 전파하던 사이비 장관의 세 치 혀에 놀아
난 국민이 얼마나 많은지 아래 영상에서 확인하자. **[죽창가]**를 부르자
고 선동하면서 한일 관계를 사상 최악으로 몰아넣은 외교 참사로 일본
을 적으로, 북한과 중국에 대해서는 굴욕 외교를 펼친 아둔한 정권, 그
공산주의자들이 망쳐놓은 한일 관계를 회복시킨 신정부의 결단에 대해
보다 정확하게 알고 넘어가자는 것이다. TV를 통한 공영방송에서는 볼
수 없는 진단이다. *(앞으로 어떤 영상도 한글 문장만 유튜브 검색창에 입력 후 검색)*

[김광일쇼] 정부, 日 강제징용 배상 제3자 변제 확정…

https://www.youtube.com/watch?v=FwRvTpSuEAA

최신 뉴스 TVCHOSUN.

아래, 한글 문장 - **"괴담은 어디서 자라는가"**라는 문장만
유튜브 검색창에 입력해도 된다.

괴담은 어디서 자라는가 [신동욱 앵커의 시선]

https://www.youtube.com/watch?v=qXHir0dMqzQ

광우병 괴담에 맛을 들인 빨갱이들, 사드 괴담에 이어 후쿠시마 괴담
에 푸욱 빠졌다. 저것들을 인간이라 생각하는 국민이 아직도 몇이나
되는지 알 수 없으나 있더라도 현재는 속고 있을 뿐이다.

2024년 4월 10일이 심판의 날이다. 그날을 기점으로 저 빨갱이들의
서식지를 영원히 갈아엎어 묻어버리고 끝내자~ 자유 대한민국을 부
정하는 자들이다. 저들의 정체를 드러내기 위해 정치판을 까뒤집는
것이니 정치 얘기에 알레르기 반응을 보일 필요는 없다.

---

4. 입이 바로 화근이다

 분노라는 것은 [먼저는 자기 마음의 평정심을 깨뜨리고] 불화와 불행을 유발한다. 분노를 삭이면 병이 된다는 말을 맹신이라도 하듯, 마구 폭발시키고 나면 순간적으로는 직성이 풀릴지 모른다. 그러나 그 후유증은 자신의 마음속에 차곡차곡 쌓이면서 **심각한 질병**을 유발하는데 그것은 육신과 정신을 함께 멍들게 한다. 이해하겠는가? 화풀이 뒤에는 공연히 머쓱해지고, 눈치 봐 지고, 미안하기도 해서 쓸데없이 너스레를 떠는 경우를 상상할 수 있겠는가? 이미 쏟아진 물이다. 두고두고 후회스럽다면 그래도 깨닫는 게 있을 것이고 그래서 개선될 여지도 있겠지만 이것을 금방 까먹어버리고 시행착오는 계속된다. 어쩔 수 없는 인간의 속성이다. 화풀이 뒤에 밀려올 후회 - 그런 것을 느끼기라도 하면 다행이고 이를 미리 알아 통제할 수도 있으련만 우리는 이 순간의 처신에 대해 별로 보고 배운 바가 없을 뿐만 아니라 그다지 중요하게 여기지도 않는다. 왜 그럴까? 다들 자기 잘난 맛에 살기 때문이다.

 그러니까 화를 참고 자제하기를 도의 경지에 올랐다고 해도 그 알량한 자존심만 건드리면 화산처럼 폭발하고 마는 것이 우리네 인생이고 성정이다. 수십 년씩 수행한 스님들이 이권을 놓고 패싸움하는 광경을 심심찮게 보아온 터다. 그 스님들은 화를 참지 못한다기보다는 이권에 눈이 뒤집힌 탓이라 하지만, 누구든지 화를 억제하라는 것도 한계가 있다는 것을 이야기하려는 거다.

 그러니 누구라도 화가 끓어오르는 것을 처음부터 감지하고 그 싹을 잘라버릴 수만 있다면 무슨 문제가 있겠는가. 그 한고비를 슬기롭게 잘만 넘기면 [만사형통, 너 좋고 나 좋고 거]라고 말들 하지만 그것이 그렇게 쉬운 게 아니다. 또한 이것을 개인 영역이라 치부할 수도 있으나 어쩌다 사회문제로 대두되면 심각해진다.

[이기주의]에서 파생된 **사회적 문젯거리~~**

무슨 문제라도 있단 말일까? 아주 쉽게, 문제점이 무엇인지 알아보려면 오늘의 정치판을 그냥 보기만 해도 된다. 서로 헐뜯기, 비난하기, 왜곡하기, 내로남불, 적반하장, 동문서답, 자기 자랑 그 외 무엇이 보이는가? 이런 시대적 병폐를 근본적으로 해결하기 위한 무슨 대책이나 방도를 모색할 기미도 없다. 서로 말꼬리나 잡고 비난하고 지적질이나 하면서 민심 눈치나 보는 것이 전부다. 저것들이 국민의 대표라고? 그러니까 우리가 보고 배울 게 뭐겠는가 말이다. [알 권리]라는 명분으로 아무런 **[거름 장치]**도 없이 그대로 방영하는 뉴스만 봐도 그 즉시 전염되는 것이니 이 나라 국민정신이 온전할 리가 없는 것이다.

현재 보수파라는 집권당이 할 수 있는 것은, 정책 홍보 차원으로 야당의 선전 선동에 맞서 싸워야 한다. 지난 정권, 그 사악한 이념의 바이러스를 퍼뜨린 정권이라면 조작과 편파 보도로 얼마든지 속일 수도 있을 것이다. 그러나 지금의 여당은 그야말로 술에 술 탄 듯 물에 물 탄 듯한 보수 집권당이다. **정책 홍보와 선전 선동을 비교하면** 당연히 선전 선동이 더 잘 먹힌다. 왜냐하면 쥐약이 묻은 사탕을 잘만 포장하면 극단 이기주의에 매몰된 자 현혹하기에는 딱 좋은 먹잇감이 되기 때문이다. 화의 근원이 되는 먹잇감을 분별하는 지혜는 찾아볼 수 없고, 세상 잡지식만 가득한 자들이 그 쥐약을 먹고 난동질이나 일삼는 집회로 서울 도심은 연일 난리, 난장판이다. 이런 환경을 개선하려면 좋은 말로 달래거나 정직한 홍보만으로는 부족하다.

관변 단체인 **[자유총연맹]** 창립기념식에 참석하여 이 나라 자유민주주의를 부정하려는 세력을 척결해야 한다고 역설한 윤 대통령의 연설이 미적지근한 보수파들의 정신을 일깨우는데 자극제가 되었으면 한다.

[윤 대통령, 자유총연맹 기념식 참석] - 우측 문장만 어디든지 입력하면 된다.

5. 진정으로 분노해야 할 일은 따로 있다.

이 책을 손에 든 당신은 어떤 부류의 사람인가?

❶ 불의를 보고도 못 본 척한다.

❷ 불의에 대항하여 분노하는 것은 [**편 가르기**]라 생각한다.

위 ❶, ❷ 모두 불의가 무엇인지 인식조차 안 되는 상태다. 어떤 이들은 저 사악한 [공산 이념의 바이러스 전파자]들에 대해 분노를 표출하는 것을 [**편 가르기**]라 한다. 편 가르기? 편 가르기를 조장한 자들이 누군지 분간이 안 되는 건 고사하고 저들의 편 가르기에 분노하는 자체가 그에 편승하는 것이니 [편 가르기]에 동참한다 해도 할 말이 없다고 할 수는 있다. 저것들이야 편 가르기를 하든 말든 나만 고고하면 된다는 생각, 이것도 일종의 이기주의 아닐까? 그러니까 남이야 거기 걸려들어 우왕좌왕하거나 사회 혼란이 야기될지라도 자기는 신경 쓸 필요 없다는, 어쩌면 자기 혼자 살겠다는 발상이야말로 이기주의다. 불의와 정의가 무엇인지 구분조차 애매한 상태에서는 진정으로 분노해야 할 일이 생겨도 강 건너 불구경이나 할 수밖에 없는 것이다.

언제부터 우리는 가족끼리, 이웃끼리 잘잘못을 따지면서 화내는 데는 익숙하지만 진정한 분노가 필요할 때는 눈을 감아버리는 이상한 현상에 사로잡혀 있다. 깨달을 수 있겠는가? 〈**화(火)를 낸다**〉는 것은 보통 개인적인 것이고 〈**분노**〉라고 하면 군중을 연상시킨다. 그렇다면 그 정의로움에 대한 진정한 이해에서는 분명히 구분되어야 한다. 한 가정의 가장이 걸핏하면 고함을 지르고 화를 낸다면 배려심 부족, 자존감 상실이 원인이며 그 한순간에 가족 간의 유대는 연기처럼 사라지고 불화와 불행을 자초한다. 그것이 편견으로 점철되면서 진정으로 분노해야 할 일에는 멍청해지는 무개념, 무감각증에 걸리기도 한다. 원인이 무엇일까? 국가관이 희박하거나 왜곡되어 있기 때문이다.

종북 주사파들의 행태에 분노하는 것은 [자유민주주의]를 수호하고 이 땅에 공평과 정의를 실현하는 방법 중 가장 최선 최고의 방법이다. 이를 부정하는 자라면 무조건 종북 주사파라고 봐야 한다. 다른 의견이 있을 수 없다.

소위 먹고 사는 것이 급하고 절박해서 나라 돌아가는 것까지 걱정할 여유가 없다는 걸까? 이기주의적 인간, 속물 인간이 아니더라도 실제로 절박한 사람들이 너무도 많다. 그러나 **2024년 4월 10일**이 국회의원 선거일이다. 저 사악한 자들을 두고

[인물 보고 찍는다] 또는

[정책 보고 찍는다]는 생각을 버리고

[오로지 악을 심판한다]는 생각으로 투표에 참여하고,

저 사악한 자들을 **심판만 해도 애국자**다.

6. 내로남불 신조어가 등장한 배경

근래에 와서 [내로남불]이란 신조어가 등장한 원인도 개인으로부터 출발한 이기주의에서 비롯된다. 공익 질서를 무시하고 일방적으로 자기만 옳다고 하는 [집단이기주의 독버섯]이 기승을 부리면서 나타난 변이바이러스가 [내로남불]이다. 건강사회를 병들게 하고 비 정상세포로 증식하여 곳곳에 암 덩어리 천지로 만든다. 최근 아프가니스탄이나 미얀마의 예를 보더라도 **지도층의 부패와 편견**이 만백성을 파멸시키는 데는 그리 오랜 시간이 걸리지 않는다. 오로지 상대를 죽여야 내가 산다는 **진영논리, 집단이기주의에 매몰되면 사악한 이념이 선전·선동의 도구**로 활용되고 그 현란한 불빛을 보고 빠져드는 부나방들이 구더기 끓듯 모여든다. 자신도 모르게 부화뇌동, [내로남불의 화신]이 되어 (자기가 타 죽을) **촛불의 광란장**으로 달려가는 것이다. 여기서 주목해야 할 점은 사욕에 눈먼 어리석은 자들이 진영논리에 동조하면서 세력화하면 나라가 망한다는 사실이 전 지구적으로 목격되고 있다는 사실이다. 이 대한민국이라는 나라 전체가 [내로남불]이라는 **거대한 용광로**(=근시안적 사고의 틀) 속에 매몰되어 있다는 사실, 이것이 문제다.

단세포적인 시스템에 머물러 있는 이 사회를 어떻게 변화시킬 수가 있을까? 이 혼돈의 세상을 한 인간의 생각으로 개혁한다는 건 불가능하다. 개혁이라는 좋은 뜻의 단어를 정권 탈취를 위한 선동의 도구로 활용하면서 공산주의 사상이나 주입하여 이 땅의 민주주의를 파괴하려는 집단이 있으니 그것이 바로 주사파, 공산주의 추종자들이다. 이들에게 "개혁"이나 "진보"는 군중 현혹의 수단일 뿐이다. 최근 한 정치인이 2500년 전 공자조차도 실현 불가능 판정을 내린 **[대동의 사회]**를 공약으로 내걸고 다 같이 잘 사는 사회를 역설한다. 그런 꿈을 실현하려면 재벌을 해체하여 국가가 소유하고 그 이익을 가난한 국민에게 나누어 주어서 공평을 실현하는 것을 전제로 해야 한다. 또한 토지를 공개념화하여 국가가 소유하고 임대료를 받는, 사회주의 체제에서나 가능한 제도를 도입하자고 주장한다. 그러나 그 좋게만 보이는 혜택도 그 패거리들만 누리는 공산주의 이론으로서, 전 지구적으로 실패한 이론이다. 왜 이렇게 불가능한 이론을 들고나왔는데도 그 인기가 하늘을 찌를 만큼 지지를 받는지 당신인들 알겠는가?

멀리 갈 것도 없이 바로 인접한 북한을 보라. 그 주민들은 더 이상 창의력을 발휘할 수도 없는 이념의 좀비로 변한 상태다. 오로지 시키는 것만 해야 하고 더 일해봐야 더 주는 것도 없다. 공평해야 하니까. 실제로는 공평한 것도 없다는 걸 자각할 정도가 되면 권력자를 위한 노예, 파리 목숨으로 전락한 이후다. 이미 때가 늦은 것이다. 이것이 공산주의, 사회주의 체제다. 저 하나밖에 없는 집단, 그 폐해가 지옥과 같다는 사실을 너무도 잘 알고 있으련만, 배가 너무 불러서 공평 타령이나 하는 것은 아닌지, 진짜 자기들 나름의 공산화를 꿈꾸고 있는 것은 아닌지 알 수가 없다. **그러나 분명한 것은** 저 북쪽 살인 집단이 주민들 모가지를 틀어쥘 수 있게 한 유일한 도구가 **[대동의 사회]**라는 **[선전 선동 문구 하나]**였다는 사실이다. **다 같이 잘 사는 사회 - 이 얼마나 달콤한 말이냐! 이 말 한마디에 마취되면** 죽을 때까지도 깨어나지 못한다. 그만큼 강력하고 지독한 마취제다.

전 세계적으로도 폐기된 그 [대동의 사회] 이론을 공개적으로 들고나온 이유가 무엇이겠는가? 순진무구한 백성에게 [선전·선동 소재]로는 최상이기 때문이다. 아무런 대가도 없이 [전 국민에게 기본소득]을 보장하겠다는 거 아닌가. 얼마나 위험한 발상인지 깨달을 틈도 없이, 먹고 사는 것이 시급한 백성들에게는 최고의 정책으로 보일 수밖에 없는 것이다. 그가 이제 지역 토착 비리 잡범의 수괴로 범죄 의혹이 무더기로 불거지고, 증거 또한 차고 넘치면서 구속영장을 청구한 상태지만 그런 건 문제 될 것이 없다. 소위 [개·딸]이라 불리는 극렬 지지그룹까지 등장한 것을 보면 이 땅이 얼마나 캄캄한지 그 끝이 보이지 않는다.

[개·딸]이라는 뜻이 [개혁론자를 따르는 무리]라는데 그 개혁이라는 것이 나라야 망하든 말든, 나라의 빚이 1천 조를 넘든 말든 내 호주머니에 기본소득만 들어오면 그만이라는 거 아닌가. 개인이기주의나 집단이기주의가 아니라 [미친 이기주의]를 조장하는 거다. 그것도 아니라면 이 민주주의 체제를 흔들고 뒤엎으라는 저 북쪽의 지령에 따라 움직이는 간첩들의 소행이다. 이런 미치광이 현상을 허용하고 그런 유령 조직들에 보조금까지 지급하며 장려한 것이 지난 5년, 김정은 추종 세력이다. 당신의 행복과 무슨 상관이 있는지 이해하겠는가? 이 나라 국민정신이 얼마나 왜곡되고 변질했는지 아는 것이 급선무다.

지도자 한 사람 잘못 뽑은 것으로 만인의 삶이 일시에 지옥이 된다는 사실, 이제라도 깨달아야 한다. 대기업은 재벌이기 전에 국가 경쟁력을 좌우한다. 대기업이 쪼개지거나 사라지면 그 폐해가 국민에게 돌아오는 것은 불을 보듯 뻔하다. 이런 재앙을 상상이나 할 수 있겠는가? 어리석은 자들은 그런 대기업을 쪼개서라도 자기에게 이익만 안겨주면 된다는 생각이다. 이렇게 인간의 심성이 변질한 원인이 무엇이겠는가?

살인적 이념의 마약이 포함된 사탕발림 - 그 [기본소득]이라는 단어

하나에 얼마나 많은 사람이 열광하고 있는지 아는가? 그것이 지옥으로 몰아넣을 수도 있음을 지금 당장 깨달아야 한다. **[대동의 사회]** - 전 세계적으로 실패한 공산주의 이론이다. 선전·선동에 앞장서던 저 공중파 방송국의 내로라하는 두뇌집단이 이 사실을 모를 리 없다. 그런데도 이것이 공산주의 이론이란 사실을 보도조차 하지 않은 것은 무엇 때문일까? 그런 것은 빼먹어야 선전·선동이 잘 먹히기 때문이다. [사실 보도]만이 국민의 알 권리를 충족시킨다면서 그것이 또한 언론의 생명이라 주장하지만, 그 생명줄은 이미 고정간첩이나 주사파공산주의 추종자들이 완전히 장악하였으니 아래는 전 정권의 언론장악, 그 실체를 밝히는 영상이다. 지난 5년 동안 공영방송이라는 간판을 걸고, 정권의 적폐 청산이라는 허울 좋은 이름으로 자행된 국가 파괴행위의 나팔수 역할이나 한 사실을 정확하게 인식할 필요가 있다. 지금도 그 범죄 백과사전이라 할 잡범을 옹호하는 방송이 맹활약 중이다.

문재인 정권의 언론장악 그 실체를 고발한다 - 펜앤드마이크 TV

https://www.youtube.com/watch?v=ba9j7zTNyhQ

 어느 하나의 방송사만 그런 것도 아니다. 공중파 방송사들 전부가 방송통신위원회나 방송통신심의위원회 같은 상전의 감시를 받는다. 북한의 5호 담당제와 다를 게 없으니 그들의 감시를 피할 방법이 없다. 공정성과 투명성을 기준으로 4년마다 심사해서 재허가를 결정한다고 하니 무슨 평론이든 주사파와 보수 양쪽을 불러 놓고 진행해야 한다. 방송국의 상당 부분을 이미 주사파나 간첩들이 장악하고 있으니 어느 쪽이 유리할 것인가? 이미 굳혀놓은 좌익 빨갱이들 세상이다. 이 지독한 악의 근원을 뿌리뽑기 위해 신정부는 불·철·주·야 전쟁 중이다. 이런 와중에 우리 국민은 그냥 쳐다만 보고 있을 것인가? 잘한다고 성원이라도 보내야 하는 거 아니냐 이 말이다. 아무리 바빠도 **내년 4월 10일**, 선거권을 행사하여 심판해야 할 의무를 잊지 말아야 할 것이다.

7. 바라보는 사람이 오히려 이상해지는 사진

아래, 페이스북에서 캡처한 화면이다. 저 사진을 보고, ❶ **아무 느낌도 없다.** ❷ **내가 적극 지지하는 사람들이다.** ❸ **분노가 치민다.** ❹ **사람 같지 않은 사람들이다.** 위 사지선다형 문제에서 당신이 특히 2번에 속한다면 앞으로 이 책 읽기가 매우 어려울 것이다. 여기서 제시되는 **[진정한 행복론]**이나 **[반드시 이루어지는 기도]** 따위가 당신에게는 전혀 도움이 되지 못할 수도 있음을 경고한다.

〈 **고민정 - 저게 무슨 정책 비판이라도 된다고 생각하는 머저리들이 세상천지에 있을까?** 〉

저 하나는 국민을 대표한다는 국회의원이다. 당신이 만약 정상인이라면 "저걸 누가 찍어줬을까?" 싶기도 하고 **"청렴결백"**이라는 단어 하나에 정신 분열이 일어날 정도로 헷갈릴 것이다. 사태를 와전시키는 기술 또한 두 여자가 다 어쩌면 문가를 저렇게 쏙 빼닮았을까 싶기도 해서 뭔가에 홀린 듯한 기분에 사로잡힐 수밖에 없다. 작금에 와서 저런 인간이 유달리 많아지고 있다. 느낌이 이상하다. 인간 세상 종말에 나타날 짐승의 출현을 미리 보여주는 징조라면 **바로 저런 작태가 아닐까?**

8. 공통의 목표를 위해

 한 가정에서 가족끼리, 서로 좋을 때 핥아주는 것은 짐승도 다 할 줄 안다. 문제는 구성원 중 한 사람이라도 불법을 조장한다고 여겨지면 그것을 거부할 줄 알아야 좋은 말로 지성인 아닌가? 그러나 유전적으로 같은 피를 나눈 일족이니 그런 일은 절대 없을 것이다. 기대해서 될 일도 아니다. 이런 [내로남불] 가족이 기하급수적으로 증식된 것이 문제다. 그런 가정은 행복의 기준조차 남다르다. 남을 짓밟아서라도 쟁취하기만 하면 그것이 행복이다. 정말 무서운 전염병이다. 이런 자를 옹호하는 무리가 있으니 그것이 바로 **[개·딸과 같은 무조건적 지지자]**들이다. 옹호 정도가 아니라 광란에 가깝다. 이런 사람들에게 진정한 행복 어쩌고 하는 자체가 소귀에 경 읽기다. 이 사회가 미쳐가고 있는 것이다. 미쳐도 보통 미친 게 아니다. 종말이라는 말이 나올 정도다.

 국가 시스템 자체를 파괴하고 있는 이 땅의 반칙과 편법, 불법을 바로잡기 위해서는 혁명가가 나타나지 않으면 불가능하다. 아니 현재의 신정부가 하는 개혁이 바로 혁명적이다. 전 국민이 나서서 도와야 하는 거 아닌가? 저 내로남불 공산 이념의 바이러스에 중독된 종북 주사파 세력과의 전쟁은 이미 시작된 것이다. 그러니 미리 경고한 대로 스스로 판단하기를 그쪽으로 골수분자라고 자부하는 분들은 여기서 하차해 주길 바란다. 그런 사람들과 논쟁하는 것은 시간 낭비일 뿐이라.

다만 그 가족끼리라도 행복하길 바라는 마음으로 이 부분만이라도 골라 읽어서 그 가정이 행복하면 그런대로 남에게 해 끼치는 정도는 줄어들 것이다. 이런 자들을 혐오하는 정직한 사람들은 울화가 치밀지 모르나, 행복의 기준이 남다른 세상의 악한 무리도 하나님이 지으셨느니라. 이 한마디로 위안으로 삼으면 어떨까?

누구든지 가족이라는 울타리 안에서나마 부처가 된다면 좋겠지만, 가족에게조차 내로남불의 전형을 보인다면 문제가 있다. 공영방송 드라마에 등장하는 인물처럼 **즉각적으로 모욕을 주거나** 꾸짖는 경우가 다반사고, 좀 너그럽다면 훈계를 할 것이다. 그런 경우라면 이 책을 좀 더 읽을 것을 권한다. 오로지 이 땅의 한 가정의 행복을 위해서~

가족의 일원이 실수를 저지르는 경우, 그 순간에 이미 그는 깨달은 상태다. 그럴 땐 오히려 위로가 필요하다. "괜찮아, 문제없어~"라고 말해줄 한국인 가장은 얼마나 될까? 아직도 많은 부모가 자식들을 앞에 두고 훈계하는 것이 가정 교육의 일환이라 생각할 것이다. 그러나 역지사지라는 말이 이때 떠올라야 한다. **훈계라는 것도 꾸지람에 속한다**. 꾸지람만 계속된다면 미안함이 오히려 분노로 바뀐다.

평소에는 말 한마디 않고 무심이던 아버지가 뭔가 일이 터지기라도 하면 〈왜 그랬냐고 다그치거나 모질게 꾸짖고 훈계〉를 늘어놓는 수가 많다. 아마도 이런 아버지를 경험한 사람이라면 내 잘못보다는 그 순간의 짜증이 자신을 참으로 슬프게 만든 경험을 잊을 수 없을 것이다. 이렇듯 말 한마디 잘못으로 가족관계가 회복 불능 상태에 빠지고, 자녀를 개선하기보다는 악마로 만드는 원인이 된다는 사실을 알아야 한다.

송곳 같은 말을 던진 스스로가 먼저 악마가 되는 것도 일 순간인데, 어른들 대부분은 그냥 잊고 지나친다. 그러면서도 한편으로는 기(氣) 세워준다면서 절제가 따르지 않는 자유나 방종에 내맡겨지기도 하는데 이 경우, 저 경우 다 문제가 있다. 자기밖에 모르는 내로남불 이기주의자들이 단순한 개인주의에 국한된다면 문제 될 게 없다. 이런 성향의 개인들이 집단을 이루어서 하나의 이념에 미쳐 날뛰는 것이 문제다. 사회 전반적으로 건전한 시스템을 파괴하고 인간성 상실을 초래하기 때문이다. [**가정 교육**]이란 이름으로 가장의 권위를 먼저 생각할 것이 아니라 [모범이라는 단어]로 가장이 먼저 성찰의 시간을 가져야 할 것이다. **자신은 말실수를 밥 먹듯 하면서 상대(자녀)의 실수는** 허용이 안 되거나 기분에 따라 달라지는 명령어들이 문제다.

자녀가 실수했을 때 어떻게 잘 대처하느냐에 따라 그 관계 설정이 극과 극으로 갈린다. 어른이든 아이든 실수한 순간에는 이미 자신이 먼저 안다. 쏟아지는 비난이나 훈계가 아무런 소용이 없다. 윗사람의 잘못 내뱉은 말 한마디가 더 화근이고, 한순간에 가족관계를 파탄으로 몰아가는 경우가 더 문제다. 그러니까 우리는 급박한 순간에 더 침착할 필요가 있고 어른이 되어 갈수록 말을 골라서 할 수 있어야 한다. 그것이 바로 인생 성공인데 참으로 쉬우면서도 어렵다.

한 가정이 건전하고 행복하기 위해서는 각 개인의 마음이 먼저 평화로워야 한다. 내 마음의 평화가 중요하다면 내 옆에 있는 사람의 기분도 중요하다. 가족 공동의 목표 - 가정의 평화를 위해서는 무심코 내뱉게 되는 윗사람(가장)의 부정적 언어, 그리고 그 출구인 입을 통제할 **[분노 조절 스위치]**가 관건이다.

기분 좋을 때는 누구라도 문제 될 것이 없다. 분노가 치솟을 때, 또는 자기 눈에 뭔가 잘못된 것이 보일 때 순간적으로 어떻게 대처할 것인가 하는 것이 참으로 중요하다. 지금까지는 각 개인의 사생활로 여겼기 때문에 아무도 이것을 문제 삼거나 사회적 이슈로 다루어진 적이 없었다. 그러나 사회적인 문제가 야기된다거나 더 나은 것을 위해서라면 이를 개선할 필요가 있는 것이다. **사회 개혁의 시발점**이 되기 때문이다.

[분노 조절 스위치]~~ 이것은 어디에 있을까? 자기의 귀 한 번 만지기, 턱 한 번 쓰다듬기, **[오, 마이갓!]**, **[괜찮아~]** 등의 한마디 말이나 동작으로 끝내는 센스와 그 스위치 전환 술. 두 번 되풀이하면 잔소리다. 아내가 만약 "지금 화가 나려고 해"라면서 자기 기분을 속삭이듯이

말한다면 당신은 어떤 반응을 보일 것인지 생각해 보라. 남편을 먼저 배려한 당신 아내의 〈나쁜(?) 말〉도 고맙고 예쁘게 느껴질 것이니, 어느 누가 그녀의 기분을 무시하겠는가. 이와는 반대로 화를 내는 남편의 마음을 누그러뜨리는 방법을 궁리하기도 전에, 맞대꾸로 쌈박질이나 일삼는다면 그런 가정에서 보고 배울 게 무엇이겠는가? 자녀에게는 그 부모가 바로 거울이다.

자녀 잘되라고 훈계하거나 애써 교육에 힘쓸 필요는 없다. 모범이 되어야 할 부모가 먼저 보여주는 것이 교육이다. 훈계가 필요한 경우, 잠깐 숨을 고르고 순간적으로 머리를 굴리는 지혜가 필요하다. 아무런 방법이 생각나지 않으면 그 모든 것이 부모인 자기 업으로 생각하고 자녀에게 무엇을 잘못 보여줬는지를 참회한다면 그 자녀는 부처를 만난 것과 같다. 그런 것도 정녕 보여줄 수 없다면 차라리 아무 말도 하지 말고 그 자리를 피해서 [도망감]이 상책이다.

불심이 깊다면 남편이 애먹이는 것도, 자식이 엇나가는 것도 그 모두가 다 **[나의 업보(=죄)]** 때문이라 여길 수 있을 것이다. 그 한마디 깨달음으로 답이 보일 것이다. 그러니까 누구든지 자기만의 스위치를 개발하여 생활화하는 것이 무엇보다 중요하다. 그래서 전문적인 연구가 필요하고 구체적인 방법론이 요구되는 것이니, 가칭 **[사단법인 배려하는 사회연대(배사연)]**를 설립하는 것으로 해결의 실마리를 찾아갈 수 있다는 뜻이다.

각 가정에서 일어나는 개인적인 문제를 이슈화 하여 하나의 사회운동으로 연결하려면 과거 70년대 **[스마일 운동]** 사례를 참고할 수 있다. 스마일 배지를 달아주고 스마일 송을 보급하며 대중을 교화하려는 범국가적 노력이 있었다. 이런 것을 단순한 유행으로 치부할 게 아니다. 당시의 국가 지도자가 얼마나 국민을 위하고, 그 **[정신문화]** 함양에 노심초사했는지를 엿볼 수도 있는 것이다.

우리는 지금 사회 붕괴, 국가 붕괴의 위험에 직면해 있다. 나라야 망하든 말든 내 이익이 먼저라는 집단이기주의가 팽배하고 조직화 되어 공권력을 위협하지만, 그 **공권력 자체도 진영논리에 휩쓸린다.**

걸핏하면 집단 시위로 조용할 날이 없다. 이것이 민주 사회의 진면목 (眞面目)인지는 몰라도 도가 지나쳐도 너무 사악하게 지나친 작태를 국민의 대표라는 국회의원들이 앞장서서 자행한다. 모범을 보여도 혐오 일색이다. 과연 저런 자들을 누가 국회로 보냈는지 의문이 들 정도다.

가정에서는 아무리 인자한 가장이라 해도 진정 분노해야 할 것은 바로 저 사악한 정치꾼들의 도 넘은 내로남불 괴담 정치, 선동정치, 막장 정치다. 바로 **내년 4월 10일이 이것을 심판하고 청산**해야 하는 데는 주저함이 없어야 할 것이다. 용서와 사랑은 가정의 울타리 안에서나 베풀어야 할 덕목이다. 나라를 궁지에 몰아넣은 악귀들은 청산해야 할 쓰레기라는 사실 잊지 말아야 한다.

9. 너무도 간단하고 쉬운 방법 - [3초 미소 짓기 운동]

굳이 운동이라 할 것도 없다. 내 입에서 말이라는 총알이 쏟아져 나오기 전에 3초 동안만 뜸을 들이자는 것이다. 내가 먼저 실천하면 내가 먼저 행복해지는 아주 쉬운 방법이다. 저절로 배려의 언어가 만들어지겠지만 여기서 지혜의 경중이 가려진다. 혹자는 이 3초 이내에 배려의 언어가 만들어지지 않을 수도 있다. 그럴 때는 그냥 입을 다물어버리면 된다. 말하는 것보다 침묵이 금으로 인정받을 때가 바로 그때다. 누군가 지금 당장에도 실시하기만 하면 그 효과를 몸소 확인할 수 있을 것이다. **[3초 뜸·들이기]**, 이것을 습관화 체질화하는 데는 시간이 좀 필요하다. 이 "3"이라는 숫자를 꿈에서도 생각날 수 있도록 삶 속에 뿌리가 박히도록 암시를 주는 것이다. 단 3초다. 그러나 허투루 생각하면 까먹기 십상이고 **[자기 조절]**에 실패하면 이내 본성만 드러낸다.

왜 3초 만에 기적이 일어날까? 상대의 말이 끝나기도 전에 튀어나오는 말은 정화되지 않은 물 즉 폐수가 섞인 물을 그대로 방류하는 것과 같다. 민감한 영혼들이 그것을 기분 좋게 받아먹을 리 없다. 단 3초밖에 안 되는 짧은 시간에도 우리의 생각은 우주를 돌아올 만큼 빠르게 번득인다. 그러므로 그 3초 동안에 당신의 영혼, 즉 다시 말해 내면의 진정한 자아의 필터를 통해 걸러진 정수된 물, 그 생명수로 상대방의 영혼을 적시게 하라. 그 영혼들이 감동할 수밖에 없다. 그러므로 그 3초라는 시간이 당신과 당신의 말을 들어줄 영혼이 교감하면서 천국이 형성되는 것이다. 당신 스스로가 차곡차곡 쌓아가는 그 배려의 마음 씀씀이가 바로 당신 마음속에 먼저 천국을 이루게 한다. 그러니까 당신은 말을 내뱉는 것이 아니라 천국을 전파하는 것이니, 하나님을 믿든 안 믿든 상관없이 당연히 참 선지자다. 이미 결론은 다 나온 거다. 당신의 **입이 바로 길흉화복의 근원**이 되기도 하지만 단 3초의 시간을 잘만 활용하면, 이 땅에 천국 건설의 주역이 될 선지자가 될 수도 있다는 사실, 이것이다. 이 사실 하나만 잘 숙지하고 실천한다면 당신은 더 이상 세상 사는 일로 고민하거나 힘들어할 필요가 없다. 먹고 사는 일 따위로 걱정할 일이 없다는 뜻이다.

말 한마디라도 내뱉기 전 [3초 뜸 들이기]

군 훈련소에서는 실탄 사격 한 번 하기 위해 그 전 단계로 빈총을 들고 [**'엎드려 쏴' 자세**]를 골백번도 더 한다. 정신이 흐트러지면 실제로 생사람을 죽일 수도 있기 때문이다. 그와 마찬가지로 우리의 입에서 나오는 말도 비수(匕首)가 되어 여럿을 동시에 죽일 수도 있다는 사실, 우리 몸의 일부인데도 너무도 사악한 이 입의 존재를 깨달을 수 있겠는가? 그러니까 **총구와 같은 입에서 말이라는 총알**이 발사되기 전에 그 준비 자세로 단 3초 동안, [**3초 동안의 미소·짓기**] 캠페인을 벌이자는 것이다. 우선은 이 책을 읽고 있는 당신과 당신의 가족, 그리고 주위 사람들에게 전파하는 것으로 시작이다.

[**입이 방정**]이란 말이 있듯이 안 해도 될 말을 하는 바람에 일을 더 크게 키우거나, 그렇게 잘못 말한 것도 아니지만 모진 말로 봉변을 당하는 경우까지 이놈의 입 때문에 좋은 일보다는 험한 일이 더 많이 생기는 것이 인생사다. 인간관계, 가족관계가 깨지는 건 일 순간이다. 세상 모든 스트레스의 원인도 내가 뱉은 말이 씨가 되어 일어난다. 다시 말하면 내 몸을 망치는 질병도 내가 일으킨 스트레스가 원인이다. 그러니까 이다지 위험한 총알을 무턱대고 발사할 것이 아니라는 거다. 한 번 발사한 총알은 되돌릴 수 없이 엄청난 결과를 초래하기 때문이다.

미소 짓기, 잘못하면 오히려 비웃음으로 오해받을 수도 있다. 그러니까 이 미소 짓기는 자기의 마음을 들여다보자는 뜻이고, 우리의 입에서 말을 내뱉기 전 [**3초 동안 뜸을 들이자**]는 뜻이다. 객관적인 입장에서 자신을 바라보자는 것인데 분노의 용암이 자기 맘속에서 꿈틀거리는 걸 감지하는 것이 급선무다. 그 찰나의 순간, 〈ON〉 위치로 올리면 폭발하는 이 [분노 조절 스위치]를 〈OFF〉 상태로 계속 유지할 수 있는 센스, 딱 3초의 여유라고 해서 그리 짧은 것도 아니다. 능숙한 상태가 되면 단 1초로도 충분하다. 누구라도 바로 실시해서 그 효과를 즉시 느낄 수가 있다. 그 순간 당신은 진정한 행복이 무엇인지를 충분히 깨닫게 될 것이다. 그것이 바로 성공이다. 자기 자신을 스스로 컨트롤할 수 있는 능력, 그것이 [신의 인격]으로 향하는 통로가 된다는 것도 마침내 깨닫게 될 것이다.

기적은 반드시 일어난다. [3초 뜸 들이기]의 위력을 경험하지 못한 사람은 상상조차 할 수 없는 일이다. 누구든지 일주일만 실시해도 사람이 바뀌었다는 말을 들을 수도 있고 자신의 영혼이 더 높은 단계로 업그레이드된다는 사실로 인해 고도의 깨달음도 가능하다.

어찌 보면 고리타분해서 얼마나 많은 국민이 동참이라도 하겠느냐고 비꼬거나 회의적인 시각도 있을 것이다. 그러니까 이 캠페인을 절대 부담스럽게 여길 것이 아니다. 그냥 나와 내 가족을 위해 한 번쯤 시도해 봄직 하다고 느끼기만 하면 된다. 이 [행복 캠페인]은 누구나 실시하기만 하면 주위 사람들까지 저절로 행복해지는 [행복 바이러스]다. 이것이 전파를 타기만 하면 일시에 이 사회가 변화되는 기적도 가능하다.

그와 동시에 국가 개조 프로젝트로 연결된다. 어렵고 딱딱한 전문 용어가 없으며, 1부와 연결되는 시스템적 부수 효과가 공중파 방송을 통해서 코로나바이러스보다 더 빠르게 확산할 것이다. 국민 각 개인의 삶과 직결되면서도 보다 거시적인 공공사업으로 확대되고, 정신적인 영역의 행복이라는 화두가 가시화하여 나타날 것이다. 이 사업은 대한민국 중심지, 한 지방자치단체가 실시하면서 전국적인 붐이 조성된다. 이 과정에서 국가 이미지까지 획기적으로 개선되고, 나아가서는 세계의 중심 국가 그 [이미지타운]이 형성될 최적의 장소, 그 생생한 현장도 바로 뒤에 제시된다.

특히 전 국민 누구나 이용할 수 있는 [국민 연수원]은 진정한 힐링이 무엇인지를 감동적으로 체험하게 한다. 단순한 볼거리, 먹거리나 제공되는 그런 테마파크가 아니다. 와서 보는 찰나의 순간에 누구나 "아, 그렇구나!"라고 감동할만한 콘텐츠, 그야말로 눈 깜짝할 사이에 천지개벽을 경험하게 된다. 모든 사람이 저절로 행복해지고 저절로 달성되는 [국가 개조사업]이 이렇게 저절로 완성되는 것이다. [세계의 중심 국가]라는 말이 단순한 경제력이나 군사력만으로 형성되는 것이 아니다. 이 인간 세상을 천국으로 만들만한 고도의 정신세계를 가시적으로 보여주면서 누구라도 모방이 불가한 차원 높은 명승지, 순례 차원의 관광지가 저절로 만들어지는 것이다.

내 마음속에 천국을 이루면 이 사회는 저절로 천국이 된다

정치판이 아무리 개판이라도 우리 국민은 행복할 권리가 있다. 저 사이비 정치꾼들, 2)**종북 주사파**가 하는 짓을 보면 당장이라도 분노가 폭발하거나 울화병이 생길 것 같기도 하지만, 저 간악하고 조직적인 집단에 대응하기 위해 같은 방식으로 전쟁을 치를 필요는 없다. 전 국민이 행복해지는 **[새 마음 갖기 운동]**으로 행복 바이러스, 배려의 바이러스를 전파하다 보면 저것들은 저절로 고사할 것이기 때문이다. 바로 코앞에 내년 총선이다. 반드시 심판하여 **진정한 민주주의, 내가 먼저 행복해지는 배려의 세상**을 실현해야 한다. 이것이 우리의 권리이고 의무다.

---

2) **종북 주사파** : 대한민국 내에 서식하는 좌파, 또는 진보라는 이념집단의 집합체로 대한민국을 분열시키는 것을 목적으로 하는 공산이념 집단을 말한다. 사악한 이념의 바이러스에 미쳐버린 집단이다. 김일성 사상을 신봉하고 살인마 김정일과 중국을 상전처럼 떠받들며, 미국과의 동맹과 일본과의 친교를 반대하는 어찌 보면 정신 이상자들의 집단이다.

하늘은 스스로 돕는 자를 돕는다

나라의 안위쯤은 안중에도 없고
오로지 자기 이익이 먼저라는
극단적 이기주의자라면
자기 스스로 나라를 저버린 자라
이 땅에서 살아갈 자격이 없다.

책임과 의무는 외면하면서

혜택만 누리려는 이기주의가

악의 근원이다.

극단적 이기주의, 집단이기주의~
일반 백성을 상대로 이를 조장하고 부추기는 정치꾼들은
그 근본부터가 간악하고 지독한 바이러스라,
우선적 박멸 대상이다.

괴담이나 퍼뜨리면서 나라를 어지럽히는 저
빨갱이 정치꾼들과 골수분자들은
한시바삐 그들의 본향인 김정은에게 보내야 한다.
2024년 4월 10일이 바로 그날이다.

제2부 : 저절로 달성되는 [국가 개조사업]

- 추상적인 정신 혁명을 감동 콘텐츠로 가시화하다 -

배려문화 확산 장려 운동과 함께 [고차원적 정신문화 함양]이 필요하고 이를 위한 [국민 연수원]을 각 시 도별로 확충시켜 나가는 사업이다. 그 형식은 교육 사업이지만 실질적 성격은 진정한 힐링이 무엇인지를 보여주는 [국민 행복 수련시설]이다. 우리가 진정으로 행복하기 위해서는 스트레스라는 망령이 이 사회에서 사라져야 하고, 그것을 실행하다 보면 굳이 행복하기 위해 애쓸 필요 없이 저절로 행복해진다. 이것을 가능케 할 꿈의 수련시설은 우리 국민 누구나 이용할 수 있으며 단순한 수련 목적 외에도 고도의 깨달음을 단시간 내에 터득하여 사회 각계각층에서 지도자로 활약할 참지도자 육성 사업을 병행한다.

마침내 [우리는 할 수 있다]는 믿음과 자신감이 넘치는 사회 - 우리가 진정 바라는 공정 경쟁, 복지국가의 롤-모델이 태동하는 역사의 출발점에 서게 되는 것이다. 이 땅에 70년대 [새마을 운동]과 같은 기적을 다시 한번 [새 마음 운동]으로 재연하는 것이고, 그 중심에는 자발적으로 참여하는 국민이 있다. 그 방법 또한 쉬우면서도 간단하고 획기적이어야 함은 두말할 나위도 없다. 각 지역 유휴 시설이나 그 용도가 미약한 시설들을 활용하여, KOREA를 인류의 중심 국가로 도약시킬 [순례지 차원의 힐링캠프]를 운영하는 것인데, 이것을 어렵게 생각하면 시도조차 할 수가 없다. 시작이 반이라는 말이 있지 않은가. 이 책을 출간하는 시점을 전후하여 시범을 보여줄 준비가 되어 있다. 건물도 필요 없고 특별히 많은 자금도 필요치 않다. 붐이 일게 되면 누구든지 서슴없이 투자할 것이고 운영 방식은 저절로 갖춰지게 되어 있다. 일단 물에 뛰어들면 헤엄치는 방법이 저절로 터득되는 원리다.

[국가 개조사업]도 간단하게 자동 해결

1. 당신의 마음속에 먼저 천국이 이루어지면

특히 가족 간에 나무라는 말보다는 격려를, 탄식보다는 위로의 말을 할 수 있도록 역지사지로 상대를 존중하고 기다려주는 배려의 문화를 꽃피울 때 가족은 더욱 결속되고 가정에는 행복이 넘칠 것이다. 세상 모든 가정이 [**여기가 바로 천국**]이라 할만한 스위트홈이 불가능한 게 아니다. 서로 좋거나 즐거울 때 좋은 말 하는 것은 개나 소나 다 할 수 있다. 심각한 일이 벌어지거나 화가 날 때, 이때가 중요하다. 본성이 드러나는 순간이기 때문이다. 대부분이 그 순간을 참지 못하고 분노 조절 스위치를 터뜨리고 말지만, 그 뒷수습은 누구도 할 수 없다. 아무리 사과를 한다 해도 이미 엎질러진 물이다.

3초 동안만 입을 다물고 생각할 시간을 갖자는 것 - 단 3초의 시간, 우리가 무심코 흘려버릴 찰나의 순간을 잘만 활용하면 사회 개혁도 필요 없고 국가 개조도 필요 없다. 내가 먼저 행복하면 내 가정이 행복하고, 이 사회 전체로 퍼지면서 이 땅에 [천국이 이루어지는 기적]이 가능하다. [**배려하는 민족정신**]을 수출할 일도 생길 것이다. 세계 평화라는 것도 한걸음부터다. [말이라는 총알]을 발사하기 전에 [**3초 동안 미소 짓기 운동**], 가정에서부터 시작이다. 누가 먼저랄 것도 없이 [**내가 먼저 모범이 되자**]는 운동이다. 참여하는 것만으로도 행복 열차에 탑승하는 것이라면 누구나 자발적으로 참여하고 스스로 터득하는 행복 사업 프로젝트다.

[**3초 뜸 들이기 운동**], 내가 먼저 모범이 되자는 운동이다

2. 단 3초의 기적 - [정신 혁명]을 시각화하다

 이념의 바이러스에 오염되어 있는 우리의 정신세계를 가히 혁명적으로 변화시키는 데 있어, 그 효과를 배가시키기 위한 시각화 전략이 준비되어 있다. 이 책을 읽고 깨달은 것이 있어, 즉시 효과를 봤다면 누구라도 자기 혼자만 알고 있을 것이 아니다. 진정으로 행복을 원한다면 **[범국민적 배려문화 확산]**을 위해 조금은 적극적일 필요가 있다. 시대적 조류를 형성하게 되면 내가 언제 어디를 가든 구석구석 훈훈한 바람이 일어날 것이다. 그러므로 내가 먼저 행복하기 위해 남을 먼저 배려하자는 이 운동은 저절로 많은 사람이 참여하고 전파하는 범국민적 운동으로 승화되어야 한다.

 그리고 이 운동은 **[인간성 회복을 위한 정신 혁명]**이면서 무형의 정신세계를 시각화, 현실화하여 더욱 효과를 높일 수 있는 특별한 전략까지 준비되어 있다. 전 국민이 주목하고 참여하는 데 있어 감동을 일으킬만한 테마 관광을 접목, 일시에 붐을 일으킨다. 전 세계적으로 그 유례를 찾아볼 수 없는 유적지가 하나 있으니 경북 예천의 **3)말·무덤(言塚)**이라는 곳이다. 우리의 정신세계와 절묘하게 매치시켜서 시각적인 상징성을 부여하기 때문에 많은 사람을 끌어들이는 마력이 있으며, 방문객들의 뇌리에 일평생 동안 각인되는 효과가 있다. 이 캠페인의 성공 확률을 100% 이상 끌어올릴 수 있는 핵심적 요소다. 여기에 한 번이라도 방문한 사람은 **[3초 미소짓기 캠페인]**의 취지를 한층 더 깊게 이해하고 감동하지 않을 사람이 없다. 바로 자기 자신을 즉시 대입하여 깨달음을 얻게 되는 인증-샷 바위 앞에 서면 그 입에서 [아~]하는 감탄사가 절로 나올 것이다. 관광이든 순례든 전국적인 명소가 되는 것도 시간문제다.

---

3) **말·무덤, 언총(言塚)** : 사람의 입에서 나오는 말을 묻었다고 해서 언총이라 하는 무덤이 경북 예천군 지보면 대죽리에 있다. 뒤이어 자세한 설명이 따를 것이다.

순례지 차원의 정신문화 중심지 시각화사업

1. 그 유래를 찾아볼 수 없는 한 작은 유적지

경북 예천군 지보면 대죽리에는 세계적으로 그 유래를 찾아볼 수 없는 한 작은 유적지가 있다. 바로 [말 무덤(言塚)]이다.

말무덤(言塚)에 대한 전설

지금으로부터 약 500여 년 전 경북 예천군 지보면 대죽리 마을에는 여러 성씨들이 모여 살았는데 문중들끼리 거친 언행으로 인해 싸움이 그칠 날이 없었다. 사소한 말 한마디가 불씨가 되어 큰 싸움으로 번지며 말썽이 잦자 마을 어른들이 그 원인과 처방을 찾기에 골몰했다. 그러던 어느 날 이곳을 지나던 과객이 마을 뒷산의 형세를 보고 "좌청룡은 곧게 뻗어 개의 아래턱 모습이고, 우백호는 구부려져 길게 뻗어 위턱의 형세여서 개가 짖어대는 모양이라 마을이 항상 시끄럽다"고 하며 한 가지 예방책을 일러주었다. 실제로 이 마을을 둘러싸고 있는 산은 마치 개가 입을 벌리고 있는 형상이어서 주둥포산으로 불리고 있던 것이다.

그리하여 마을 사람들은 나그네가 일러준 대로 개 주둥이의 송곳니쯤 되는 마을 입구 논 가운데에 날카로운 바위 세 개를 세우고, 개의 앞니쯤 되는 마을 길 입구 주둥개산에는 싸움의 발단이 된 말썽 많은 말(言)들을 사발에 담아 말무덤(言塚)을 만들고 개가 다시는 짖지 못하도록 소위 재갈을 물린다고 해서 재갈바위를 무덤 위에 박았다. 이후 흉흉한 일이 있을 때마다 여러 문중 사람들이 이곳에 모여 이웃 사람을 비난하는 말(言)을 한데 모아 구덩이에 파묻는 장례의식을 치렀다고 하는데 그 뒤부터는 신기하게도 다툼이 없어지고 평온해져 지금까지 화목하게 잘 지내게 되었다고 한다.

⊙ 현황과 문제 제기

❶ **대한민국의 중심, 대죽리에 숨어 있는 말 무덤(言塚).** 세상에 둘도 없는 관광 자원이지만 아무리 단장을 해도 여느 이름 없는 유적지나 사적지 정도로 규모도 그렇지만 더 이상 내세울 콘텐츠가 없다. 간혹 들르는 사람들이 있기는 하나 와서 보고는 "이런 게 있구나!" 정도 여기고 그냥 갈 뿐 크게 기억에 남을만한 추억도 만들 게 없다.

❷ 2022년에야 전용 주차장이 확보되고, 잠시나마 들르는 관광코스에 포함은 시키겠지만 더 오래 머물게 해서 지역경제에도 도움이 될 만한 확장성 아이템도 없다. 주위에는 온통 말의 중요성을 각인시킬만한 속담이나 격언을 큰 바위에 세계서 전시해 놓은 게 전부다.

❸ 이 무덤은 우리의 입에서 한 번 뱉어내면 날아가 버리는 말(言語)을 무덤이라는 형태로 묻었다는 것이 신기하기도 하고 세계적으로 그 유래를 찾아볼 수 없다는 특징을 가지고 있다. 그런 의미라면 이것을 알고 찾는 사람들은 무덤 자체도 뭔가 특이할 거라는 기대감에 덜떠 있을 수도 있다. 그런데 가서 보면 그냥 그렇다. 모두가 하나같이 느낄 수 있는 그저 평범한 유적지에 지나지 않는다는 것을 알 수 있다. 무덤의 의미를 더욱 새롭게 업그레이드하기 위해 지금이라도 [오, 그렇구나!]하고 감동할만한 형태로 바꿀 수는 없을까?

❹ 조상들의 지혜를 엿볼 수 있는 이 말 무덤(言塚)을 우리의 언어생활과 접목할 수만 있다면 우리의 **마음가짐조차 변화시킬 감동적인 관광지, 진정한 힐링 명소**로서의 가치가 충분하다. 추후 이곳을 중심으로 세계적인 힐링타운 조성도 가능하다. 다만 우리의 언어생활과 직접 관련지어 접목할 수 있는 **감동적 콘텐츠**를 어떻게 창출할 것인지 그것이 관심사다. 유명 관광지나 명소가 되려면 누구나 감동할 만큼의 생동감 있는 콘텐츠가 생명이다. 조악하게 꾸며진 것이 아니라면 말이다.

❺ 현재의 관리 상태는 경작지가 무덤과 맞붙어 있고 잡초가 무성하게 자라서 일 년에 한 번씩 성묘할 때나 깔끔해지는 일반 무덤이나 다를 바 없다. 이 무덤이 바로 **흙 속에 묻혀 있는 진주**다. 어떻게 갈고 닦아 빛나게 할 것인가 하는 것은, 덧입힐 수 있는 콘텐츠가 얼마나 감동적인지 그 형태나 이미지가 좌우할 것이다.

❻ 이런 말 무덤에 감동 콘텐츠를 덧입히는 사업과 연계시킬 또 다른 아이템이 준비되어 있다. 풍치 좋은 곳이나 찾는 일반 관광객이 아니라 정신문화 중심지 순례 차원의 관광객들이 찾게 될 고차원적 관광지로 그 가치가 증명될 날이 반드시 도래할 것이다. 이 관광 자원을 어떻게 스토리텔링이 가능한 관광지로 만들 것인가 하는 맞춤 아이디어가 이미 **문화관광부 - 경상북도 - 예천군 관광과**로 제안된 상태다. 이 말 무덤을 중심으로 지역 문화관광 분야 핵심 사업으로 추진하게 되면 주변의 하회마을이나 회룡포가 하나의 관광-벨트로 조성되면서 시너지 효과가 발생한다. 예천군에 제안된 사업은 이 **무덤 자체를 색다르게 재구성하는 것**인데 그 자체만으로도 죽어 있던 관광 자원이 빛을 보는 것이고 세계적인 관광지로 부상시킬 조건을 갖추게 된다.

2. 감동적 콘텐츠로 시각화하다

 순례 차원의 관광객을 위한 인증-샷 조형물 : 큰 바윗덩이에 아래와 같이 말 무덤 의미에 부합하는 문구를 새겨 넣되 관광객이 서게 될 위치까지 고려하여 전체가 그림처럼 어울리도록 맞춤형으로 제작한다. 이 바위에 새겨진 시의 의미가 중요하고 문화해설사의 설명이 있으면 더욱 좋다. 간단한 설명 자료를 비치하거나, 이와 관련된 기념품을 만들어 판매하는 안내소가 필요하게 될 것이다.

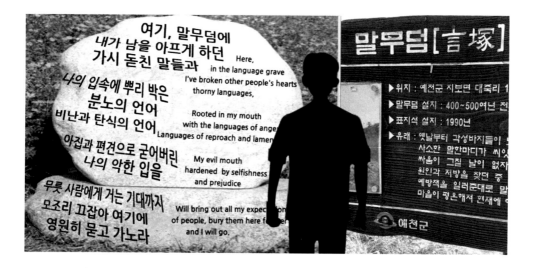

여기, 말 무덤에
내가 남을 아프게 하던
가시 돋친 말들과

나의 입속에 뿌리 박은
 분노의 언어
 비난과 탄식의 언어

 아집과 편견으로 굳어버린
나의 악한 입을
무릇 <u>사람에게</u> 거는 기대까지

 모조리 끄잡아 여기에
 영원히 묻고 가노라

해설서

모든 방문객을 주인공으로 만들어 주는 마지막 문구 "묻고 가노라" - 이 주관적인 말 한마디가 핵심이다. 이 문구(文句)에 빠르게 반응할수록 [진정한 행복]을 자기 것으로 만들고 획득하는 센스가 남다르다고 할 수 있다. 그리고 "**사람**에게 거는 기대"의 "**사람**"이란 기본적으로는 가족이다. 특히 가족이나 친한 사람에게 거는 기대는 유달리 클 수밖에 없다. 현실적으로는 이것이 크면 클수록 실망도 크다는 사실. 그러니까 기대를 전혀 갖지 않고 살면 아주 작은 호의나 배려에도 감동하고 행복할 수 있다는 진리를 깨닫게 한다. 행복을 위한 첫걸음이다. 기대치를 제로에 맞추고 산다는 것, 정말 중요하다.

바위 앞에 선 사람의 이미지는 인증-샷 위치를 보여주는 것인데, 바쁘게 돌아가는 관광 일정에서 무심코 이렇게 사진을 찍기는 하지만 이 사진을 크게 확대하여 벽에 걸어두거나 액자에 넣어 책상 앞에 두고 보면 그 배경이 되는 바위에 **자신의 결의가 느껴지는 시**(詩)가 새겨져 있다. 어찌 보면 섬뜩한 느낌이 들 정도로 예리한 칼이 내포된 작심 의지의 표현이다. 그러니까 볼 때마다 마음이 정화된다는 사실을 스스로 알게 되면서 점점 더 감흥이 되살아날 것이다.

이 시(詩)가 그냥 예사롭게 듣기 좋은 말이나 늘어놓은 것이 아니고, 그 경중은 다를지라도 모든 사람의 마음을 변화시킬 수 있는 징크스가 내포되어 있다는 사실, 누구라도 마음을 열고 보면 감동으로 다가올 것이다. 굳이 이유를 말하라면 작자의 혼(魂)과 방문객의 염원이 일체가 되는 칼보다 강한 글이라는 사실을 여기서 깨닫게 될 것이다. 그러니까 이 몇 줄 안 되는 글 속에는 단순히 시적 공감을 불러일으키려는 기교가 아니라 **인류의 영혼을 구제하겠다는 작자의 간절한 염원의 칼**이 숨겨져 있다. 이 영(靈)적인 칼은 사람의 영혼을 쪼갤 수도 있을 만큼 예리하다. 무슨 말인지 깨닫는 순간 그는 이미 부처다.

지역 경제를 획기적으로 변화시키고 활성화할 수익사업까지 준비되어 있다. 이 말 무덤 관광과 매치시켜서 우리의 언어생활에 변화를 줄 수 있는 기념품을 제작 판매하는 사업인데, 방문객들의 요청이 쇄도하면 예천군 지자체에서 민간 사업으로 추진할 수 있는 길을 때맞춰서 열어 줄 것이다. 여기서 판매할 기념품은 관광객들이 집으로 돌아가서 벽에 걸어두거나 진열하였을 때 두고두고 기념되고 교훈이 될 만한 족자, 스카프, 선물용품 등인데 **[말 무덤 사진]**을 배경으로 잡고

아래의 문구 1~2개를 삽입하여 제작, 판매하는 사업이다. 특히 이 문구(文句)가 방문자와 직접적으로 관련이 있으며 말 무덤이라는 상징성과 함께 강력한 메시지로 뇌리에 남게 된다. 기존의 관광지에서 판매하는 수백 종의 **중국산 기념품과는 천지 차이로 그 가치가 다르다.**

[말하기 전 3초 뜸들이기 여행]   [3초의 기적 체험 여행]
위와 같은 타이틀로 여행사가 주관하고 이 문구 아래에는

⟨내가 말로 지은 죄, 저기에 다 묻었노라⟩ ⟨남을 먼저 배려하면 내가 먼저 행복해진다⟩ ⟨분노의 언어, 배설의 언어, 비난과 탄식의 언어들, 나는 이미 저기에 다 묻었노라~⟩ 등의 문구 또는 바위에 새겨진 시의 전문이 말·무덤 사진과 함께 들어간다.

문구는 지속적 개발을 통해 새로운 콘텐츠를 도입하게 될 것이다. 이 기념품 사업은 전국에 산재한 이름 없는 유적지를 새롭게 디자인하는 자극제가 되고 벤치마킹하려는 열풍이 일면서 전국적으로 지자체들의 개발사업에도 변화의 바람이 불러일으키게 될 것이다. 아래에는 족자 식으로 제작할 기념품 하나를 일 예로 보여준다. 그 족자 속에는 방문자 본인의 **서명 공간**이 있다는 것이 특징이다. 무엇보다 이 족자에는 **자신의 각오가 서려 있다는 것이 중요 포인터다.**

자신의 각오와 서명이 들어 있는 족자, 이런 족자를 지금까지 본 적도 없을 뿐만 아니라 벽에 걸어두고 있으면서 화를 낼 사람이 있을까? 사람의 인성은 죽을 때까지도 고치기 어렵다. 그러나 화를 내는 횟수나 강도가 줄어들기라도 한다면 아마도 그는 저 족자에 마취된 상태가 아닐까 여겨진다. 기분 좋은 마취상태. 자기뿐만 아니라 가족이 모두 집단적 마취상태가 되어도 마냥 좋은 일이다. 그렇지 않은가? 이런 마약이라면 얼마든지 장려할 일이고 그 본인 또한 자기 자신에게 계속하여 암시를 주는 효과가 생기는 것이니, 자기와 직접 관련이 있는 저 족자야말로 어떤 명필의 족자나 표구보다 장식품으로의 가치를 더할 것이다. 혹 손님이라도 와서 보면 설명하기도 좋고 반드시 칭찬을 들을 것이니 자신감도 배가된다. 가훈이나 가보의 가치로 손색이 없다.

사회적 난제까지 한 방에 해결

1. [3초 뜸 들이기] 운동으로 사회적 난제까지 해결

 이 말·무덤을 매개로 해서 세계적인 관광단지 조성의 가능 여부는 그리 오래 걸리지 않아 드러날 것이다. [인증-샷 바위] 조형물 하나 새롭게 설치되고, **무덤 일부 [피라미드 형태]로 바뀌는 것만으로** 먼저는 매스컴의 주목을 받게 되고, 이어서 예상 밖의 많은 사람이 이 말 무덤을 찾으면서 그 가능성이 현실로 다가올 것이기 때문이다. 이것은 매우 고무적인 일로서 역사적으로도 하나의 큰 전환점이 될 것이다. 지역적으로도 **안동, 예천은 예로부터 효의 고장으로 전해지고 있는데**, 이 말 무덤이 국내를 떠나 전 세계적으로 주목받으면서 한류의 중심지, 정신문화의 중심지로 떠오를 것이다.

 [내로남불] 신조어까지 유행했던 코리아의 위상이 반전의 기회를 맞을 것이며, 세계인이 우러러보고 따를만한 차원 높은 [신 배려사상]이 정립된다. 마침내 진정한 세계의 중심 국가로 부상할 계기가 마련되는 것이다. 끊임없는 외세의 침략으로부터 살아남은 민족, 그 불굴의 민족정신이 [새 마음 갖기 정신 혁명]으로 한층 업그레이드되어 전 세계로 확산한다. 시작은 미미하나 이 [배려문화 확산 운동]이야말로 전 지구촌을 움직이는 정신적 지주 역할을 하게 될 것이다. 사회적 난제인 불평등, 불협화음, 갈등, [내로남불 사고], 소시오패스 증후군 등 모든 사회 문제가 **[맘먹기]** 하나로 눈 녹듯이 해결되고 이 땅에 마침내 천국이 조성된다. 이것이 바로 성경 속 하나님 말씀을 이 땅에서 이루게 하는 구체적인 실현 방법이다.

2. 정신 혁명이 왜 필요한가

　혼란을 겪고 있는 이 나라에는 **진영논리에 편승한 달변가**(達辯家)는 **많으나 국민을 감화시킬 현자는 별로 없다.** 일국의 대통령까지 해먹은 자나 장관, 국회의원, 변호사, 대학교수, 박사, 목회자라 해서 진정성 있게 말을 잘하는 것도 아니다. 상대적으로 잘하는 것처럼 보일 뿐, 그 대부분은 진정성과 거리가 멀다. **왜?** [세상 지식]만 가득하기 때문이다. 최근 이름깨나 알려진 한 변호사가 **얼치기 대통령**을 비판한 고령의 명예교수를 향해 [오래 사는 것은 위험하다]고 공개적으로 내뱉고, 또 다시 **"인간의 수명은 80세가 좋다"**는 머저리 해명까지 해서 논란이 일었다. 이게 논란으로 끝낼 문제인가? "그럼, 당신 부모도 80세가 넘으면 고려장 시키겠냐?"고 묻는다면 뭐라고 답할까? [내로남불]의 **화상**(畫像), [내로남불 미치광이]가 바로 그런 자다. 인간의 심성을 상실한 자가 변호사까지 해 먹는 이 암흑의 시대 상황에 어떤 불길한 예감이 엄습하는 것은 무엇 때문일까? 이런 자들이 한둘이 아니고 수시로, 떼거리로 등장한다. 이상하지 않은가? 누구라도 말 좀 해보시길 바란다.

　세상 지식이 많아진다고 해서 현명해지는 것이 아니다. 사람들 대부분은 〈사람됨의 교훈〉을 가슴으로 깨달으면서 자기 성장을 도모하는 것이 아니라 오로지 전문지식을 보다 많이 습득하는 기술자가 되기 위해 매진한다. 또 그것이 인생의 목표이고 삶의 전부다. 그런 사람들에게는 이 명언이 [소귀에 경 읽기]로 들릴 수도 있을 것이다. 그러나 지금 우리는 농부처럼 꾸준히 토양 개량에 힘써야 한다. 토양이 바뀌면 알곡을 추수할 확률이 높아지지 않겠는가? 세상을 더럽히는 **악**(惡)을 제거하기 **위해 전쟁을 치르기보다 현자를 많이 배출할 대안을 모색하는 것이 세상을 바꾸는 현명한 방법이다.** 전문 기술자 배출에만 매진한다면 인간의 심성은 더욱 삭막해지고 세상은 더욱더 권모술수가 판치게 될 것이다. 현명한 인재 양성을 위해서는 정신세계의 개혁이 필수다.

3. 참 지도자의 덕목

열 길 물속은 알아도 한 길 사람 속은 모른다고 하지만, 방법이 없는 것은 아니다. 그 사람 입에서 나오는 말 한마디가 바로 속내를 드러내는 것이기 때문이다. 그 표정과 어법, 그리고 몸짓으로 충분히 그 의중을 파악할 수 있으니 그 **말 한마디로** 타인의 생명을 좌우할 수도 있지만 자신의 운명에도 영향을 미친다. 같은 말을 계속하면 자신에게 최면을 거는 것이 되고, 그것이 자신을 지배한다. 역설적으로 만인에게 영향을 줄 수 있는 공인으로서 거짓말을 계속하면 그 말에 자신도 속을 뿐만 아니라 [남을 속이는 일]을 식은 죽 먹기로 잘하게 된다. 좀도둑질도 거듭하다 보면 큰 도둑놈이 되는 이치와 같다. 이런 방식으로 영웅이 된 자들, 사이비 영웅들이 곳곳에서 진을 치고 있다.

수십 년 토굴 속에 들앉아 정진해도 그것이 자기만의 깨달음에 그친다면 뭇사람을 구원하지는 못한다. 만인을 이롭게 할 신(神)의 인격체가 되면 깨달음의 수준도 다를 뿐만 아니라 그 사고가 무한대로 열려 있어 어떤 편견이나 아집에도 사로잡힐 일이 없다. 이런 지도자가 절실하다. 연수원을 만든다고 해서 양성이 가능할까?

막혀 있는 지혜의 샘을 뚫어줄 깨달음이 단기 속성으로 가능한지 의문이 들겠지만, 수십 년 수행한다고 얻어지는 것도 아니다. 방법론적으로 접근하면 그것은 순간적으로 번개처럼 떠오르는 깨우침이기 때문에 자기 것으로 내려받는 센스와 열린 마음이 중요할 뿐이다. 여기서 제시하는 방법론도 절대적인 것은 아니지만 아무라도 도전해서 단숨에 도달할 수 있다면 그것이 현재로선 최선이고,
중요한 것은 [도전하는 것]이다. 굳이 토굴이나 현재 마련되지도 않은 연수원을 찾을 필요도 없이 여기 제시되는 방법론을 따르기만 하면 언제 어디서든 가능하다.

특히 남을 가르치는 선생과 같이 지식이 많을수록 오히려 하나의 이념에 사로잡혀 있는 경우가 많아서 어떤 상황이나 사물을 판단하는 데는 오류를 범할 확률이 더 높다. 지금까지 터득한 세상 지식이 오히려 족쇄가 되기 때문이다. 이런 사실을 인정조차 하지 않으려는 자만과 아집이 더 큰 문제다. 불교계의 큰스님이었던 성철스님이 입적(入寂)하기 전 [당신이 소유한 책을 모두 버려라]는 말을 남겼다고 한다. 무슨 말일까? 수많은 책을 통해 습득한 잡지식이 오히려 자신을 옭아매는 족쇄가 된다는 뜻이다.

태풍과 같은 비바람에도 견디던 아름드리 고목 나무가 그 밑동에 기생한 작은 벌레 한 마리로 인해 하루아침에 쓰러진다는 사실. 이 땅에 [내로남불]이 유행병처럼 번져서 사악한 무리와 결탁하면 나라가 순식간에 아프가니스탄이나 미얀마처럼 고목 나무 쓰러지듯 끝장날 수도 있는 것이다. 백만분의 1이라도 대비해야 하는 것이 국가의 안보가 아닌가? **작금의 [내로남불] 현상**은 극히 작은 벌레 정도가 아니다. 극히 위험한 테러 집단이다. 그대로 방치하거나 해서 이것들이 득세하면 하루아침에 저수지 둑이 터지듯 걷잡을 수 없게 된다.

내로남불 기생충이 더 큰 해악을 저지르기 전에 근본 토양을 바꾸고 환경을 변화시키면 더 이상 기생할 곳을 찾지 못하고 소멸하는 것이 자연의 이치다. 그러니까 이런 기생충병을 사전에 감지하고 대비하기 위해 우리가 다 함께 지혜를 모아야 한다. 지금까지는 누구도 이 [내로남불] 폐해에 대해 심각하게 고민해 본 흔적이 없다. 그러니 대책도 없고 처방도 없다. 이대로 가면 점점 더 또 다른 악의 세력이 곳곳에서 독버섯처럼 기어 나와 더욱 복잡해질 양상이다. 그 악의 세력이란 저 사악한 북한이나 중국이 배후가 되는 국가 파괴자다. 이를 대비하여 전 국민이 자발적으로 참여하는 **[범국민운동]이** 필요하며 **참된 지도자상을** 정립하고 양성해야 한다. 지금은 위기 상황이다. 시대적 소명 의식을 가진 사람들이 힘을 모으고 작은 것부터 시범 운영하면서 그 가능성을 예측할 수도 있을 것이니, 무엇보다도 정부나 해당 지자체의 적극적인 지원과 민간기업의 참여가 절실하다.

그런데 참으로 놀랄 정도의 많은 사람이 [참된 지도자상]이 어떤 것인지도 알지 못한다. 그저 시험 요령이나 잘 터득해서 좋은 대학, 좋은 직장에 들어가고 명예를 획득하면 그것이 각 분야의 지도자가 되는 거라 여길 뿐, 실제로 요구되는 자질이나 인성은 최종 면접만 통과하면 그걸로 끝이다. 지도자라 하면 구시대 〈남을 다스린다〉에서 국민 주권 시대에 들어서면서 〈보살핀다〉 〈민심을 헤아린다〉 정도로 이해될 뿐이고 **주민의 애로사항, 민원이나 수집하는 것 외에**는 더 이상 해줄 게 없다. 어떤 덕목이 필요한지를 말하라면 주저할 수밖에 없다.

그러니 어떤 조직이라도 불협화음이 생기고, 그 속에서 살아남는 요령이나 잘 터득한 자가 지도자로 성장하는 경우가 많고, 권모술수에 능한 자가 초고속 승진이나 명예를 획득하는 수도 있으니, 지도자의 자질에 어떤 기준이 있는 것도 아니다. 그저 다수 국민의 불만을 잠재울 수만 있으면 그것이 능력이 되는 시대다. 무엇이 불공정이고 무엇이 진리인지 세상만사가 불분명하고 불확실하다. 아무리 법을 뜯어고치고 새롭게 만들어도 완벽한 것은 없고 불평불만 없는 세상, 다 같이 잘 사는 세상은 불가능할 뿐이다.

그래서 이 세상은 한 마디로 혼돈의 세상이다. 영적으로 보면 우리의 삶이 한 치 앞도 알 수 없는 암흑의 세상이다. 정말 깨끗한 정치를 할 것이라 여기고 선택한 지도자라 해도 자신이 아니면 가족으로 인해 욕을 먹거나 아무리 선견지명이 뛰어난 사람이라 해도 미래를 예측하는 데는 오류와 허점이 생긴다. 이 인간 세상이 얼마나 캄캄한지, 또 여기서 두더지처럼 더듬질이나 하면서 살아가고 있는 우리가 얼마나 어리석은 존재인지를 극렬하게 보여주는 사례가 있다. 아래 사진을 잠시 들여다보자.

　지역 유지들이나 가입하는 봉사단체 슬로건 아닌가. **〈초아의 봉사〉**, 그야말로 **〈나를 초월한 봉사〉**다. **〈자신을 버린 봉사, 자기를 드러내지 않는 봉사, 자기 이름을 알리지 않는 봉사〉**를 하겠다는 선언문이다. 그런데 이 말에는 어폐가 있다. **[나를 버렸다]**는 사람들이 굳이 잘 보이는 장소에다 값비싼 바윗덩이에 그 말을 새겨서 만인이 쳐다보게 드러내어 자랑해야 할까? 송판도 아니고 바윗덩이에 새겼으니 그들이 봉사하고 있다는 것을 자손만대에 알리겠다는 거 아닌가. 오인될 소지가 다분하다. 그야말로 자기를 버릴 정도의 희생적인 봉사를 할라치면 최소한 **〈테레사 수녀〉** 정도는 되어야 하지 않을까?

　이것도 저것도 아니라면 **[우리가 봉사 많이 하는 지역 유지들이니 높게 좀 봐 달라]**거나 **[우릴 함부로 건드리지 말라]**는 뜻이다. 만약 그런 뜻을 조금이라도 가지고 있다면 애초부터 솔직하게 **〈봉사는 우리의 사명이고 기쁨이다〉** 따위로 정했으면 얼마나 좋을까 싶다. 봉사는 자기만족이 먼저다. 자신의 양심과 내면을 치유하는 한 방법이기 때문이다.

저 같은 조형물은 전국 요소마다 설치되어 있다. 울산시와 경주시의 경계선에는 그야말로 집채만큼 큰 바윗덩이에 새겨서 나라를 구한 영웅의 상징물처럼 세워 놓았다. 그 바윗덩이 가격만 해도 일천만 원 이상을 호가할 것으로 보인다. 꼭 그렇게 해야 봉사하는 것이고 과시하는 것일까 싶다. 그것을 설치한 사람 입장으로 보면 **〈바위에 새겨서 자손만대에 알리는 것이니 얼마나 의지가 강하냐!〉**고 항변할 것 같다.

상위층이라 자부할 만한 사람들을 비난하려는 의도는 없다. 그래도 지식층에 속하는 사람들의 안목이 이 정도로 어둡다는 것을 보여주려는 것뿐이다. **[자각, 자기 성찰의 시간]**을 갖자는 것이고, 제대로 눈을 뜨고 보려면 세상 지식보다는 남을 먼저 배려할 줄 아는 혜안이 필요함을 알리기 위함이다. 이 땅이 너무도 캄캄하고, 여기서 살아남기 위한 인간의 몸부림은 지혜보다 〈요령〉이 먼저였으니 눈앞에 보이는 것만 쫓을 수밖에 없는 한계가 있다. 그러나 아래와 같은 메시지도 있으니 한편으로는 희망이 보인다고 할까?

[바르게 살자]~ 구호 하나는 정말 좋은 것 같다. 어떻게 살아야 바르

게 사는 것인지는 개인차가 있겠지만 "과연 바르게 사는 사람이 얼마나 될까?" 싶기는 하다. 아마도, 우리 다 같이 바르게 살기를 힘쓰자는 뜻이리라. 실로 바르게 사는 것만이 [행복의 기본]이라는 것은 확실하니까. 실제로는 남에게 해악을 끼쳐서라도 자기 행복이 먼저라고 생각하는 [내로남불]이 기승을 부리는 이 시대에 저런 구호를 내걸고 있는 단체들은 무슨 사업을 하고 있을까? [내로남불 바이러스]를 퍼뜨리는 악의 세력들과 맞서서 어떤 투쟁이라도 하고 있단 말일까? 혹자는 말로나 그럴듯하게 생색이나 내면서 그 내면을 들여다보아 [초아(超我)]와 별반 다르지 않다면 그 위장술 하나만은 뛰어나다 할 것이다.

 봉사의 개념, 봉사라고 하면 최소한의 보수를 받는 유료 봉사와 그렇지 않은 무료 봉사가 있고, 노력 봉사, 물품 지원, 지식 나눔 등이 있을 것이다. 그런데 저 봉사단체들은 취약 계층에게 라면이나 연탄 등 물품을 지원하는 정도로 알고 있다. 공보 책자에서 본 것인데 생색 수준은 아닌지 되돌아봐야 할 것이다. 바르게 살자는 구호를 돌에 새겨 전시한다는 것도 사람의 마음을 얼마나 움직일지는 모르겠으나, 진정한 봉사는 요구나 강요가 있어서도 안 된다. 오로지 자기만족과 행복을 위한 [순수 봉사]라야 가치가 있는 것이고 보이지 않게 해야 진실하고 더욱 행복하다. **저런 바윗덩이 자체가 중요한 것이 아니다.** 진정한 봉사, **[바르게 산다는 것이 어떤 것인지]** 정확하게 보여주는 장면이 있으니~

 비정상 세상에서 [정도를 걷자]는 말은 어찌 보면 꼰대 소리로 들릴지 모르나 그런 정신이야말로 진정한 행복을 창조한다. 어떤 정치꾼도 해내지 못한 [깡패노조(민노총)]를 개혁하고 있는 새 정부의 기조를 보면 진정한 지도자의 자질을 짐작할 만하고, 총성도 피 흘림도 없이 진행하는 혁명적 개혁은 우리가 **[어떻게 해야 바르게 사는 것인지]** 그 길을 정확하게 제시해 준다. 무엇을 보고 무엇을 어떻게 깨달아야 할지 아직도 의아해하는 분들이 있을까? 지난 정권 예를 들어 기회를 주겠다.

그 [사람이 먼저]라는 그럴듯한 한 마디 **말장난**에 얼마나 많은 사람이 들러리가 되어 놀아났는지 알겠는가? 당신은 혹시 촛불 들고 광란한 적이 있는가? 아니라면 그 현장, TV를 통해서 보았을 것이다. 그 장면을 분명히 보았으면서 아직도 그들이 모두 제정신이었을 거라 믿고 있는가? 민노총과 전교조에 뿌리를 내린 고정간첩들이 저 북한 지령을 받아 광란을 주도하도록 판 깔아준 자가 누군지 아는가? 겉으로는 성인군자요, 속으로는 저 김정은의 지령을 받던 자 아닌가. 정은이가 싫어하면 충신이든 애국자든 어떤 죄라도 뒤집어씌워서 처단해야 했던 그 살기 어린 눈동자를 모른다고 말할 수 있느냐고 묻고 싶다. 그런 자를 이 나라 지도자로 뽑아 놓고 하세월 [**사람이 먼저 대접**]받을 것을 기다리고만 있었던 우리가 아닌가. 그러고 보니 참으로 인내심이 강한 국민이고, 아량이 한량없이 깊은 국민이다.

정상과 비정상을 구분하지도 못하는 몰지각, 몰상식 바이러스인 좌익 빨·갱·이 바이러스를 전파한 자들이 걸핏하면 [**촛불 정신**] 어쩌고 들먹인다. **그들이 말하는 촛불 정신이란** 이 땅을 전복시키기 위해 암약한 종북 주사파들과 이제야 속속 잡혀 드는 고정간첩들이 주도한 **여론 조작, 선거 조작으로 정권을 탈취**하고 얼치기 바지 사장을 대표로 앉혔으니 그것을 국민의 이름으로 그럴듯하게 포장할 필요가 있었던 거다. 그게 바로 [**촛불 정신**]이라는 그럴듯한 포장지가 아닌가.

어리석은 좌파 좀비들은 그들의 선전·선동에 촛불 들고 부화뇌동한 거밖에 없고 그들의 농간에 영혼을 빼앗긴 죄밖에 없기는 하다. 달리 어떤 명분이나 해명할 자료가 없다. 그 촛불 정신으로 탈취한 정권이 도대체 뭘 했단 말인가. 오로지 나라를 통째로 김정은에게 갖다 바치는 중에 사단이 난 거뿐이니 좌익 빨갱이들이 바통을 이어받았더라면 지금쯤 피의 숙청이 진행될 거 아닌가. 도적 떼들에게 곳간을 맡긴 꼴인데 촛불 정신이 무슨 소용이 있으며, 그놈의 촛불 정신 100개라도 나라 망치는 촛불 정신 아니냐 이 말이다. 정신들 차려야 한다. 사람이 먼저라고 해놓고 무엇이 먼저였는가? 김관진 장관 같은 애국자를 구속하기 위해 갖은 연구를 다 했던 자들 아닌가. 저 북한 지령을 수행한 게 아니면 무슨 연유로 그런 짓을 했겠는가. 정상적인 애국자들은 사람으로 보지 않았을 것이다. 겉보기만 해도 이상하게 생긴 자들을 장관시킨 것만 봐도 그들의 낯짝에 어떤 가면을 쓰고 있는지 알아채야 했다. 그들에겐 보통 사람의 수준과는 확연히 다른 빨·갱·이 다운 족속이 먼저였다. 말도 이상하게 해야 하고 하는 짓거리도 모조리 빨·갱·이 짓이나 일삼던 자들을 우선 등용했던 것이니, 그들의 눈에 사람이란 어떤 족속들인지 진작에 꿰뚫어 볼 수 있어야 했는데. 그동안 우리 국민의 눈은 **[캄캄한 마법의 보자기]**로 가려져 있었던 거다.

세상은 정말 너무도 캄캄하다. 영적으로는 모조리 소경이라, 아무리 좋은 대학 나오고 하버드대학을 나와도 앞을 못 보는 건 똑같다. 그러니 유지급에 속하는 사람들이 **[초아(超我)]**라는 단어조차 해석하지 못하는 희한한 일이 벌어지는 것이다. 바르게 산다는 게 어떤 삶인지 이제라도 이해할 수 있겠는가? 당신이 좋은 대학을 나왔고 머리가 명석하다 하나 진정으로 바르게 산다는 것이 어떤 삶인지 도무지 이해하지 못할 수도 있다는 사실에 솔직해지길 바란다. 저 사악한 자들이 걸핏하면 주절대는 **[촛불 정신]**, 이제야 제대로 이해할 수 있겠는가?

그따위 촛불 정신 두 번 만났더라면 이 나라가 진작에 거덜이 났을 것이다. 아니 그들의 목적대로라면 사회주의 공산화가 진행되고 있을 것이다. **지상 낙원을 만드는 과정이라고 선전·선동하면서 말이다.** 끔찍하지 아니한가? 지도자 한 사람 잘못 만나면 덕목을 논할 여지조차 없다. **눈 깜짝할 사이에 지옥과 같은 세상이 임하게 되고 그것을 벗어나는 데는 최소 5년이라는 길고 긴 시간이 필요하다. 2024년 4월 10일** 도장 하나 잘못 찍으면 그런 악몽의 시간과 또 싸워야 한다.

무사안일주의에 빠질 수밖에 없는 공무원 사회

1. 지자체의 예견된 실패 사업들

개인의 삶과 가정생활, 나아가서 정부나 지자체가 벌이는 어떤 사업도 성공의 환상으로 시작하기 때문에 실패한다. 특히 전국의 지자체에서 보여주는 [예산 짜 맞추기 사업] 내지는 [보여주기식]으로 진행하는 테마파크들이 대규모 홍보비까지 투입하고도 적자를 면치 못하는 이유가 대부분 지방 자치 단체 수장들의 공적(功績) 내지는 성과 홍보물로 급조하여 졸속으로 진행한 탓이다. 전망대나 출렁다리가 적자인지 아닌지 계산이나 하고 있는지 물어볼 일이다. 섬마을 전체를 자주색으로 도배를 하여 거액의 홍보비를 투입, [국제적인 퍼플 마을]로 홍보는 하지만 글쎄~ 사진만 봐서 그런지는 몰라도 너무 인위적이고 조악하다. 흡사 초등생이 그린 그림 같다. 마을 지붕이나 다리, 조형물, 심지어는 현수막의 배경까지 전부 자주색으로 칠했다고 해서 뭐 감동할 거리가 되는지, 참으로 안목이란 것이 그 정도인가 싶기도 하다.

하여간 지자체의 이런 사업들이 초기에는 대성공이라도 한 것처럼 매스컴이 나서서 홍보도 해주니 착각에 빠질 수밖에 없다. 그리고 그런 곳도 처음 보는 여행객들이 호들갑을 떨면서 홍보도 해주니 그 약발이 오래 가면 3년이고 짧게는 몇 개월 만에 끝난다. 이런 것들로 치적을 내세우며 인기를 높이겠다는 발상이 가히 애처로울 정도다. 인간 세상에서 진행되는 [국민 세금 소모 작전]이라고 해야 할까, 일단은 저질러 놓고 계속해서 업그레이드하면 된다는 심산이다. 거금을 계속해서 투자하여 뜯어고치고 가꾸면 그냥 볼만한 경관도 생길 것이고 해서 시민들의 휴식처로 자리매김할 수는 있다. 그 정도도 못 하면 뇌물 먹은 거와 같은 처벌을 받아야 하겠지만 어쩌겠는가. 공무원도 지식인에 속한다고 보면, 창조적인 생각보다는 모방이나 할 수밖에 없도록 고착된 조직이나 시스템에 문제가 있다. 창조적인 발상이 허용되지 않는 상하 관계 구조를 획기적으로 개선하지 않으면 그 개인의 창의력은 무참히 사장되고, 투자 대비로 얻을 것은 마이너스가 될지라도 책임지는 자는 없다. 국민 세금만 낭비되는 악순환이 계속되는 현장이다. 지방자치 단체장들의 선심성, 졸속 정책이 개인이기주의나 부추기는 경쟁의 장으로 전락한 현실도 저 사악한 공산 이념의 바이러스가 주도하고 있다. 진정으로 국가의 이익을 먼저 생각하는 공무원 정신이 아쉽다.

　아무리 지방자치 시대라 할지라도 국가를 구성하는 작은 정부이고 국가의 한 부분이다. 지방 공무원의 국가관이 그만큼 중요하다는 사실, 이들의 정신 교육부터 획기적으로 개선해야 할 책임이 정부에 있는 것이다. 작금의 지방 정부 사업들을 보면 그들의 국가관이나 정신적 상태를 충분히 짐작할 수 있을 것이다.

　이런저런 유형의 사업들이 지자체마다 경쟁적이다. 국민 세금이 그렇게 남아도는 모양이다. 조 단위의 거금을 투자하는 대규모 사업으로 수조 원이 투입되는 **[랜드마크]**라는 것도 기획하는 걸 보면 가난한 나라에서는 꿈도 못 꿀 사업들이다. 대한민국이 언제부터 이렇게 부유해졌는지는 모르겠으나 지금도 어렵게 살아가는 사람들이 상당히 많다. 저 거대 사업들이 잘 사는 사람들이 내는 세금이 더 많다고 해서 그들을 위해 뭔가 보여줘야겠다는 생각으로 만드는 것은 아닐 테지만, 왜 소수의 절박한 사람들 위주의 사업에는 인색할까? 결과물이 별로 신통치 못해서일까? 라면박스나 전해줄 것이 아니라 그 봉사 좋아하는 사람들만이라도 모여서 머리를 맞대면 더 좋은 프로젝트를 도출할 수도 있으련만 누구도 새로운 도전은 꿈도 꾸지 않고 있다. 오늘의 지방자치라는 것은 지역 주민들의 이기주의 또는 집단이기주의나 부추기며 생색이나 내는 사업뿐이다. 차기를 노리는 단체장들로서는 당연히 그런 것이 우선이고 그 외의 어떤 의견도 받아들여질 수가 없을 것이다. 그러니 지방자치단체들의 사업이란 것이 하나같이 겉껍데기는 번지르르한데 속은 썩어빠진 과일 같다. 이다지도 실속 없는 행정을 행정이라고 펼치고 있는 것이 지자체의 실체다. 해놓은 사업들이 실패작인지 아닌지 판정 내리는 곳도 없을뿐더러 개인 사업처럼 부진하다고 해서 즉시 때려 엎을 수도 없다. 거액이 투자된 사업일수록 더 많은 거액을 매년 쏟아부어야 유지가 된다. 수십, 수백을 투자하기 전에 불과 5천만 원만 투자해도 세계적인 관광 명소의 기틀을 마련할 수도 있는데, 이것을 창조적으로 할 수 없는 것이 공무원 신분이다. 예를 들어보겠다.

지역을 위한다는 차원을 넘어 국가의 위상을 높일만한 아이디어를 제시해도 그 제안자의 의견은 담당자 선에서 묵살되고 만다는 사실에 경악한다. 제안자에게 연락하여 더 구체적인 의견을 청취한다든지 하여 상부 기관에 보고라도 한다면 얼마나 창조적인 공무원이 되겠냐마는 그런 것을 도무지 기대할 수 없는 곳이 공무원 조직일 것이다.

지역관광 활성화 차원으로만 따진다 해도 그야말로 획기적인 아이디어가 될 수도 있는데, 이것을 시행한다는 것이 국회의원 배경이라도 있어야 가능할지 말지다. 앞에서 제시한 **[말 무덤]** 관련하여 인증-샷을 위한 바윗덩이 하나와 글씨 새기는 비용 등을 총망라하여 어림잡아 1억 미만의 투자로 세계적인 명소가 가능하고, 유적지 개선 사업 차원의 사업비만으로 가능함을 제안한 것이다. 감동 콘텐츠 제공으로 무슨 대가를 바란 것도 아닌데, 근 2년째, 답보상태다.

유적지 환경 개선사업비 정도만 투자해도 붐을 일으키면서, 지역관광 활성화는 물론이고 인류의 정신문화 중심지로 만들만한 아이디어라고 주장하고 있으나, 그 실시기관인 지방자치 단체가 적극적이지 않으면 아무 소용이 없다. 그 지역 담당 공무원 왈,

"주변에 산재한 사설 분묘 터 매입 예산이 부족해서 더 이상 아무것도 못 하고 있다." 이게 무슨 답변일까? 주변의 터 매입이나 특별 예산과는 상관이 없는 제안이다. 규모나 주변 경관도 고려할 필요도 없이 우선은 관광객을 많이 불러들일 수 있는 획기적 아이디어다. 수요를 먼저 창출해 놓으면 생산은 저절로 돌아가는 그런 원리다. 사람들이 몰려온다면 자연적으로 도로 확충이라든지 주변 경관 정비를 위한 예산 요청도 저절로 쉬워질 일 아닌가 말이다. 담당 직책을 수행해 본 적이 없는 사람이라 할지라도 상식선에서 생각하면 답이 나올 문제를 그 공무원은 동문서답식 답변만 씹어 댄다.

담당은 또한 그 안일한 답변과 함께, 지자체는 위에서 내려오는 예산 집행만 할 따름이라는 거였다. 무슨 지방자치가 그런 건지 의심이 드는 말이다. 정말 황당한 일이 아닐 수 없어 더 이상 물어볼 게 없을 것 같아 그 자리를 나오긴 했지만 참으로 이상한 공무원과의 만남이었다.

이후 지방자치단체가 주도하는 사업의 예산이 다 그렇게 중앙에서 내려보내는 대로 집행만 한다는 말이 믿기지 않는 날이 계속되던 다음해 말쯤, 문화부 장관과의 대화 채널을 통해 중앙 정부에다 민원을 제기했는데 웬걸? 그것을 경상북도로 내려보내고, 다시 예천군으로 보내는 게 아닌가. 중앙 정부에서 내려온 것이니 이제는 제대로 하려나 두고 볼 일이다. 예천군 담당자에게서 전화가 왔다. 올해는 이미 내년 예산을 올린 상태라 진행할 수 없다는 것이다. 그럼, 후 내년에 실시할 수 있도록 내년에는 반드시 예산을 올리시라 당부는 했는데 이게 제대로 이루어질지는 미지수다. 예산 목록을 무엇으로 정해서 올릴지, 제안자에게 한 번쯤 의논하자는 전화라도 해야 하는 거 아닌가?

알고 보니 지자체에서는 내년도 예산 심의 신청을 올려서 년 말까지 승인받은 상태라야 다음 연도에 그 예산을 중앙에서 내려받아 사용한다는 거였다. 그런데도 지금까지 그 지자체 공무원은 그 중간의 신청 과정을 다 빼먹어 버리고 그냥 내려오는 예산만 집행할 따름이라 한 것이다. 2021년 6월 어느 날이다. 예천군청 관광과 해당 유적지 담당자에게 사업계획서를 제출했는데 그때 제시한 것은 정식 민원이 아니라고 한다. 정식 민원? 이게 어떤 기준을 두고 하는 말일까?

봉투에 담아서 담당 직원에게 갖다준 것은 정식 민원이 아니고 반드시 사이트를 통해서 제출되어야 정식 민원이라는 말을 23년 들어서야 경상북도 담당자에게 처음 들어 알았다. 이게 공무원 사회다. 이런 사고방식을 가지고 국민의 세금을 축내고 있다는 사실이 한심하기도 하고 답답하기도 하다. 국가관은 고사하고 국민에 대한 봉사의 자세나 대민 업무 태도에 있어 무엇이 잘못된 것인지는 알 수가 없지만, 상식적으로만 봐도 이해가 되지 않아 여기서 언급하는 것이다.

공무원 사회, 그 조직부터가 이렇게 무사안일의 틀 속에서 벗어날 수 없도록 짜여있다. 분명히 자기 업무에 속한 일인데도 창의력을 발휘할 생각이 없고, 굳이 창의력을 발휘하지 않더라도 그 예산 집행 과정을 정확히 민원인에게 알려줘야 하는 데도 담당 공무원은 엉뚱한 해명만 늘어놓은 것이다. 이런 행태는 직무 태만에 해당한다. 개혁도 개혁이지만 이 공무원들도 국가관을 제대로 심어줄 교육이 필요하다. 이 땅의 지식인들 수준이 이 정도이니 일반 국민에게 무엇을 바랄 수 있겠는가 말이다.

여기서 지식수준이란, 행정에 대한 전문지식을 말하는 게 아니다. 일반 상식이다. 일반 상식에도 어긋난 짓을 일삼는 안일한 공무원이 국민의 세금을 축내고 있는 현장을 고발하는 것이다. 몰지각 몰상식에서 벗어날 수 있는 방법론적 교육이 필요한 이유다. 안일함에서 탈출하여 공무원 그 자신에게도 보람 있고 신나는 삶을 살 수 있는 시스템적 개혁이 필요하다는 말이다. 보다 적극적으로 국가를 위해 공을 세운 자에게 특별 승진의 기회를 부여하는 일이 지금보다 더 빈번하게 일어나도록 유도하는 정책, 이런 아이디어 하나만 잘 구사해도 무사안일을 지양하는 방안이 될 것이다. 무엇이 국가를 위하는 일인지 그것조차 알 필요도 없이 매일매일 왔다 갔다 시키는 일이나 잘하면 된다는 사고방식에서 탈피하지 못하는 공무원이 많을 것이다. 그저 영어 수학 같은 시험이나 통과하면 합격하는 그 시험제도 자체도 문제다.

 지금은 그냥 기다려 보는 수밖에 없다. 2024년에나 실시한다 해도 먼저는 제안자를 불러서 그 구체적인 방안 같은 것을 미리 논의해 봐야 하는 거 아닌가 하는 생각이 들지만, 지금껏 연락이 없다. 2023년이 지나기 전에 한 번 찾아가 볼 생각이다.

지역 '문화관광사업' 애물단지 전락…이유는?

https://www.youtube.com/watch?v=2hWdX2c6XxA

지방자치 시대의 허점, 치적 쌓기, 전시행정의 사례는 끝이 없다.

(좌익 빨갱이 정치꾼들이 어리석은 국민을 상대로 이기주의를 부추기고 조장하면서 전 국민을 지역 이기주의 집단으로 변모시킨 결과, 국가이익이나 장래를 걱정하기보다는 개인의 이익을 앞세우는 영혼 없는 인간 좀비들을 양산한 결과다. 저 공무원들이 제대로 나라를 위해 일을 하는지 감시 같은 것은 꿈도 못 꾸고 무관심과 무감각증에 빠져 있으니, 지금도 전국적으로 경쟁하듯 그 장들 치적이나 남기려고 애물단지로 전락할 사업에 국민 혈세를 쏟아붓고 있다.)

2. 공무원의 무지, 안일함으로 관리되는 사업 실패 사례

지금부터 13년 전인 2010년도 정부 차원의 사업이었다. 전국의 폐교 초등학교에 대한 대규모 리모델링 사업으로 **[농촌체험마을]** 형식으로 쏟아부은 공적 자금만 해도 전국적으로 수백억 원이다. 당시는 그래도 많은 사람이 방문했다고는 하지만 미래 지속성은 전혀 고려되지 않은 예산 따먹기 사업이었다. 경북 예천의 **[회룡포여울마을]**이란 법인이 그 대표 격이었다는데 13년 전에 13억이나 되는 공적자금을 쏟아부었으니, 현재 가치로 아무리 못해도 30억 정도의 가치가 있다고 보면 그 많은 돈이 다 어느 구석으로 들어갔는지 아무리 따져보고 살펴봐도 안 보인다. 누구 좋은 일 시켰는지는 알 수 없고, 이런 사업이 지금도 지방 곳곳에서 진행되고 있다는 것을 지적하지 않을 수 없다. 이렇게 망해 버린 대규모 개발사업들은 다시 일으킬 콘텐츠가 있어도 이해관계가 얽혀있고, 지자체와 담당 공무원의 안일함으로 인해 더 이상 아무런 변화도 시도할 수가 없다.

[이 학교 시설은 공적 자금이 투자되었기 때문에 사업 취지를 15년 동안 바꿀 수 없고, 계약기간이 지난다 해도 다른 용도로는 사용할 수 없다]면서 마을 회관처럼 이용해야 한다는 거였다. 그래 놓고 이 말의 책임을 따지기 위해 해당 군청과의 협약서를 들고 다시 찾았을 때는 "그때 그런 말 한 적이 없다"라고 딱 잡아뗀다. 이게 공무원 사회다. 자기 다칠까 봐 말 바꾸기를 밥 먹듯 할 수밖에 없고, 시키는 일이나 해야 하는 안일함 속에 갇혀 있는 것이다. 이런 사업은 지난 이야기라 치더라도 더 많은 자금을 계속해서 매년 같은 곳에 쏟아붓는 사업이 지금도 계속되고 있다는 사실이 더 문제라 할 수 있다.

경북 예천의 **[금당실 마을]**이다. 전통문화 체험 마을이라 해서 전통 한옥을 지어놓고 한옥 민박 등을 운영한다. 매년 거액을 투자해도 답이 없다는 것이 군 관계자의 하소연이다. 그러면서도 당장 때려 엎을 수도 없는 노릇이다. 개인 사업이라면 밥 빌어먹기 딱 좋은 사업이고 때려치워도 진작에 때려치웠을 사업들이 **전국적으로 진행형이다.** 이런 유형의 지방자치 사업들이 전국의 지방 공무원에 의해 집행되고 있는 것이 현실이다. 어느 것 하나라도 성공적이라면 계속해서 수익이 발생하고 흑자가 나야 하는 거 아닐까? 자기 주머니에서 나가는 돈이라면 그렇게 애써 번 돈을 계속해서 쏟아부을 사람이 지구상에는 없을 것이고, 진작에 존폐 차원에서 검토하고 또 검토할 것이다.

왜 여기서 공무원의 안일함을 지적하겠는가. 국가관이 전혀 없거나 있어봤자 개인이기주의에 파묻혀서 보이지 않는 조직체가 바로 [공무원 사회]라는 걸 지적하기 위해서다. [하늘 공원]이니 뭐니 하면서 공원을 조성하는 일도 왜 그렇게 조악한지 한심할 지경이고, 그것을 일일이 다 나열하여 지적하려면 끝이 없을 거 같다. 어디서부터 잘못되었고, 어떻게 개혁해야 할지 엄두조차 낼 수 없는 현실에서 누구도 문제조차 제기하는 자가 없으니 이것이 더 큰 문제라 할 수 있으나,

그래도 나라는 돌아가고 국민은 유한하다, 말이 될까?

공무원 사회가 창의적으로 바뀌려면 국민 의식 수준이 먼저 높아져야 한다. 자신들의 권리에 앞서 국가의 이익을 먼저 생각하는 그런 애국정신이 삼일 독립운동 때만큼이나 요구되는 이유다. 공무원 사회를 신이 나는 직장으로 탈바꿈시킬 묘안을 수립하기라도 하면 공무원이 먼저 모범을 보이고 앞장설 수도 있겠지만, 먼저는 국익을 앞세울 수 있는 국가관 확립이 먼저다. 공무원 개인의 창의성도 중요하지만, 지·자·체장의 책임 행정이 우선되어야 한다. 선견지명을 겸비한 지자체장, 지역민의 이기주의에 이끌려갈 것이 아니라 국가의 장래를 먼저 걱정하면서 지역민을 설득할 수 있는 설득력과 지혜가 요구된다. 가능할까?

3. 적은 바로 우리 내부에 있다.

 실질적으로 우리를 불행하게 하고 공동체를 병들게 하는 적은 바로 우리의 마음가짐에 있고, 그 파괴자들이 조직체 내부에 있다. 오늘날 우리의 국민 의식을 지배하고 있는 정신은 극치에 달한 개인주의와 물질을 최우선으로 여기는 물질문명의 노예, 더 나쁘게 말해서 거지 근성이다. 그러니 사악한 정치꾼들은 진작부터 이것을 자극하는 방법에 통달한 달인이 되어 온갖 되먹지 않은 포퓰리즘 정책 남발과 선전·선동에 열을 올린다. 어리석은 대중은 자신의 이기주의를 만족시킬 구호만 뜨면 미친 듯이 열광한다. 이제는 눈을 떠야 한다. 회개하고 깨어있어야 한다.

 국가 이익을 먼저 생각할 여유가 전혀 없는 몰지각한 좌익 빨갱이들과 이기주의를 부추기면서 선심성 정책을 남발하고 반사 이익이나 챙기려는 사악한 표몰이 정치 사냥꾼들은 이 땅에서 살아갈 권리가 없고, 이 나라가 베푸는 복지 혜택을 누릴 자격이 없다. 국가를 좀먹는 암 덩어리요, 박멸해야 할 사악한 바이러스일 뿐이다.

윤석열, 그가 영웅이란 사실은 알 바도 아니라며, 오히려 그의 개혁을 방해하고 비판을 위한 비판에만 열을 올리는 자들이 바로 역적이며 내부의 적이다. 공산 이념의 바이러스로 고물을 묻힌 포퓰리즘 정책으로 여론을 조작하는 저 주사파들의 **선전·선동을 다양한 목소리로 착각**하는 어리석은 자들이여, 회개하라~~이 땅에 진정한 야당이 있는가? 정치판이 아무리 흙탕물이 되어도 국가의 안위를 먼저 앞세워야 하거늘, 국익보다는 표를 더 의식해서 국민 건강을 걱정하는 척 후꾸시마 수산물 반대나 외쳐대는 저 괴담 정치꾼들은 도대체 어느 나라 국민인가? 사악한 짓은 골라 가며 다 하면서 국민, 민주를 입에 달고 사는 사악한 무리, **2024년 4월 10일이다. 반드시 심판해야 할 악의 축이다.**

절대 성공의 원칙

1. 성공 환상으로 크게 벌이기 때문에 실패한다

 지자체가 하는 공공사업이나 개인 사업, 그리고 개인의 인생 성공조차도 성공의 환상을 가지고 시작하기 때문에 실패하는 것이다. 한국식 성공 방정식은 있는 돈 없는 돈 다 끌어넣고, 빚까지 내어 그 빚 갚으려고 죽기 살기로 뛰다 보면 성공한다는 것이다. 이 방정식대로 하다가는 백이면 백 망할 확률 90% 이상을 이미 안고 시작하는 거다. 실패한 이후에 문제 제기해 봐야 이미 때가 늦다. 시작하기 전에 탐색해야 할 것, 몇 가지만 보자.

 길게 얘기할 필요가 없다. 간단하다. 실패 없는 성공을 하고 싶으면 아래 유튜브 방송이 많은 도움을 줄 것이다. 여기서 얻을 교훈이 무엇인지 스스로 깨닫는 것이 중요하다.

 [자전거로 시작한 덴마크 호떡 청년의 성공 스토리]는 모든 사업의 성공 모델로 삼아도 손색이 없다. **기대치는 제로로부터 시작하여 실패 확률을 제로화하기 위해 부단한 노력을 계속하는 일**, 그것이 중요하다. 작은 실험으로 시작하여 지속, 가능하게 확대할 때 가능해진다.

'호떡'의 세계화를 노리는 청년 백종원, 코펜하겐에서 K-푸드 사업가가 되기까지 https://www.youtube.com/watch?v=YgdS2c9DjWs

2. 실패가 성공의 어머니?

무엇이든 실패 후에 위안 삼아 내뱉는 말이 있다. **[성공의 어머니]**라는 거다. 에디슨은 전구 하나를 발명하기 위해 1천 번의 실험을 했다는 데서 나온 말인데, 잘못 번역한 건 아닐까? 설사 에디슨이 실패를 1천 번이나 거듭했다손 치더라도 이 말을 사업 실패의 변명으로 삼아서는 안 된다. 더구나 한국식 성공 방정식을 적용하여 사업을 하다 실패했다면 다시 일어날 저력을 상실한 상태다. 신용불량자로 전락했거나 빚쟁이들로부터 쫓기는 신세다. 그러니 애초부터 실패를 먼저 예상했어야 한다. 그랬다면 아마도 예비자금을 남겨뒀을 거 아닌가.

사업이나 인생에는 실패해보지 않은 사람이 없을 정도인데 에디슨처럼 실험 정신으로 사업을 한다면 절대 후회하거나 좌절하는 일은 없을 것이다. 그런 마음으로 사업하려면 내 손에 순수 자금이 1천만 원이 있다면 그 10분의 1이나 50분의 1만 투자해서 실험을 계속해야 하는 것. 그것은 또한 성공 확률을 믿고 해서도 안 된다. 완전히 실패할 수도 있다는 가정하에서 그 실험을 즐기면 된다. 또 이런 실험 저런 실험 여러 가지를 해볼 수도 있다고 생각하라. 오로지 하나에 올-인했다가 안 되면 한강에 빠져 죽을 일밖에 안 생긴다. 우리는 언제부터 **한 번 [GO~] 했으면 죽어도 [GO~]라는 편향된 사고방식**을 가지고 있다.

아니라고 판단될 때, 빨리 포기하는 것도 현명한 방법이다. 시장성도 없는 발명품을 개발하려고 죽기 살기로 매달리는 만큼 어리석은 일도 없다. 특허 출원부터 해놓고 공개해서 객관적인 검정을 받아보는 것도 한 방법이다. 한 번 "고우(go)~" 했으면 그것이 결국은 자신을 파괴할지라도 죽을 때까지 간다는, 공산 이념의 바이러스 감염자들에게도 스스로 그 머리통에 전기 충격기로 지지는 충격 요법이 필요하다. 그런 게 사상의 자유가 아니라는 것을 스스로 일깨우기 위해서다.

3. 자유 대한민국? 교회가 나서야 할 때다

우리는 지금 자유민주주의 혜택은 무한정 누리고 싶어 하면서도 이 나라엔 지금도 공산화를 획책하는 무리가 암약하고 있다는 사실을 까마득하게 모르고 산다. 국민 의식이 무감각, 몰지각의 바이러스 보자기로 덮여 있기 때문이다. 어느 외국인이 [**영혼 없는 민족**]이라 혹평한 사실을 앞에서도 언급한 바 있다. 생사람 죽이는 걸 취미로 여길 정도의 살인마와 대치하고 있는 대한민국이다. 6.25가 북침이니 어쩌고 정신 빠진 소리나 하는 이 땅의 [**사상의 자유**]가 이상한 거 아닌가? 그런 말은 저 호주나 유럽의 중립국에서나 지껄이면 된다. 공산주의 사상이 좋으면 그쪽으로 가서 살 궁리를 하든지, 저 북으로 보내달라고 시위라도 하면 된다. 그렇지 않고 [**미군 철수**]나 부르짖고, [**백두칭송위원회**] 같은 조직이나 만드는 자들은 이 자유 대한민국을 어지럽히는 이적죄로 처벌하고 추방해야 한다. 자유가 그토록 좋으면 지킬 줄도 알아야 하거늘, 오히려 체제를 뒤엎으려는 세력에 동조한다는 게 웬 말이냐고. 이런 자들을 빨갱이라 하는 거다.

하나님을 믿는다는 **교회들은 회개하라**. 종교가 정치에 개입하지 말라는 마귀들의 꾐에 빠져 나라가 풍전등화에 처한 상태가 되어도 기도회나 하고 있을 건가? 각성해야 한다. 지금은 사악한 이념의 바이러스가 창궐한 상태다. 이 지독한 바이러스는 치료제나 백신이 없다. 교회가 나서야 할 때다. 전광훈 목사 한 사람만 광화문이 꺼지라 외치고 있는데도 비판만 하거나 강 건너 불구경하고 있을 때가 아니다. 윤석열 대통령 혼자서 지켜야 하는 나라가 아니란 사실, 알기나 할까? 개혁에 동참하라~ 저 빨·갱·이 족들로부터 백성을 지켜야 할 의무가 있다. 이것이 바로 애국하는 길이요, 당신의 교회를 지키는 길이다. 오히려 빨갱이들을 두둔하고, 애국자를 모략 중상하는 가짜 교회들, 그 들개가 울부짖는 곳에 아직도 헌금하는 사람들은 진짜 회개해야 한다.

4.   진정한 성공자

나름대로 의미 있게 산다는 삶, 그러나
계획대로 안 되는 것이 삶이고 인생인데.
사업이라고 계획대로 잘 될 리가 없다.
창업 기업 75% 이상이 3년을 못 버티고, 버텨봤자
현상 유지도 못 하면서 남 좋은 일이나 시키는 거다

성공이란 게 돈인가 권력인가. 어느 것이라도 좋다.
그 목표 이루었다 해서, 자기 세운 기준에 부합하고
남들이 또 성공했다 하니 성공한 건가?

그러나 그 성공 오히려 족쇄가 되고 짐이 되어
제 명에 못 살고 요절하는 사람 많아
성공이란 게 불행의 원인도 되는 것을
세상만사가 다 **[세옹지마(塞翁之馬)]**라

그러니 무엇보다 자기 행복의 기준으로
성공했다 자부하려면 먼저는 자신을 이기고
컨트롤할 수 있을 때
진정으로 성공했다 말해야 한다.
인간 세상 화의 근원이 편견과 아집,
그리고 그릇된 욕망에서 비롯되나니.

백해무익한 담배 하나 못 끊고 온갖 변명과 자책
시행착오 거듭하고 있다면,
기본적 성공은 무시하고 큰 성공의 환상이나 좇아
신기루 향해 달려가는 것과 다를 것이 없다네

눈앞에 어른거리는 물질만 쫓아 몸과 마음만 피곤할 뿐이라
돈과 권력 그 자체가 허무를 안고 있다는 사실
깨닫는다 해도 무슨 소용~~
갈 길은 멀고 가는 길은 험하다.

교육, 세미나 다니다 보면 그 노무 성공 강사들
애플 스티브-잡스가 성공의 롤-모델이라 하네.
아무리 봐도 그는 인생의 실패자인 것을.
왜곡된 지식으로 암을 이기겠다고
의사의 수술이나 치료 권고 거부하다 골든타임 다 놓치고
어쩌면 고집과 아집으로 자기 생명까지
시험한 꼴밖에 안 되는 바보가 아니던가, 어리석은 실패자.

지식이 많아진다고 현명해지는 거 아니다.
깨달아가는 것이 참된 인생이다.
나이 따위 얽매이지 않고 배울 것은 배워가며 점점 더
선(善)에 가까이 가고자 자신을 향해
채찍질하는 삶 속에 진정한 성공이 있다.
누구나 스티브-잡스처럼
바보가 되기는 쉽고,
언제라도 바보짓을 할 수 있다는 사실,
깨달아야 하지 않을까?

덧붙임 : '선(善)'이란 착하다 뜻이 아니고 영안(靈眼)이 열린 깨우침,
현명함을 일깨우는 단어이고, '채찍질'이란 **<사고의 혁신>**을 요구한다.
그러나 우리는 태어나서 사는 동안에 터득한 세상의 잡지식으로 인해
항상 우물 안 개구리의 사고에서 벗어날 수가 없다. 저 사악한 이념의
바이러스에 감염된 자들이 그 증인들이다.

세계를 하나 되게 하는 신 인간 혁명

1. 힐링캠프 형태의 수도(修道) 도량, 대죽 캠프(DJ CAMP)

초기 최대 수용 인원 50명 정도의 수도 도량 : 일상에 지친 사람이나 자기 앞에 길이 보이지 않는 누구라도 와서 자신을 되돌아보고 **어떻게 마음을 비워야** 가벼워질 수 있는지, 인간은 왜 한 치 앞을 알 수 없는지, 그리고 꿈을 가진 젊은이들에게는 **진정한 성공이 무엇인지 등의 화두를 놓고 참선하는 도량**이다. 고통이 동반되는 기존의 수행과도 180도 다르다. 가벼운 마음으로 와서 놀이를 즐기듯 행복한 마음으로 자기 자신과의 대화 또는 집단 토론, 즉문즉설 형식으로 깨달음을 얻는 수행법으로 지금껏 누구도 시도한 적이 없고 아무라도 상상조차 할 수 없는 **[획기적인 수행법]**이다. 순간적 감동으로 깨닫는 것이니 각자의 인생에 있어 새로운 전기를 맞게 될 것이다.

매스컴을 타기만 하면 순식간에 세계적 명소가 되고 경북 예천군 지보면 대죽리 일대를 중심으로 천지개벽이 일어난다. 단기과정은 1일~1주일, 장기는 15일~1개월 정도의 간격으로 운영될 예정이다. 이 프로그램은 예천군 **관내 미활용 시설** 또는 운영이 어려운 기도원이나 사찰을 활용하면 된다. 새 시설을 건립할 필요가 없으므로 준비기간이 오래 걸리지 않는다. 처음부터 매스컴의 주목을 받게 될 **[정신 혁명 도량]**이라 그 실질적 가치를 인정받기까지는 시간이 걸리겠으나 추상적이기만 한 우리의 정신세계를 눈으로 직접 보고 깨달을 수 있다는 것이 특징이다. 그 시각화 이미지는 두 가지 종류로 구분되고 그 하나가 대죽리의 인증-샷 바위에 새긴 시(詩)다.

2. 수행으로 얻을 수 있는 최고의 경지

❶ **수행으로 얻을 수 있는 최고의 경지**가 불교에서 말하는 해탈이던가? 이는 반드시 고행이 따르는 법이고 그런 과정을 거쳐도 얻기 힘든 경지라 보는 것이 일반 상식이다. 실제로 그런 것을 하라고 하면 젊은이들은 물론이고 도를 찾는 사람들조차 외면할 것이다. 그러니까 여기서 말하는 최고의 경지는 어느 정도 집중만 하면 심신이 안정되면서 쉽게 깨달음의 수준에 도달한다.

대죽 캠프에서 진행되는 또 다른 프로그램은 지도자 과정이다. 최고 지도자를 꿈꾸는 젊은이를 포함하는 교수급의 수행 과정이기 때문에 그 과정이 길어야 하는 것으로 생각할 수 있으나 그렇지 않다. 대죽 캠프(DJ CAMP) 1개월 과정 중에 [국가 지도자급 수련 과정]이 개설되고 이 프로그램이 진일보하여 그 수요가 폭발적으로 증가한 이후에나 지도자급 최고과정인 [신(神)인격체 수련코스]도 개설된다. 그 성공 여부에 따라 저절로 확장할 일이 생길 것이고 수요 증가에 따라 시설 확충하는 것은 기본이다.

[기본 수행 과정]과 마찬가지로 어떤 교훈이나 도덕, 율법을 가르치는 것이 아니다. 100년 전의 철학자 니체의 [짜라투스트라는 이렇게 말했다]에서의 핵심은 마지막 3부의 끝이 아니라 1부의 끝에 있다.

"신들은 모두 죽었다. 우리는 이제 초인이 나타나기를 바란다"

위의 "신들은 모두 죽었다"고 하는 부분은 별도의 책에서 다루기로 하고 [...초인이 나타나기를 바란다]는 구절에서 나타나는 "초인" 즉 "신인"은 비현실적인 [신과 같은 인격체]를 말할 수도 있으나 여기서 말하는 **"신 인격"**은 현실적으로 가능한 최상의 인격체를 의미한다. 이 혼돈의 시대에 그런 지도자의 등장이 우리에게는 구원의 기회다.

아무라도 이 [대죽 캠프]에 와서 자기 자신을 내려놓고, 빈 마음속에 하나의 공통 공식을 대입하는 순간 그 자리에 모인 다수의 사람이 한꺼번에 성불할 수 있는 번개 같은 깨달음, 그것이 신-인격이다. 고차원적 통찰력과 인격 형성을 위한 **[신(新)사고]의 출발선**에 서서 자신을 되돌아보고 깨달음을 얻는 순간이다. 이해하기 쉽게 "대학"이라 할 수 있지만 지금까지 우리가 생각하던 그런 학교가 아니다. 길어야 1개월 이내에 끝내는 과정이다. 일단 탄력이 붙으면 전쟁과 같이 빠른 추진력이 필요하고 [힐링캠프]에서 시범 운용 1년 이내에 최소 50명 수용이 가능한 수련대학이 설립되는 것이다. 수업 형태는 처음부터 끝까지 주제 발표와 토론이다.

❷ 이 대학시설 출입문 위에는 이런 문구가 걸린다.

　- **[진심(眞心)으로 기도하라 그리하면 이루리라]** -

성경 구절 같기도 해서 "종교적 색채"가 짙다고 하겠지만 인간 세상의 편견이고 선입견이다. 성경 속 "참 하나님"의 〈참=진(眞)〉으로 보고 **[하나님 마음으로 기도하라]**는 뜻으로 해석하면 되지만 세상에서 통용되는 교회나 종교와는 무관하다. 만약 당신이 기독교인이라면 신학박사들에게 **[진심으로 기도하는 방법]**에 대해 질문해 보라. 백이면 백 모두가 하나같이 똑같을 것이다. "몸과 마음을 깨끗하게 하고 때로는 굶어가면서(=금식기도) **지극 정성으로 기도하라**"고 할 것이다. 마음가짐을 어떻게 갖는 것이 **[지극 정성]**인지도 다시 물어보라.

그 대답이 어떻든 간에 그들이 말하는 기도 방식은 지금까지 세상에 널리 알려져 행해지고 있는 **[샤머니즘적 기도 방식]**이다. 그 도량은 웅장해지고 거대해져서 10만 명, 100만 명의 신도를 거느린 교회들이 등장하기도 하지만 그 기도 방식은 아직도 [서낭당] 수준이다. 인간의 한계점을 넘어서지 못하기 때문에 생기는 오류이고 이런 식의 기도는 신이 응답하지도 않는다. 그리고 **"기도"**라는 단어는 불교에서도 흔하게 사용하고 있지만 간증이나 체험담 형식으로 기도의 효험을 증명하려고 한다. 기도한 바가 이루어지면 신이 응답하신 거고, 이루어지지 않아도 진심이 부족했던 거라 여길 수밖에 없다. 실제로 어떻게 기도해야 정확하게 이루어질 것인지, 이 땅의 어떤 종교도 제대로 기도하는 방법조차 모른 채 마냥 엎드려 일신의 영달이나 빌 뿐이다. 그러니까 지금까지 알고 있는 그런 종교 개념으로 저 문구(文句)를 이해하려 해서는 안 된다. [하나님의 마음으로 기도하라]는 이 한 줄의 문장 속에 답이 있고, 이것은 진리다.

❸ 이 캠프에서는 누구나 "진심(眞心)"의 의미를 제대로 깨닫게 되고 아주 쉽게 놀이하듯이 진심으로 기도할 수 있으며, 과연 우리가 무엇을 위해 기도할 것인지를 정확하게 알고 그 심오한 깨달음에 도달하는 것도 번개같이 빠르다. "진심의 기도"를 "고통을 감내하는 기도" 또는 "무언가 해달라"고 떼쓰는 기도만 알고 있던 종교인들도 이 힐링캠프에 오면 더 빨리, 더 많은 것을 깨달을 수도 있으나 이들은 이미 편견에 사로잡혀 있으므로 사고의 전환이 쉽지 않다. 되레 정통을 훼손한다고 사악한 저주를 퍼부을 수도 있으나 미리 알려지기 때문에 그런 방문자는 저절로 걸러질 것이다.

❹ 이 사업의 핵심은 [단시간에 지혜의 눈을 밝히게 하는 방법]에 관한 것이다. 무슨 문제든 어렵게 생각하면 답이 보이지 않는다. 해법은 바로 각자의 열려 있는 마음속에 있으며 누구든 간단한 〈사고의 전환〉으로 가능하다. 다시 말한다. [지혜의 눈]은 지금까지 자기가 습득한 룰(Rule)과 원칙을 완전히 버리는 데서부터 출발이다. 그것들이 전부 옳은 것이 아니라고 생각하면 쉽게 버릴 수 있다. 그렇게 되면 타인의 의견, 더 나아가서 자연의 법칙에 귀를 기울이게 되고, 그 귀에 집중할 때라야 [눈에 보이지 않는 지혜]가 떠오른다. 이때의 귀는 생물학적 귀를 넘어선 [우주를 향해 열린 마음]을 의미하고 [눈]은 사욕(私慾)을 뜻한다. 육신 소경도 눈이 보이지 않는 대신 청각이 시각을 대신할 정도

로 발달한다는 사실. 그러니까 눈은 닫고 귀는 열어서 우주 만물의 질서를 받아들일 자세가 되어 있어야 진심의 기도가 가능한 것이다.

❺ **이 사업에 투입될 조력자들은 어떤 사람일까?** 처음부터 많은 사람이 필요한 것은 아니다. 참가자들끼리 그룹을 지어 하나의 화두를 놓고 토론하는 과정이 대부분이다. 토론하면서 깨닫고 자기 수양으로 심화시켜 가는 과정이기 때문에 이것을 잘 조율할 사람만 있으면 되고 진행 과정에서 나타나는 주도자에 의해 **자율 수행**이 가능하다. 여기서 조력자, 소위 대학교수급으로 일할 사람이 저절로 나타나게 되고 이들 중에서 선발하면 된다. 교수도 조력자도 함께 깨달으며 수행하는 수련생 입장이다. 그야말로 **영국의 [썸머힐]**과 같은 어른들의 자율학교다.

❻ **지방대학 학생 부족 해소방안도 이 사업과 연계하면 저절로 해결**된다. 지역 특성과는 상관없이 각 분야에서 말만 잘하는 똑똑한 지도자가 아니라 덕과 지혜를 겸비한 **최고지도자 양성을 위해 특별한 학과** 하나만 신설하는 것으로 가능하다. 그 과의 이름은 줄여서[신인과]라 부를 수 있지만 원명은 **[신인격체 양성학과]**다. 두고 봐야겠지만 변칙과 권모술수가 아닌 정공법으로 성공하려는 젊은이, 언제 어디서든 조직의 우두머리가 될 **지도자급으로 일할 젊은이**를 대상으로 한다. 지방대학이라 깔보다간 큰코다칠 일이 생길 것이다. 왜냐?

만인을 위한 최고지도자로서의 덕목을 갖춘 **[신(神)인격 코스]**, 이름 그대로 **[고차원적 강좌]**를 수료하기 때문이다. 세상 지식이야 인터넷만 뒤져도 다 나온다. 세상 어디에 내놔도 손색이 없을 만큼 지고(至高)한 깨달음을 얻은 지혜자, 국가 경영을 목표로 깨달은 자들이며 인간 세상의 편견과 고정관념으로부터도 해방된 자유로운 사고를 소유하고 있기 때문이다. 여기서 핵심이 될 중요한 것은 투철한 [국가관]이다. **국가 경영을 목표로 깨달아야** 일개 회사를 운영해도 더 잘하게 된다. 사상 유례가 없는 학과가 생기는 것이니 부진한 일개 대학에 우선 적용하여 시범 운영이 가능하다. 이 학과를 맡게 될 교수는 본 연수원을 수료한 사람 중에 유독 두드러지는 사람을 선발하면 된다. 깨달음이라는 것은 세상에 널려 있는 기술이나 요령과는 상관이 없다.

❼ **이 사업은 그 깨달음을 얻는 것이 천차만별이기 때문에** 기간 한정이나 그 형식에 구애받지 않고 운영될 것이다. 빨리 깨달으면 그만큼 빨리 졸업한다. 스스로 깨달아 자기 판단으로 졸업도 가능하다. 어떻게 운영할 것인가 하는 문제로 고민할 필요도 없다. 일단 물에 뛰어들면 헤엄치는 방법이 터득되는 이치에 따라 저절로 순조롭게 진행될 것이다. 대의명분이 뚜렷하게 서기만 하면 그 세부적인 방법은 저절로 해결될 것이고 계속해서 업그레이드하면 된다.

❽ 거대한 백지 속에 [말 무덤]을 올려놓고 지금까지 설명한 바와 같은 고차원적 그림을 그리면서 도시를 설계하면 저절로 국가 위상까지 업그레이드시킬 신도시가 창출된다. 이는 누구도 모방할 수 없는 창조적인 도시, 세계인이 찾는 순례지 차원의 예루살렘이 가능한 것이다. 누구라도 방문하는 순간부터 눈에 보이는 모든 것이 창의력으로 살아 숨쉬는 **[창조의 도시, 치유와 회복의 도시 이미지]**를 느낄 수 있도록 아주 작은 것까지 **[기본 사상]**과 **[근본 취지]**를 살려서 설계한다면 큰 사업비 투자 없이도 **[세계의 중심 국가 이미지 타운]**이 서서히 그 면모를 갖춰갈 것이다. 우리가 상상하던 꿈의 도시, 진정한 힐링이 가능한 유토피아가 바로 이렇게 **[신격(神格)이 느껴지는 신도시]**가 아닐까?

중간 점검의 시간

당신은 아직도 공짜로 돈을 주겠다는 [기본 소득]
그 사악한 이념의 바이러스에서 깨어나지 못한 상태인가?
그것은 시진핑의 [대동의 사회]라는 공산주의 선전·선동
문구에서 따온 공산주의 사상이다.

그런데 그것은 중국에서조차
실리와 국익을 우선하기 때문에
모택동을 미친 듯이 추종하는 머저리는 없다.
대한민국에만 유달리 그 사상에 미친 바이러스가
도를 넘었다. 대한민국의 수명이 다 된 상태에서
영웅 윤석열이 나타나 혁명에 가까운 개혁을
진행 중이다. 협조할 정도는 아니라 해도
사태를 직시할 수 있겠는가 이 말이다.

당신은 어떤 상태인가? 아직도 마취된 상태가 지속되고
있다면 자발적으로 전기 충격기로 머리통을 한 번
지져서라도 깨어나야 한다. 너무도 지독한 마취제라서
당신에겐 그 방법이 최후의 수단이 될 것이다.

제3부 : 고차원 기도

종교의 개념을 초월하여 당신의 영혼을 고차원적으로 업그레이드할 수만 있다면 바로 지금, 당신 [마음속에 천국]을 이룬다. 그렇게만 되면 [고행의 기도]가 필요 없다. 문제는 그 고차원적인 방법이다. 난해한 철학이 아니며 너무 쉽고 간단한 **기도 방법**이다. 고정관념을 탈피한 [발상 전환]만으로 가능하고, 불교 기독교는 물론이고 모든 종교에 적용된다. 그러니까 이 책도 **마음의 문을 열고 기도하는 마음으로** 읽을 필요가 있다. 마음을 연다는 것이 어떤 상태인지는 이미 깨닫고 있을 테지만 **이 책을 읽는 자체가 기도**라는 것도 알게 될 것이다.

[세상만사가 마음먹기에 달렸다]는 이 한마디가 답이다. 당신에게 있어 [단순한 소원] 정도라면 [나는 행복하다]라는 말만 중얼거리면서 입꼬리가 위로 올라가게 **[빙긋이 미소 짓기]**만 해도 이루어질 것이니 그것이 **부처님 미소**다. **모든 기도는 그 자체가 [최면술]**이며 [최면 효과]에서 나온다. 야심한 밤에 괴성을 지르면서 이웃에게 민폐만 끼치는 기도나 무릎 관절을 망가뜨리는 3천 배를 계속하겠다면 말릴 수는 없는 노릇이다. 그것도 어찌 보면 자기 최면이니까. 그러나 여기서는 비록 세 번 절을 해도, 낮은 목소리로 [하나님~~~]하고 한 번만 불러도 된다. 혹여 이 방법이 안 통할 수도 있다. 그럴 때는 먼저 이 책을 재차, 재삼 밑줄을 쳐가면서 읽고, 될 때까지 거듭하길 권한다. 그래도 답답하면 e-메일, 카톡으로 문의하시면 가능한 답장을 보내드리겠지만 금전 요구나 집요한 스토커 질문은 자제를 당부함.

tuyen3133@naver.com   카톡 : 신인간혁명

반드시 이루어지는 기도
고차원 기도

    우리네 인생을 한마디로 말하면 불교는 **인연설**로 [왔다 가는 것]이고 성경적으로는 "**사람이 자기의 길을 계획할지라도 그 길을 인도하는 자는 여호와시니라**"는 말씀으로 설명된다. 인연설은 자기가 지은 업보에 따라 윤회의 과보를 받는 것이고, 성경적으로 보면 [**이를 믿는 자마다 하나님이 인도**]하시는 삶이다. 겉모습만 보면 불교가 적극적이고 성경이 피동적이랄 수 있으나, 어느 경우든 [**자기 하기 나름**]이라는 점에서는 일치점이 보인다. 그 기도 방법 또한 마찬가지다. 각기 다른 것 같아도 그 과정과 목적으로 보면 똑같다. 지금까지 우리는 절대 전능하신 신에게 지극 정성으로 빌면 소원이 이루어질 거라 믿으며 [**고행의 기도**]를 자처한다. 반드시 그것만이 최선일까?

그런데

이 책에는, 세상에 떠도는 소문처럼 이렇게 저렇게 기도했더니 "하나님이 응답하시더라", 또는 [관세음보살]만 불렀는데 "좋은 일이 생기더라"는 등의 [간증이나 체험식 이야깃거리]는 **없다**. 어쩌면 굉장히 재미없는 책이다. 대신, 어떻게 해야 차원 높은 기도가 가능할 것인지, 그 마음가짐을 어떻게 하면 단시간 내에 해탈까지도 가능한지, 그 쉽고도 간단한 방법론을 제시하는 것이며, 그에 관한 핵심적인 것들만 간추려서 담았다.

한 권의 책에 3권의 책을 담으려니 핵심 중의 핵심이라 할 것인데. 그렇다면 어렵다거나 이해하지 못할 부분도 있을 것이라 가정해서 다음에는 이 책을 분리할 것을 고려하고 있다. 이해되지 않는 부분이 있을 때는 누구나 마음을 열고 집중하기만 하면 쉽게 이해할 수 있도록 쉬운 말로 엮었다. 실제로 본인은 철학적인 단어는 배운 바도 없고 모르기 때문에 쉽게 쓸 수밖에 없다 할 것이다.

이루어지는 기도

 [신과 같이 살기를 염원하라] — 이 말을 이해하겠는가? 읽고 또 읽어서 이 말을 자기 것으로 만들기만 하면 가능하다. 여기서 제시하는 이루어지는 기도 방법, 고차원적 기도를 통해 **[해탈 또는 성불]**이 가능하며 꼭 교회를 다니지 않아도 아주 간단하게 **[하나님처럼 사는 방법]**을 터득하는 것이다. 과장하는 거라고? 누구라도 지금 당장 체험해 봐서 손해 볼 일은 없다. 장소나 주위 환경까지 고려하여 경건하게, 기도하는 자세로 이 책을 숙독할 필요가 있으며, 이 책의 초반부터 어떤 영적 자격 기준을 통과해야 한다. 그 기준이란 게 시험문제처럼 주어진 것이 아니다. 순간순간 어떤 거부반응이 심하게 일어날수록 사람에 따라 그 기준이 까다로울 것이며 끝까지 순조롭게 잘 극복하기만 하면 결국은 소기의 목적을 달성할 것이요, 그렇지 않으면 중도에 탈락한다. 당신 속의 또 다른 당신, 그 누적된 **부정적 생각, 세상 잡지식** 때문이다.

 그래서 이 책은 영적 칼이 내포되어 있다는 것이고 당신의 영혼도 쪼갤 수 있는 분별력을 당신 스스로가 깨닫기도 하지만, 그렇지 않으면 오히려 더 깊은 수렁으로 몰아넣을 수도 있음을 경고한다. 만약 이 책을 읽는 중에 화가 나거나 도무지 읽어지지 않는 현상이 발생하면 즉각 중단하고 이 책을 다른 사람에게 선물하라. 단순한 혼란 상태를 겪는 정도라면 계속 나아가도 된다. 그 이후의 문제는 당신의 자유 의지 그리고, 당신 속의 또 다른 당신이 원하는 방향으로 전개될 것이다.

- 캐치프레이즈 (행복해지고 싶으면 이 문구를 생각하라) -

남을 먼저 배려하면 내가 먼저 행복해진다

[배려]라는 것을 어려운 이웃이나 장애인을 돕는 것쯤으로 생각하고, 라면 몇 박스 들고 그런 시설 찾아 사진이나 찍는 광경을 떠올릴 수도 있는데. 그런 기여조차 없는 사람에 비하면 분명히 이웃을 위한 배려다. 그러나 여기서 말하는 **배려의 정신**은 그런 것과는 차원이 다르다. 전 국민에게 동시 적용이 가능한 각 개인의 행복, 나아가서는 국가 개조까지도 저절로 달성시킬 수 있는 획기적인 실행 방법에 관한 것이다, 이 배려문화 장려 운동은 이 땅을 천국으로 만들 핵심적 가치를 지니고 있으니 먼저는 당신의 마음속에, 그리고 당신의 가정이라는 울타리 안에서 천국을 이룰 수 있도록, 우리의 입에서 나오는 언어생활의 개선에 대해 너무도 쉽고 간단한 방법이 제시될 것이다. 언제 어디서나 이 문구(文句)를 생각하고 어떤 말이라도 3초 동안만이라도 뜸을 들인 후에 말을 하는 습관을 들이자는 것이 핵심이다.

지금은 디지털 시대다

1. 지극 정성, 그것밖에 답이 없을까?

[기도]라고 하면 이 땅의 누구라도 전통적이고 관습적인 기도 방법에 따라 [**지극 정성으로 기도하면**] 전지전능한 신이 소원 하나쯤은 들어주지 않을까 여길 수밖에 없는 그런 생각이 지배적이다. 많이 들어본 얘기지만, 초보자가 처음으로 찾아간 **기도원에서** "내가 여기 잘못 온 게 아닐까?" 하면서 쭈뼛쭈뼛 눈치만 살피던 중에 남들 외치는 소리에 동화되어 어느새 자신도 모르게 [**주여, 주여~**]를 목이 빠지라 외쳤다고 한다. 그러자 어느 순간 눈물이 쏟아지면서 **하나님 음성**이 들렸다고 하는 간증이다. 결론적으로는 자기가 현재 목사가 되었다는 것이고, 레퍼토리가 전부 이와 비슷하다. 하나님 음성이 어떤 방식으로 들렸는지는 알 수 없으나 [**마음을 움직였다**]거나 [**길을 열어 주셨다**]는 식으로 기로(岐路)에 선 자신이 가야 할 방향을 결정하게 되고 자신감을 얻게 되는 그런 이야기다. 이런 간증은 다른 곳에서도 [체험담], 또는 [신앙 고백] 형식으로 발표하게 해서 신도 수를 늘리는 방법으로 활용되고 있다

그들이 기도한 약발로 소원이 이루어진 것인지는 차치하고라도 이후에 그 마음들이 진정으로 행복하다면 이 세상에서 더할 나위 없이 좋은 것을 얻었다고 할 수 있다. 그러면 된 것이다. 그러나 또 어떤 사람은 더 높은 차원의 [**방언 체험**]까지 했는데도 그 약발이 오래 가지 못하고 사라져 버리거나 일주일도 못 간다는 사실에 회의를 느낀다. 이런 경우는 간증한 사람들과 같은 결과물도 없으며 더 이상 믿음을 지탱할 이유를 찾지 못하고 방황하는 경우가 많다. 실제로 하나님의 음성을 들

었다고 간증한 사람조차도 그 이후 목회자가 되었다는 극히 일부 사람들을 빼고는 별다른 변화가 없다. 하나님의 음성을 들을 정도라면 계속하여 하나님과의 교신도 가능해야 하는 거 아닐까? 이런 의구심이 생길 때 찾아갈 곳이 없다.

기껏해야 자기가 다니는 교회 목사다. 그와의 상담도 "정성이 부족하다." 또는 "의심 자체가 죄악"이라는 양심의 가책이나 유발할 결과만 얻을 뿐이다. 목자 역할을 하는 지도자조차도 그 눈들이 이토록 감겨 있으니 어디 가서 속 시원한 대답인들 듣겠는가. 지도자들부터가 기도 (祈禱)라는 것을 마냥 외치면서 [~해달라]고, [~주시옵소서!]라고 생떼를 쓰는 방법밖에 모르고 있으니 누구를 나무라겠는가 이 말이다.

그럴듯한 성경 해석으로 대언자(代言者)라 자처하는 자가 등장하긴 하지만 **자기도 언젠가 죽을 거면서**, 자기한테 와야 (죽어서나 가는) 영생이 있다고 주장하는 사이비 교주들뿐이다. 죽어서나 누릴 수 있는 영생? 이것이 함정(陷穽)이다. 이미 한 번 세뇌가 되면 어떤 경우라도 의심이나 판단을 죄악으로 여길 뿐 더 이상 문제 삼지 않는다.

그러니까 [**지극 정성**], 그 애매한 단어 하나에 세뇌된 수백만 명의 사람들이 지금도 똑같은 방식의 기도나 하고 있을 뿐, 더 이상 다른 생각이 없다. 유전적, 관습적인 기도에 익숙해져 있을 뿐이니, 오늘 여기서 제대로 된 기도 방법을 전수하겠다고 한들 믿을 사람이 몇이나 될지 의문이다. 지금까지 이 인간 세상이 얼마나 캄캄했는지 그것을 깨닫는 것으로 시작인데, 한 치 앞을 볼 수 없던 그 상태가 정상적이라 여길 정도라면 [**소경 세상에는 눈뜬 자가 오히려 장애**]라는 것과 같다.

전국을 돌면서 즉문즉설 강의를 계속하고 있는 법륜스님이 오히려 통쾌한 해답을 주고 있다. 아래 동영상을 보면 [**뭔가 달라고 하는 기도는 기도가 아니라 기복**]이라는 간단한 대답이다. 이 사실을 알리는 목사가

[그러니까 자신의 집착 욕구를 성취하기 위해 하는 것은 기복(祈福)일 뿐이다. **진정한 기도는 우리의 뜻을 이루는 것이 아니라 하나님의 뜻이 이루어지기 위해 하나님과 대화하는 거**]라고 역설한다. 기존의 방식에서 진일보한 해석이긴 하다. 그러나 [**하나님의 뜻이 이루어진다는 것이 어떤 것인지**]는 더 이상 들어본 바가 없어 알 수는 없으나 실제로는 [**하나님의 뜻을 제대로 알고 있는 목자가 흔치 않다**]는 사실이고 보면 그의 기도 방법에 대한 변화 하나만으로도 놀랐다는 것이 일리가 있다.

목사님, 법륜스님의 설법을 듣고 놀란 이유
https://www.youtube.com/shorts/Ry_90ZfrWQY

아래 영상은 하나님의 뜻이 무엇인지를 아주 명확하게 보여준다고 해서 첫머리만 들어보고 올린 것이다. 이 영상을 보면 대다수 목회자나 기독교인들이 하나님의 뜻을 얼마나 곡해하고 있는지 알 수가 있는데, 왜 그런지 그 이유를 아는 사람은 별로 없다. 한 점 한 획까지도 빈틈없이 기록된 [**하나님의 뜻**]을 성경에서 찾지 않고 국문학적으로 해석하고 있다는 사실에 경악을 금치 못한다. 그러니 기도라는 것도 일반 상식이나 문학적으로 해석해서 할 수밖에 없는 것이다. 오로지 전지전능한 신에게 무조건 무릎부터 꿇고 정성 들여 빌기나 하면 될 것 같으니 이 책을 손에 든 당신인들 별다른 방법 있겠는가? 한글 문장만 입력해도 된다는 것은 이 책의 모든 유튜브 영상에 적용된다.

나의 뜻? 하나님의 뜻? 헷갈릴 때는 이 영상을 보세요!
https://www.youtube.com/watch?v=UREUIMW9_GM

마태복음 5장 18절 : 진실로 너희에게 이르노니 천지가 없어지기 전에는 율법의 일 점, 일 획이라도 반드시 없어지지 아니하고 다 이루리라 - 여기서 [**율법**]이란 [**하나님의 천국 설계도(메뉴얼)**]라는 사실만 알고 읽어도 뜻이 통할 것이다. 그러므로 성경 속에서 길을 찾아야 한다.

2. 고행, 그 불편함 / 불합리 속에만 길이 있을까?

처음부터 완전히 다른 시각이다. [왜 고행이어야 하느냐]는 이 논리가 충격적으로 다가오는 사람이라면 가능성이 있고, 화가 나거나 비판할 마음이 생기는 사람은 좀 어렵게 이 고비를 넘길 것이다. 사람은 언제나 가슴속에 한 맺힌 것이 있거나 고통스러울 때 누군가에게 그 사연을 털어놓기만 해도 눈물이 쏟아지고 그 후에는 속이 후련해진다. 그러니까 인생 상담에서는 잘 들어주는 것만으로 상담이 된다는 거 아닌가. 성전이라는 곳에서 [**주여, 주여**]를 외치다 보면 누구나 과거의 힘들었던 일들이 주마등처럼 스치면서 저절로 설움이 북받쳐 오를 것이다. 더구나 그것을 들어줄 상대가 하나님이라는 절대자 아닌가.

작정하고 **눈물을 쥐어짠다**고 하면 너무 심한 표현일까? 더구나 현재의 **힘든 상황을 모면하고 싶은 간절한 소망**이 더하면 저절로 **감정이입**(感情移入)이 일어나면서 하나님 음성을 들어야 한다는 강박관념에 사로잡히게 된다. 이 사실을 인정하라 강요하는 건 아니다. 실제로 그렇게 [**자기 최면을 거는 것**]이 바로 그런 장소적 의미의 기도다. 주위에서는 다들 울고불고 난린데 자기만 맹숭맹숭하게 있을 수 있겠는가 말이다. 저절로 집단 최면상태가 되는 것이다. 그 결과, 어느 정도 위안과 확신이 생기기도 하니 별로 손해 볼 것도 없다. 이 사실을 인정할 수 있겠는가? 당연히 그럴 수 있음을 인정할 때 자기 자신을 객관화시킬 수가 있고 그것이 시야를 넓히는 방법이다. 진정한 기도 방법을 터득하려면 여러 방향에서 자기를 바라볼 줄 아는 통찰력이 필요하다.

방법 터득하기에 앞서 준비 운동이 필요하다. 먼저는 현재 상황을 파악해야 한다. 그 불편함 또는 불합리성이 무엇인지 찾아내기만 하면 문제 해결 방법을 추출하는 것이 가능해진다. 그러므로 기존의 관습적인 기도 방법에 대해서 정통 또는 전통만 고집할 게 아니다. 좀 더 객관적이고 과학적인 방법으로 접근해서 더 확실하고 감동적으로 하나님을 만나고, 당신이 만약 불자(佛子)라면 누구나 쉽게 성불할 수 있는 길을 찾아보자는 것이다. 이것은 틀림없이 당신에게도 가치 있는 일이 될 것이다. 아니라고 생각될 때면 바로 그만두어도 상관이 없고, 큰 기대를 걸지 말고 그냥 한 번 해보는 거다. 당신의 영혼을 먼저 깨끗하게 정화하다 보면 저절로 진정한 기도가 가능하고, 소망하던 것이 어느새 이루어져 있을지도 모른다. 누가 알겠는가, 내일 일을~~

 시험의 합격도 인생의 성공도 악착같이 추구하면 그것이 행복하지도 않고 만족을 얻을 수도 없다. 무엇이든 저절로 된 듯이 순조롭게 이루어져야 행복도 일상이 되고 더 높은 곳으로 향할 수 있는 여유도 생긴다. 그것이 끝이라 생각하고 악착같이 오른 정상은 비록 그것이 최고의 정상이라 할지라도 진실로 행복하지도 않을 뿐만 아니라 오히려 허무만 남는다. 그것을 사기꾼 현상이라 한다.

 그러니 우리가 지금까지 추구했던 [**수행 = 고행**]의 등식은 여기서 깨버려야만 할 것이다. 우리가 가지고 있던 선입견, 편견, 아집을 한꺼번에 실어서 보내버릴 수 있으면 지금 바로 해탈도 가능하다.

3. 집착과 탐욕이 개입된 최악의 기도

    — 지금까지 당신은 이런 기도를 하고 있었다.

  뇌과학자는 아니지만 아마도 그 영역으로 들어가서 설명하면 쉽지 않을까 해서 하는 말인데 [**하나님의 음성을 들었다**]는 사례에서 알 수 있는 것은 계속해서 뇌 속에 공명을 일으켜서 뇌파를 자극하면 자기가 원하던 어떤 형상이 이미지로 그려진다고 한다. 그것이 환영이고, 듣고 싶은 음성이 있을 때는 환청이 일어난다. 이것의 근원적인 연결고리는 집중 또는 몰입, 여기서 더 나아가면 집념 또는 집착으로 발전된다. 이 **집착에 대해서는 본론**에서 하나의 사례를 들어 이야기할 것이다. 여기서는 1주일씩 행하는 금식기도나 철야(徹夜)기도, 사찰에서 행하는 천일기도 등의 대표적인 기도를 분석해서 진정한 기도 방법을 구체적으로 제시하고자 한다.

  공식 기도회에 임하기 전부터 누구나 [**간절하게 부르면 응답하신다**]거나, [**지극 정성으로 기도하면 이루어진다**]는 말로 세뇌(?)되어 있다. 세뇌 정도는 아니라 해도 모든 사람이 그렇게 유전적 습관적으로 알고 있다. 집단적 부르짖음은 자기도 하나님의 음성을 듣고 싶다거나, 삼천 배 절을 해서 소원을 이루겠다는 **강박관념**에 사로잡힌다. **이것 자체가 욕심이고 집착** 아닌가? 누구도 여기까지는 생각할 겨를이 없다. 오로지 자기 앞을 가로막고 있는 절박한 문제, 답답함을 해결하기 위해 더욱 기를 쓰고 매달린다. 특히 기도원에서 행해지는 광경을 처음 목격한 사람이라면 놀라지 않을 수 없을 것이다. 거의 광란에 가까운 괴성과 울부짖음, 그 자체만으로 머리가 어질어질할 것이다. 그 정도의 몰입으로 환영이나 환청이 안 일어난다면 오히려 이상한 일 아닌가?

  정통이든 신흥이든 가리지 않고, 그 행하는 기도회의 모습은 어디를 가나 똑같다. **불교 또한 무릎이 끝장나는 줄도 모르고 3천 배에 몰입**한다. **"당신의 무릎이 중요하냐, 당신 아들이 중요하냐"**면서 겁박하듯 강요되는 3천 배 절하기는 초보자에게는 가혹행위라 할 수 있다. 큰스님 한 번 뵈려면 무조건 3천 배부터 지키지 않으면 대통령도 안 된다는 일화가 있다.

절대적인 신에게 다가가기 위한 유일한 방법이 이렇게 고행을 통하지 않으면 안 된다는4)**카타르시스 요법**밖에 없을까? 운동선수들은 극도의 고통을 감내하면서도 기록을 경신하기 위해 트레이너의 강압적인 훈련 과정을 극기로 버텨낸다. 이런 훈련은 선수의 체력 향상을 위해 지극히 과학적인 근거 하에서 진행된다. 공수특전단이나 특수부대 훈련도 마찬가지다. 서서히 인간의 한계를 갱신하면서 점점 더 강력한 체력과 정신력을 겸비하게 되는 것이다.

그런데 어느 날 갑자기 나이 든 아낙네가 3천 번씩이나 엎드렸다 일어서는 동작을 반복한다면 무엇보다 그 무릎이 성할 리가 없다. 이렇게 초보자들에게는 고문에 가깝다. 지금껏 수천 년 동안 선(禪)을 향해 가는 유일한 방법으로 고착되어 전수되기는 했지만, 이 방법은 출가자에 한정되어야 한다. 가뜩이나 무릎 관절이 좋지 않은 사람은 치명적인 해를 입을 수도 있고, 어느 날 갑자기 그런 고행을 강요하는 것은 무리수를 넘어선 **[최악의 기도]**가 될 것이다. 이런 기도를 지금도 강요하고 있다면 깊이 생각해 볼 문제라 아니할 수 없다. 다행히 코로나 팬더믹을 겪으면서 공양할 돈, 헌금할 돈을 계좌 이체만 해도 된다는 아주 쉬운 방법이 고안되어 있기는 하다.

---

4) **카타르시스 요법** : 정신 분석에서 마음속에 억압된 감정이나 응어리진 서러움을 말이나 행동을 통해 외부로 표출함으로써 심신의 안정을 되찾는 방법. 또는 그 행함. 실컷 울고 나면 속이 후련해지는 현상 등. 심리요법으로 이용되기도 함.

4. 금식기도의 허와 실

금식기도를 하면 환청 현상은 더욱 강해진다. 1주일씩이나 단식하다 보면 몸도 정화되고 정신이 맑아지는데, 여기에 간절함을 더하여 도를 넘으면 환영이 나타나고 환청이 들린다. 같은 말을 계속해서 반복하면 뇌 속에 공명을 일으키면서 잡생각이 사라지는데 이때 절절히 바라는 바가 잠재의식 속으로 떠오르게 된다. 기독교인이라면 하나님이 분명히 임한 거라며 이런 과학적 사실을 부정할 수도 있지만 약발이 일주일도 못 가 사라졌다는 사람에게는 여기서 말하는 **[집착 이론]**이 더 공감을 줄 것이다. 엄밀히 따지면 지극 정성으로 **들인 공보다는 약발의 수명**이 너무 짧다. **설령 하나님의 음성을 들었다 한들** 문제가 해결된 것이 아니고 어떤 방향으로 내가 움직여야 할 것인지 **그 노선이 결정된 것**에 불과하다. **실질적인 행동은** 내가 해야 하는 것이다.

금식기도 중에 하나님을 만나거나 음성을 들었다는 체험담을 들어보면 그 환상적 결과물이 아무에게나 일어나지 않는다는 것을 알 수 있다. 이러한 의문에는 하나같이 **[정성이 모자라서 그렇다]**는 대답밖에 들을 수가 없다. 좀 답답할 것이다. 설령 그것이 내 가족이나 나에게 일어난 결과물이라 해도 계속해서 쉽게 맛볼 수 있는 게 아닐진대 그 **약발 유효 기간**에 따라 믿음의 깊이도 다르다. 오래 가봐야 한 달이다.

또 다른 외형적 문제는 이들이 밤새도록 외쳐대는 동안 그 주위에 사는 이웃은 잠을 못 이룰 정도로 소음에 시달린다. 알기나 할까? 기도원 주변 땅은 반값으로 내놔도 사는 사람이 없다고 한다. 그도 그럴 것이 하필이면 다른 사람이 잠을 자는 한밤중에 고래고래 고함을 질러대고 있으니 그것도 종교의 자유라고 항의조차 못 하고 전전긍긍하기 일쑤다. 그래서 기도원은 대개 마을과 한참 떨어진 곳에 설치하기 마련인데. 그 거리가 좀 된다 해도 밤중에는 더 멀리까지 들리니 어쩌겠는가.

5. 사실은 사실이다 - 이것을 인정하자

사람은 누구나 자기의 일에 확신하면서 몰입하면 의외의 성과를 거두는 수가 있고, 계속해서 기적이라 할만한 일들이 벌어지기도 한다. 종교인들에게 있어 성공이란 그 모든 것이 [신의 은총]이라 여기도록 세뇌가 되어 있는 건 아닐까? 좋다. 너무 비판적이거나 과학적으로만 따지다 보면 기도와는 먼 이야기가 될 것이니 종교적 입장에서 다시 알아보자. 어떻게 기도해야 그의 기도가 자기가 믿는 신에게 빨리 상달되게 할 것인가 하는 보다 실질적인 문제로 접근해 보자.

이 책에서 밝히고자 하는 [반드시 이루어지는 기도 방법]은 그토록 고초를 겪어야만 가능한 고행 또는 고통을 감내할 필요도 없이 아주 간단하게 신의 음성을 듣는 방법, 그리고 소원하는 바가 이루어지게 하는 구체적인 방법에 관한 것이다. 더 나아가서는 당신의 영혼을 고차원적으로 업그레이드하는 방법에 관한 비법을 전수하는 것이지만 모든 사람에게 통용된다고 장담할 수는 없다. 다만 마음을 열고 청정한 상태에서 이 책을 대할 때 가능하지 않을까 여겨지는 것이니 **마음을 연다는 것은 무슨 뜻일까? 섣부른 판단과 편견을 배제한다는 의미**이기도 하다.

인간인 이상 누구라도 미래에 대한 불안심리가 존재한다. 자기 앞에 길이 보이지 않을 때, 무언가 절실하고 간절한 것이 있을 때 평소에 믿는 종교가 없어도 저절로 [하느님~~]하고 빌고 싶을 때가 있다. 이때 진실로 경건한 마음으로 기도해 보는 일. 눈을 감고 집중하다 보면 뜻하지 않게 **분명한 결정이나 확신, 순간의 깨달음**을 얻을 수가 있다. 신의 음성을 들어야만 그렇게 번개같이 떠오르는 게 아니라는 걸 알 수 있다. 이것이 습관화되면, 이 책을 그런 마음으로 읽기만 해도 해안이 생기고 의식적으로 그런 깨달음을 염두에 두고 거듭하다 보면 굳이 시간을 내어 기도까지 하지 않아도 순간적으로 번득이는 뇌의 회전을 자신도 감지할 수 있을 것이다. 판단력과 통찰력이 눈부시게 향상될 것이고, 마침내 수십 년 수행한 도인보다 더 높은 경지까지도 오를 수 있게 된다. 인간의 능력이 무한대라는 것을 일깨워주는 중요한 단서다. 이렇게 하면 없던 초능력도 생겨날 것이니 누구라도 개발하기 나름이다.

그리하여 어떤 결과물을 목표로 삼고, 기도 없이 오로지 논리적 사고 또는 명상으로 시작해서 도달하는 시간이 점점 짧아지도록 당신의 마음과 생각을 모두 내맡길 수 있는 **초월 지대**, 어찌 보면 신의 영역으로 통할 수도 있는 그 청정지대를 당신 마음속에 만들기만 하면, 당신이 눈을 한 번 깜빡이는 찰나의 순간에도 그 모든 것을 깨닫게 된다. 이것이 순간이동으로 득도에 이르는 최신 최고의 방법이다. 이것은 스스로 얼마나 진지하게 그리고 꾸준히 훈련하고 노력하느냐에 달려 있으며, 하면 할수록 쉬워지고 그 속도가 빨라진다.

당신의 마음속에 형성된 초월 지대, 그곳에 신속히 진입하기 위해서는 무엇보다 당신의 마음이 청정해야 하고 바람 한 점 없는 호수처럼 잔잔해야 한다. 스트레스 상태에 있거나 어떤 탐심이나 잡생각이 조금이라도 남아있다면 그 시간이 길어질 수밖에 없다. 심신의 안정과 주위 환경, 그리고 당신의 영적 안목이 삼박자를 이루어야 함은 당연하다.

진정한 기도에 이르는 길이 그런 어려운 과정을 거쳐야 한다면 어느누가 이것을 시작이라도 하겠는지 의구심이 들 수도 있을 것이다. 그러나 아주 쉬운 것부터 한 계단 두 계단 오르다 보면 어느새 정상에 오른 자신을 발견할 것이다. 에베레스트 정상에 도전하는 사람들이 처음부터 아무런 준비나 훈련도 없이 무턱대고 오르는 일은 없다. 하물며 지금까지 이 인간 세상에서는 최초이고 당신 자신에게도 태어나서 처음으로 도전하는 사고의 고차원적 초월 지대다. 이것을 단시간 내에 실현하기 위해서는 자기 최면이 효과를 발휘할 것이다. 자기가 지금 고차원 지대로 들어가고 있다는 암시를 주기 위해 계속하여 중얼거릴 필요가 있다. 마음가짐까지 함께 읊으면서 최면을 거는 것이다.

6. 복식호흡만 제대로 해도 심신은 저절로 안정된다

[3초 뜸 들이기 운동]은 범국민적으로 진행할 [새 마음 운동]의 실행 동기가 되지만 개인의 마음가짐 차원에서 평소에 복식호흡만 제대로 하고 있으면 심신의 안정 상태 유지에 도움이 되고 [3초 뜸 들이기]도 훨씬 쉬워진다. 화가 날 때는 숨이 가빠지고 호흡이 일시 중단되기도 한다. 자기의 몸을 먼저 돌봐야 한다는 생각으로 호흡에 집중하다 보면 분노 따위는 이 호흡 속에 녹아 사라지고 만다. 참으로 신기한 경험을 하게 될 것이다. 호흡 한 번으로 분노가 사라지다니~~~

[요가 수련]에서나 하게 되는 복식호흡을 평소 일을 하거나 책을 읽거나 할 때도 실시하다 보면 그것이 체질화된다. 심신의 안정은 수행의 기본자세이며 자신이 바로 부처가 되는 출발점에 선다고 보면 이 동작이 매우 중요하다는 사실을 알게 될 것이다. 이후에 본 캠페인이 날개를 단 듯 붐을 일으킬 때 숨은 저력을 발휘하는 데도 한몫을 할 것이다. 아랫배가 불룩하게 나오도록 호흡하는 것이 복식호흡이다. 책상에 앉아서 업무나 공부, 일하는 중에도 복식호흡을 습관화하면 건강 유지는 물론 아프던 병도 사라진다. 심신의 안정이 면역력을 높여주고 스트레스가 아예 안 생기도록 방어막을 형성하기 때문이다. 주위에서 사람들이 당신을 보고 부처가 되었다고 말하는 날이 올 것이다. 잡다한 세상의 자극으로부터 초월한 상태가 바로 선의 경지(境地) 아니던가. 인간 세상에 어울려 살면서도 부처가 되는 방법이기도 하다. 바로 당신 마음속에 천국을 이룰 수 있는 최후의 선택이 될 것이다.

> 복식호흡으로 숨 고르기, 잘만 해도 내 마음속에 천국을 이룬다

 위 사진을 보고 어떤 생각을 갖게 되었는지, 이 책을 읽기 전과 후로
나누어서 스스로 진단해보아 자신의 자아와 정체성 그리고 영안이 얼
마나 밝아졌는지를 깨달을 수 있을 것이다.

고차원적 기도를 위한 워밍업

1. 혼 빠진 세대여, 회개하라

TV와 스마트폰에 혼을 빼앗긴 영혼 없는 세대여, 회개하라! 이미 뇌 구조가 변해버린 듯한 스마트폰 세대 특히 전철(電鐵) 속의 현대인들, 그 눈앞에 펼쳐지는 현란한 청색광에 시력이 망가지는 줄도 모르고 하나같이 머리를 처박고 스마트폰 속으로 빠져들고 있다. 차라리 눈을 감고 사색(思索)이라도 하면 심신의 안정과 사고력 형상에 도움이 될 텐데도 그런 머리들이 없다. 세상의 불안과 스트레스를 해소하기 위해 감각적인 즐거움이나 찾고 있으니 자신의 진정한 행복이 무엇인지, 선과 악을 분간할 지혜를 어디서 찾아야 할지를 도무지 알지 못한다.

그 혼 빠진 뇌의 빈틈을 노린 [**공산 이념의 바이러스 전파자들**], 이것들이 뿌려대는 사악한 이념의 바이러스까지 덮어쓰게 되면 자동으로 그들의 아바타가 되어 꼭두각시처럼 움직인다. 저 사악한 중국 공산당에서 건너온 **선전·선동 문구** [**대동의 사회**], 이 사악한 이념을 업그레이드시킨 극약 [**기본소득**] 선동질에 눈이 머는 것은 단 1초 만에도 가능하다. 주인 없는 빈집을 점령하는 것과 같기 때문이다. 영혼 없는 인간 좀비 세상, 이것이 오늘날 대한민국의 전철 풍경이요 현대인의 자화상이다. 그 요인이 바로 [개인이기주의]이고 이것을 조장하고 부추기는 세력이 바로 공산 주사파라는 사실은 누차 설명하고 있는 바,

다양한 사회? 그 [**민주가 없는 "민주"**]를 입에 달고 사는 자들이 만든 함정이 바로 [**다양한 사회**]다. 그러니까 백년대계를 책임질 교사들이 사악한 이념의 노예가 되어서 어린 학생들을 세뇌(洗腦)시키고 좀비로

전락시켜도 그 주동자들이 처벌받는 것은 고사하고 모조리 정상으로 인정받는 이상한 나라가 되고 만 것이다. 정상(正常)과 비정상의 구분이 없는 그야말로 암흑천지다. 이것이 저 좌익 주사파 빨갱이들이 세상을 뒤엎기 위해 조성한 대한민국의 처지다. 그렇게 캄캄하게 만들어 놓아야만 자기들이 무슨 짓을 저질러도 유야무야(有耶無耶)로 넘어갈 것이고 이 땅의 민주주의를 말살할 터전을 마련하는 것이다. 눈을 뜨고 보기는 봐도 볼 수 있는 안목이 없으니 그것들의 음모를 꿰뚫어 볼 재간이 없고, 노동운동의 탈을 쓰고 [간첩질]을 해도 보조금을 지원하는 시대다. 한 국가의 지도자가 그 장단이었으니 이 땅의 국민정신이 흙탕물보다 더 흐려 있었던 거 아닌가. 혼이 없는 인간 좀비들만 가득하다.

그러니 저 사악하고 지독한 바이러스가 이 땅을 점령하고 인간성을 파괴하는 현장이 TV를 통해 버젓이 광고되고 있다. 오로지 자기 이익에만 눈을 멀게 하는 이기주의, 또 이것을 부추기는 디지털 시대의 공중파 방송과 스마트폰의 폐해가 얼마나 심각한지 문제를 제기하는 사람조차 없다. 너나 할 것 없이 모조리 다 감염된 것이다. 선과 악을 구분할 머리조차 상실한 문맹자들만 가득하다. 사람 죽이는 걸 재미로 여기는 살인마 김정은에게 굴종하는 것은 물론이고 이런 사악한 자들을 지지한다는 것이 벌써 사리분별력을 상실한 거다. 당장 눈앞에 나타날 먹이나 챙기기 바쁜 굼벵이와 무엇이 다른가. 눈곱만치라도 생각할 머리가 남은 사람이라면 회개하라! 돌이켜 제자리로 돌아와서 다시 생각하라는 거다.

이 세상을 사람 사는 곳으로 갈아엎어야 할 책무를 느낀다면 저 영웅들을 지지하고 도와야 한다. 지금은 혁명이 진행 중이란 사실을 아직도 깨닫지 못한 전철 속의 저 인간 군상들을 오늘 이 시간 이후 한 번만이라도 유심히 관찰해보라. 아마 당신의 입에서도 바로 그 말이 튀어나올지도 모른다. [회개하라]는 그 한마디 말밖에 답이 없다. 회개라는 것이 단순한 개인의 죄를 뉘우치라는 저 교회들이 진정으로 회개해야 하나니 이 [회개]라는 말의 뜻도 모르는 사람들 천지다. 그러니 선과 악의 구분도 없고 정의와 공평이 무엇인지도 제대로 아는 자가 없는 혼돈의 세상이다. 현실을 직시하고 무지와 몰지각에서 깨어나라는 뜻이다. 혼미한 환각 상태에서 깨어나서 자기를 지키라는 뜻이다.

 아직도 정신이 온전한 사람이 없는 것은 아니다. 아래 유튜버 동영상을 반드시 확인하자. 시정잡배도 아니고 이 나라 운명을 좌우할만한 정치계 유명인이라 할만한 자들의 정신상태가 어느 정도인지를 아주 쉽고 적나라하게 보여주는 짧은 영상이다.

가만히 생각 좀 해봅시다, 이게 정상적인 나라입니까?
https://www.youtube.com/shorts/LORHm4JDajc

 아래 영상은 지난 5년 동안 소위 내 편이라는 이유로 임명된 장관급 감사원장이란 자가 얼마나 썩은 인간이었는지 이 하나의 일화를 통해 짐작하고도 남을 일이다. 이런 자들이 세상을 지배하고 있었으나 우리는 도무지 알 수가 없었고 알아도 방법이 없는, 그러니까 검은 보자기에 덮여 있을 수밖에 없었던 거다. 회개하지 않으면 안 된다. 한글 문장만 그대로 유튜버 검색창에 입력하면 볼 수 있다.

관저 마당 '가로등' '화분 몇 개' 6000천만원 쓴 감사원장   #shorts
https://www.youtube.com/shorts/NdoJAEjfy64

2. 무엇을 원하는가?

먼저는 당신이 원하는 바를 정확하게 특정 지울 필요가 있다. 이때 필요한 것은 그 바라는 바를 반드시 글로 표현하는 것이다. 일기 형식도 좋다. 막연하게 부자가 되게 해달라거나 복권에 당첨되게 해달라는 식의 소원이 아니다. 지금 당장 누군가 당신에게 부탁하더라도 들어줄 만한 작은 것부터 시작하라. 그게 여러 개면 중요한 순서대로 나열하여 적어 본다. 자기가 진정으로 필요로 하는 것을 문젯거리로 보고 글로 적으며 습관화하는, 이것이 자기에게 부여하는 첫 번째 최면 암시다.

문제1, 문제2, 문제3..............백지 위에 이렇게 또박또박 하나씩 적어 나가는 중에 순간적으로 해답이 떠오를 때가 있을 것이다. 그 해답도 함께 적어 놓는다. 당신 앞에 놓여 있는 문젯거리를 하얀 백지 위에 하나씩 기록하는 그 자체가 바로 기도의 순간이기 때문이다. 해답이 떠오르는 이 순간을 재빨리 알아챌 수 있는 능력, 이것은 매우 중요하고 계속하다 보면 자신도 놀랄 정도로 빠르게 향상된다. 이때 번개같이 떠오르는 해답을 신의 응답이라 믿어도 된다. 그것을 간증 형식으로 공개해도 상관은 없다. 결국은 신을 속이고 거짓 간증이 되겠지만, 듣는 사람에게는 믿음을 줄 수도 있고, 본인에게는 그 보물찾기와 같은 능력이 눈부시게 향상되기 때문이다. 바라는 바가 간절할수록 그리고 문서화할수록 빨리 눈이 떠지고 지혜가 생긴다.

자기 앞에 놓인 문젯거리를 이렇게 문서로 만드는 작업은 아무라도 할 수 있다. 너무도 쉬운 방법이지만 선뜻 행동으로 옮긴다는 것이 어렵다면 어렵다. [고차원 기도]로 들어가기 위한 준비 운동이니 실제로 고민거리가 없다고 생각하는 사람도 한두 개쯤 문제를 적어 보는 연습이 필요하다. 지금까지 터득한 세상 지식이나 원칙, 편견 또는 아집 다 내려놓고 맑은 마음에서 시작해야 한다. 지금 당장 하기 싫으면 다음으로 미루거나 그냥 접어두어도 상관은 없다. 무엇보다 절실하고 간절한 기도가 필요할 때 이 책을 다시 펼치면 된다. 다만 당신이 더 이상 방법이 없을 때가 가장 간절하다는 사실을 알아야 한다.

세상의 기술도 훈련을 거듭하는 중에 그 능력이 가치 있게 발휘되는 것과 같이 당신의 영적 안목이나 지혜도 개발하기 나름이다. 막연하게 공부한다는 생각으로 이 책을 오래 들여다보는 것은 의미가 없다. 세상 잡지식 습득하는 것도 정신을 집중해야 제대로 이해되고 기억된다. 그러니 당신의 영적 눈을 밝히는 일이 식은 죽 먹기만큼 쉽고 빠른 것은 아니다. 책 읽기만 해도 제시하는 유튜브 동영상을 일일이 다 검색하여 청취하고 넘어가려면 꽤 많은 시간과 노력이 필요하다.

그리고 이 책은 읽어서 이해하고 덮어버리는 수준이 아니라 깨달음을 얻는 과정과 방법을 익히는 책, 영적 눈을 밝히는 도술이 내재한 책이다. 이 책을 다 읽은 후에는 그 영혼이 차원 높은 곳으로 업그레이드되어 있어야 하고, 그렇지 못한 사람은 마음이 열리지 않은 상태에서 판단만 하고 있었을 것이니, 그것부터 깨달아야 할 것이다.

3. 당신이 믿는 신이 중요한 건 아니다.

당신이 어떤 신을 믿든 상관없다는 것이고 기도하는 방식에 있어 똑같이 적용된다는 뜻이다. 단지 그 신의 존재가 인간과는 비교도 안 되는 높은 위치에 있어서 감히 인간이 함부로 대할 수 없는 절대적 존재라고 믿는 거까지는 좋다. 그렇다고 **[주여, 주여~ 주시옵소서]** 또는 3천 배 절을 했으니 내 소원을 들어 달라는 식의 떼쓰는 기도라면 문제가 있다. 무엇이 문제냐고? 그렇다. 이런 기도 방법에 문제가 있다고 생각하는 사람이 의외로 많지 않다는 이 사실이 참으로 심각한 문제다.

코로나 전염을 막기 위한 대책으로 집합 금지 행정명령이 수시로 발동되는 바람에 많은 교회나 기도처가 타격을 받으므로 생겨난 것이 시주만 하거나 헌금만 하면 된다는, 좀 편해진(?) 종교활동~~ 전지전능한 신에게 자신의 가장 소중히 여기는 돈을 갖다 바치는 것이니 뭔가 좋은 일이 있을 거라는 일종의 보장 보험 아닌가?

로켓 시대를 구가하는 현대인이지만 이 영적 분야만은 여전히 샤머니즘에 머물러 있다. 그 옛날 우리 선조들이 서낭당이나 칠성당에 재물을 올려놓고 복을 빌던 그 형태와 무엇이 다른가. 압도적인 웅장함과 그 분위기, 지도자의 언변이나 업그레이드되었을 뿐 그 내막을 들여다보면 별로 달라진 게 없다. 모든 종교가 하나같이 기복신앙이라는 틀 안에 머물러 있는 상태라 진보한 샤머니즘 그 이상도 이하도 아니다.

더 이상 어떻게 기도하고 어떻게 신을 믿어야 할지, 또 신을 대하는 기본자세로 무엇이 필요한지 알 수도 없는 혼돈상태다. 그저 고행과 고통을 동반하는 수행이나 기도를 강요하는 것, 몸을 고통으로 몰아가면 극기심이 생기고 그래서 깨달음을 얻는다는 논리가 통하던 시대에서 이제는 돈만 갖다 바치면 목사가, 스님이 대신 복을 빌어주는 간편한 시대가 된 것이다. 초스피드 시대에 딱 맞는 방법이다.

4. 이 땅은 소경 세상이다

우리가 오감 특히 **눈**이라는 **감각기관**을 통해 사물을 인식하고 그로 인해 판단과 사유가 가능하다고 해서 **인간은 만물의 영장**이라 한다. 그러나 지금까지 우리가 전혀 알지 못하고 있던 또 다른 세계가 있다는 걸 생각해 본 적이 있는가? 그것은 살아 있는 사람 또는 죽은 사람에게도 부여된 영적 영역이다. 세상 어떤 사람도 육신의 눈으로는 절대 들여다볼 수 없는 영역이 존재한다고 보면 우리는 오로지 인간 세상의 한 단면만 누리며 살고 있다. 그러니까 영적으로만 보면 앞이 전혀 볼 수 없는 그야말로 소경 천지다. 시쳇말로 영적 지도자라 자처하는 리더조차 자신의 한 치 앞도 못 보는 소경들이다. 세상에서 내로라하는 신학 박사, 목사, 신부, 사상가 그리고 수십 년 도를 닦은 수행자라 할지라도 자신에게 내일 당장 어떤 일이 닥칠지 알 수 없는 암흑의 세상에서 살고 있는 소경들이다. 간혹, 자기의 죽음을 예언하는 스님이나 목사가 있지만 보통 우리의 삶의 형태는 선두에 선 자를 지도자라 칭할 뿐이고, 그 행렬은 [소경이 소경을 인도하는 꼴]이다. 그 가는 곳이 천국인지 지옥인지 도무지 알지 못한다. 죽으면 그만이란 사람이 있지만 그 내면에는 죽음 이후를 생각하고 싶지 않을 정도로 두렵다는 뜻이다.

기독교로 말할 것 같으면 죽어서 가는 천국, 그 알 수 없는 곳을 향해 리더가 이끄는 대로 따라만 갈 뿐, 그곳이 진정 천국인지, 아닌지는 따져볼 안목이 없다. 다시 말해 영적 눈들이 완전히 감겨 있으니 리더라고 해서 다를 게 없다. 다른 점이 있다면 오로지 말솜씨 하나 유창하고 그럴듯하게 꾸며내어 설득하는 기술이 남다르다. 얼마나 뛰어날까?

죽은 영혼, 그 **영적 세상에 죽고 사는 것이 있을까?** 그곳의 삶에 영생을 논할 필요는 없을 것이다. 간증 형식을 빌리면 사람들 설득하기 딱 좋다. 그러나 중병에 걸린 목자에게 천국이 그렇게 좋은 거라면 일찍 천국에 가는 것이 어떠냐고 물어볼 일이다. 국내에서도 우수한 의료

인력이 있는데도 굳이 비싼 의료비 지출하면서까지 미국에 가서 치료 받고 오는 유명한 목사도 있다. 그 스스로가 천국을 믿지 않고 있다는 증거다. 더구나 예수 믿기만 하면 죽어서 간다는 천국이 저 4차원 어딘가에 조성되어 있다면 이는 성경과도 맞지 않는 소리다. 이게 무슨 이단(異端) 같은 소리냐고? 그들이 매일 입에 달고 사는 **주기도문**에 뭐라고 기록되어 있는지 살펴보자.

[.......**뜻이 하늘에서 이루어진 것 같이 땅에서도 이루어지이다**......]
여기서 "**뜻**"이란 이 땅에 이루고자 하는 [**하나님의 계획**] 즉 다시 말해 [**하나님의 설계도**]라는 사실. 그 설계도가 이미 성경에 완성되어 있으니 이제는 이 땅에서 이루어질 것을 기도하라는 거다. 천국이 이 땅에서 이루어진다는데 뭔 4차원 같은 소린가 말이다. 사후 세계의 존재 여부는 수천 명의 임사 체험자들을 통해 의사들이 증명하고 있고 불교에서 말하는 환생에 대해서도 인도 등지에 많은 사례가 있다. 그러나 기독교에서만 유일하게 [**예수 믿다가 죽어야 천국 간다**]고 한다면 당연히 불공정한 일이기도 하지만 앞선 자가 [**죽어서 간다**] 하면 그런 줄 알고 따라가는 것 외에 별다른 선택의 여지가 없다. 그들의 말이 사실이라면 온갖 나쁜 짓을 다 하던 사람도 죽기 직전까지 예수만 영접하면 될 것 아니냐고 해도 [**그렇다**]고 해야 할 판이다.

이런 상황에서 죽은 후에나 간다는 [**천국행 티켓**]을 **300만 원**씩에 팔고 있는 사람이 등장했다. 봉이 김선달도 울고 갈 판이다. 아무리 세상이 캄캄해도 앞선 자가 있게 마련이고 촉각이 뛰어나면 뒤진 자를 등쳐 먹는 것이 생존 본능이다. 유창한 언변만 있으면 눈먼 사람 현혹하기가 이렇게 쉽다. 죽어서나 가봐야 알 수 있는 천국이니 그 황당하고 웃기는 [**천국행 티켓**]이 가짜인지 진짜인지 검정해줄 정부 기관도 없고 사기죄로 처벌할 수도 없다. 이 어둠 속의 인간 세상이 얼마나 캄캄한지 알겠는가?. 네이버 검색창에 [**천국티켓 300만원**]으로 검색하면 많은 사례가 보인다. 왜 이렇게 헛다리 짚는 사람들이 많은지를..........

5. 문맹자들이 판치는 세상

당신이 숨 쉬고 먹을 것을 찾는 이 땅이 얼마나 캄캄한지. 왜 우리가 한 치 앞을 알 수 없는지, 지금이라도 깨달을 수 있겠는가? 당신도 그 [황당한 티켓]을 산 것은 아니지만 영적 눈이 닫혀 있는 건 마찬가지다. 왜 그럴까? 영안을 밝히기 전에 먼저는 표면적인 안목이 있는지 없는지 그것부터 검정이 된다. 눈을 뻔히 뜨고 글씨를 읽기도 하고 판단한다지만 당신도 역시 **[눈뜬 당달봉사]**나 마찬가지라.

교육을 전혀 받지 못하여 자기 이름자나 겨우 쓸 줄 아는 사람을 까막눈(**문맹**)이라 하는데 그것은 어둠 속의 인간 세상에서 통용되는 말이다. 빛의 세상으로 나아가려는 자라면 진짜 까막눈이 어떤 상태인지 알아야 하고, 아래의 글을 읽는 중에 고개가 끄덕여져야 한다.

진정한 의미의 "문맹자"란, 글씨를 읽기는 읽어도 그 뜻을 왜곡하거나 거꾸로 알아듣고 **동문서답, 적반하장식** 논리를 펴는 자를 말한다. 글을 읽는 게 아니고 왜곡할 걸 찾으면서 건너뛰는 것이다. 마치 그 전부가 비유로 기록된 성경을 문자 그대로 해석하는 것과 같다. 예를 들어 성경 속의 **[구름을 타고 재림하신다는 예수님]**을 저 하늘에 떠 있는 뭉게구름을 타고 손오공처럼 오시는 줄 알고 있는 것과 같다. 이런 사람들의 근본을 따질 때 **[문맹성 = 몰지각성]**이라 한다. 그러니까 말을 해도 소귀에 경 읽기요, 글을 읽는 것이 아니고 보는 시늉만 하는 것이니 그 속뜻을 알 리가 없다. **[봉사가 삼밭 지나가는 식]**이다.

2018년 한국인의 실질 문맹률이 75% 이상이라는 말을 이해할 수 있겠는가? 상황 인식 또는 정당의 선전·선동 구호의 속뜻을 구분하는 능력을 기준으로 삼은 것이니 사리분별력, 즉 **옳고 그름, 진실과 거짓을 구분하지 못하는 수준이 그 정도**라는 거다. 현명하고 지혜로운 지도자의 **리더십(leadership)**이 절실하게, 시급하게 요구되는 이유다.

워낙 다양한 세상이라 자기 하나쯤 몰지각하든 말든, 동문서답을 밥 먹듯 하든 말든 자기 세계에 빠져서 사는 건 자유지만 이것이 하나의 유행병이 되어 세상을 어지럽히면서 집단화하여 폭력을 조장한다는 데 문제가 있다. 이것이 일종의 질병이라는 사실을 아무도 인식하지 못하는 게 더 문제다. 이 어둠의 세상에서 겉모습만 보면 그 눈들이 열려 있기는 하지만 실제로는 아무것도 보지 못하는(=사리분별력이 없는) 당달봉사들이기 때문이다.

신(神)의 존재를 두고 **[보이지 않으니 없다]**는 말이 나오는 것은 바로 이런 이유 때문이다. 그러니 무턱대고 [예수 믿기만 하면 죽어서 천국 간다]는 반대의 논리도 성립되는 것이다. 이 땅이 캄캄한 암실과 같다는 말을 이해할 수 있겠는가? 이 정도만 깨달아도 우주를 깨닫는 초기 단계에 진입한 것과 같다. 우리가 살아가는 이 땅이 영적으로는 캄캄한 어둠 속이란 사실만 깨달아도 육신의 눈을 뜨는 데는 충분하고, 초고도의 안목을 소유한 것이 된다. 세상의 모든 현상을 이 하나의 키워드를 대입하면 쉽게 답을 얻을 수 있기 때문이다.

그러니까 우리네 삶이 굼벵이 수준임을 깨닫는 것, 이것이 참으로 중요하다. 5)**우화(羽化)**하여 매미가 되기 전에는 빛의 세상을 알 수가 없다. 그러기 전까지는 흔히 말하길 어울려 살아가자고 한다. 그러나 그것은 구호에 그칠 뿐, 그런 몰지각한 문맹자들로 인해 끊임없이 발목이 잡힌다. 이런 자들이 득세하여 집단화하면, 이 소경 세상의 기본 질서마저 무너지고 상식과 도덕이 파괴된다. 반대파만이 아니고 자기편까지

---

5) **우화(羽化)** : 땅속에서 최장 17년까지 굼벵이로 살다가 날개가 달린 성충이 되는 과정을 통과하면 매미가 된다. 사람의 몸도 때가 되면 변화하여 영생하는 몸으로 거듭난다는 성경 속의 말씀(고전15:51)을 성취하려면 표면적인 눈부터 밝힐 필요가 있고 이 안목이 높아질수록 영적 눈이 밝아져서 <u>생명 나무의 열매(창3:24, 잠11:30, 그리고 계시록2:7 등에 기록되어 있는 영생의 열매)</u>가 보여야 따먹든지 말든지 할 것이고, 그것을 먹는 날에 영생한다는 것이니. 이는 성경에 국한하는 것이 아니라 영적 눈을 밝히게 되면 신과 같은 레벨로 우리의 영혼이 업그레이드된다는 사실에 주목해야 한다. 이 사실 하나만 기억하라. 절대 불가능한 것이 아니다.

도 죽이면서 피 터지게 싸운다.

 이 인간 세상은 누구 하나 눈을 제대로 떠본 자가 없으니 육신의 눈에 뵈는 이것이 전부이고 보편화될 수밖에 없다. 모조리 소경이고 굼벵이지만 그래도 앞서려는 경쟁은 계속되고 그 선두 자리를 놓고 싸우는 통에 빛의 세상은 더욱 멀어지고 환란과 혼돈이 계속된다. 이 지옥과 같은 시행착오는 인류가 존재할 때부터 계속되었으니 천국과 지옥의 구분조차 없는 것이다. 오로지 힘의 논리로 상대를 짓밟고 올라서기만 하면 장땡이다. 짐승 세계와 별반 다를 게 없다.

 이 캄캄한 문맹자 세상에서 그 대표, 국회의원이 되었다고 특별히 뛰어날 게 없다. 자만하다가는 언제 그 위세가 땅에 떨어지고 비참한 최후를 맞을지 알 수 없다. 김〇〇인가 하는 자 추락하는 걸 보면 초등학생도 깨달을 지혜가 거기서 나온다. 잘난 체는 제 혼자 다 하다가 추락한 뒤에는 그 몰골이 비참하다. 그러나 그 자신은 전혀 못 느낀다. 양심이 살아 있는 자라면 애초부터 그토록 나대지 않을 것이기 때문이다.

 어쨌든 저 민의의 전당이라는 국회에서는 몰상식, 몰지각할수록 튀게 되고 유명해진다. 얼치기 백성들의 표를 긁어모으는 수단이 되기도 하니 어쩌겠는가, 쇼 질을 해서라도 몰염치, 몰상식할 수밖에 없는 거 아닌가 말이다. 그러니 임기 동안 온갖 특혜를 다 누리면서 비리에도 빠져드는 것이다. 어찌 보면 불쌍한 인생들이다.

북한에서 장학금 받아 인생 성공한 사람들
https://www.youtube.com/shorts/L3QYXEDtJgs

공영방송들이 제대로 보도나 했을까?
아무리 바빠도 아래 영상 반드시 확인하자.

정진석 "문재인이 중국가서 당한 게 진짜 외교참사지"
https://www.youtube.com/shorts/OKiD3Txw1QA

국빈으로 초대받은 문씨 부부
밥때가 되어도 연락없자
시장에 나가 우동으로...5끼 해결

이 사진을 보고 우리 국민은 무엇을 느꼈을까? 아무 느낌도 없었을 것이다. 그동안 저 사악한 자들에게 세뇌가 되어 있었으니

무감각, 무개념, 몰지각의 바이러스에 오지게 감염된 상태가 지금도 진행 중이다.

바로 저분, 그 하수인 노릇하던 자들의 집단이 민주당이다. 나라를 망친 여적집단이면서 아직도 국회를 장악하고 폐악질을 일삼는 행태가 보이지 않는 사람 있을까?

국민 여러분, 제``발 정신 차리세요~ 나라를 망친 주범, 저 공산 주사파들을 지지한다고? **스스로 그 머리에 전기 충격기로 지져서라도 정신 차리고 전향하세요.** 그것이 나라를 위하는 길이요, 당신의 정체성을 확보하고 진정한 행복을 찾는 길입니다.

정치판을 보면 인간의 속성이 다 보인다

정치 얘기를 안 할 수 없다. **왜?**

편견과 아집,
그리고 세상 지식으로 터득한 **고정관념**
이것이 문제가 되기는 하지만 이 땅엔 이미
그보다 백 배나 더 지독한 **이념의 바이러스**가 창궐한 상태다.
이 바이러스에 감염만 되면 그 즉시,
뇌 구조 자체가 바뀌어버릴 정도로 강력한 전염병이다.
아마도 지난날, 이 땅에 유행한 광우병 사태가
그 전조 증상이 아니었나 추측할 뿐, 대책이 없다.

설사 직접 감염되지 않았다손 치더라도
그런 자가 내뱉은 말 한마디에도 전파를 타고 감염되는 것이니
당신이 진정 그 오염지역 아닌
청정지역에 살고 있다 자신할 수 있겠는가?
당신의 영혼은 이미 무저갱(無低坑) 속으로 침몰했을 가능성이 크다.

완전한 곳으로 나아갈 수 있겠는가?

편견에만 사로잡혀 있어도 신과의 커뮤니케이션은 불가능하다.
깊이를 알 수 없는 그곳에 매몰된 당신의 자아라면
무슨 수로 그 높은 곳을 염원이라도 하겠는가 말이다.
한시바삐 그 무저갱 속에서 탈출하는 것이 먼저다.

그러나 쉽지 않다.

아니, 불가능할지도 모른다. 사람들 모두 이 바이러스 정체를 인식조차 할 수 없는 무감각 증후군에 심하게 오염되어 있기 때문이다. 무신경과 무감각, 거기에 더하여 분별력까지 상실한 상태라, 이 악성 이념의 바이러스가 인간성 상실을 얼마나 유발하는지 알 리가 없다.

이 중요한 사실을 지금껏 국가적 사회적 문제로 제기한 자가 한 사람도 없었던 것은 이 악성 바이러스가 이미 전파를 타고 빛과 같은 속도로 이 땅을 점령해버렸기 때문이다. 거의 모든 사람이 이 악성 바이러스에 오염되어 있으니 코로나 치료제를 개발한 박사들조차도 이 바이러스를 알 리가 없고, 의문을 가질 머리도 없다. 그러니 여기서 아무리 문제를 제기한다고 해도 어느 누가 거들떠보기나 하겠는가? 세상의 종말이란 의미가 바로 이런 것이다. 홍수나 쓰나미가 인간 세상을 멸망시키는 것이 아니다. 인간 스스로가 저지른 악행의 물결, 그 이념의 바이러스로 인해 종말을 맞게 되는 것이다. 그것이 불신과 음모, 전쟁과 기근으로 이어지며 자멸의 길을 걷게 된다. 가스실로 끌려 들어가지 않으면 안 되었던 유대인들의 운명이 재연되는 것이다.

사이코패스 / 소시오패스 증후군에 사악한 공산주의 이념을 더한
그 극약과 같은 바이러스에 당신인들 오염되지 않았다고
자신할 수 있겠는가?

이것은 극악무도하게 증식된 [**집단이기주의 바이러스**]가
변이를 거듭하여 형성된 [**미치광이 바이러스**]다.

문제는 이 바이러스를 퍼뜨린 자들이 집단을 이루어 여론까지 조작하면서 국회를 장악하고 이 나라를 파탄으로 몰아갔다는 이 명백한 사실에도 사람들이 무덤덤하다는 것이다. 혼이 빠진 듯한 이 몰골이 바로 [**악성 이념의 바이러스 증후군**]에 감염된 여러 증상 중에 가장 중요한

특징이다. 지난 5년 사이에 이 나라가 망하지 않은 것은 하늘이 도운 것이다. 그러나 안심하고 한가하게 쉬고 있을 겨를이 없다.

그래도 공평하다고 여겨지는 방송국 〈TV조선〉에는 지금도 [강적들]이라는 프로가 있다. 보수·진보 두 진영 인사(?)들을 불러 놓고 정치 현안을 주제로 토론을 벌인다. 불과 얼마 전의 일이다. 진보의 대표주자라 해야 할까 아니면 소시오패스 나팔수라 해야 할 진보 측 입에서 나온 말 한마디에 경악한 사람이 얼마나 될까?

[오늘날 **산불이 많이 발생하는 이유**는

박정희 정권 때 녹화사업으로 **산에 나무를 많이 심었기 때문**]이고, 그 정책이 잘못됐다는 거다. 이게 무슨 개소리일까? 민둥산이 되면 홍수때 산사태 원인이 되고, 나무들이 흙을 안고 물을 저장해서 수원지가 고갈되는 것을 막아주는 것쯤은 초등학교 때 이미 배운 거 아닌가?

이 같은 산림의 중요성도 모르는 **무지막지한 자를 왜 불렀을까?** 저 공영방송국이 국민을 개돼지로 여기는 거 아니면 어떤 놈들의 압력이 있었던 게 분명하다. 그 사악한 자 입장으로 보면 무조건 반대만 일삼아야 하는 이유도 있을 것이다. 그 일족을 청와대에 등용해준 정권 실세가 한 말이 있으니, [박정희 잔재를 청산하는 것이 최대 목표]라는 거다. 이 사악한 발상으로 미루어 보면 바로 이해가 간다. 그 말을 뒷받침해서 간신배 역할을 충실히 하려면 장단을 맞출 필요가 있다. 그게 아니라면 정상적 인간의 뇌를 가진 자가 아니다.

그 대통령 출마 당시의 공약만 해도 [한 번도 경험해 보지 못한 나라]를 만들겠다고 하니 우리 국민은 그저 [이 땅에 천국이라도 건설하겠다는 청사진]으로 좋게만 해석했던 거 아닌가. 국민을 배신한 패륜 정권이 만 5년 사이에 저지른 폐해와 국정 농단을 어찌 상상이나 하겠는가 말이다. 이런 얼치기 지도자의 죄악상이 빙산의 일각으로 드러나고 있는 이 현실에서도 무조건 지지한다는 사람들을 문빠라 하는데 이 사람들의 뇌 구조는 어떻게 생겼을까? 사악하고 교활한 인간의 심성을 오히려 옹호하고 나서는 집단이 생겼다는 것은 이 인간 세상이 얼마나 캄캄하고 인간성이 얼마나 오염되었는지를 여실히 보여주는 것이다.

 그 순간, 방송 채널을 돌려버린 사람이 많겠지만 방송국 입장으로 보면 [방송통신위원회]나 [방송심의위원회] 때문에 그런 자들을 배제할 수가 없다. 그 얼치기 정권의 알·박기로 임명된 소시오패스 집단이 그런 위원회를 장악하고 있기 때문이다. 잘못하면 방송국 문을 닫아야 한다는 위기감이 항상 그들을 옥죄고 있다는 증거다. 지금 그 비리가 파헤쳐지고 심의 조작에 가담한 패거리들이 하나둘 구속되고 있는 현실에서 그 5년 동안 무방비로 노출된 국민의 정신건강을 진단한다고 답이 나올까? 과연, 그 사악한 오물로 뒤집어쓴 국민정신을 온전하게 되돌릴 수 있을까? 면역강화와 치료를 위해서는 [몇십 배 더 강력한 이념의 항생제]가 필요하다. 어느 누가 이를 제조라도 하겠는가.

진정한 기도, 반드시 이루어지는 기도를 위해, 당신만은 그런 이념에 오염되지 않았다고 말하기 전에 반드시 **이 치유 프로그램을 통과**해야 할 것이다. 이미 전파를 타고 전 국민의 정신세계를 오염시킨 상태라 때가 늦어도 한참 늦었다. 그러므로 이 순간을 놓치면 그냥 종말을 기다릴 수밖에 없는 일이 발생할 것이다.

1. 사악한 문맹자들이 장악한 국회

지난 5년을 기억하지 못하는 이 민족은 역사를 잊은 민족인가? 오늘은 2023년 3월 1일, 3·1절이다. 서울의 광화문에는 하늘 높은 줄 모르고 날뛰던 지난 정권과 그 권력자들을 심판하라며 나이 든 어르신들이 태극기를 들었는데, 그렇게도 데모질이나 일삼던 젊은이들은 도대체 무얼 하면서 자빠져 있는지 아무런 기척도 없다. 스마트폰이나 게임, 아니면 쇼 무대, 트로트나 잡기에 빠진 것도 아니라면 눈도 없고 귀도 없는 공산이념의 좀비들로 전락해버린 게 아닐까? 뇌 구조 자체가 바뀌어버린 좀비들 말이다.

저 국회라는 집단을 보라. **여론 조작과 선거 조작으로 갈취**한 국민대표 금배지를 5년 동안 부여받은 불변의 자기 특권으로 여기고 눈에 뵈는 게 없이 날뛴다. 민주가 없는 "민주"와 국민이 없는 "국민"을 들먹이며 지난 정권에서 자행한 국가 파괴행위를 지금도 계속하고 있다. 왜 조작으로 획득한 금배지인지 아는가? 이 나라 2/3의 국민 머저리가 아닌 이상 저런 자들을 대표로 표 찍어줬을 리가 만무하기 때문이다.

415 부정선거, 국회부의장의 충격 증언 #shorts
https://www.youtube.com/shorts/91-41gxANr0

(몰) 진보주의자들이 말하는 개혁이란, 내로남불 적반하장의 괴담과 **[공산주의 이념의 바이러스 전파]**로 이 나라 정통성을 부정하고 전복시키는 것만이 목표다. 최근에는 후꾸시마 괴담으로 한일관계를 이간질하고 **[김일성 갓끈 이론]**을 실천하기 위해 난동과 시위를 선동하고 있으나 우리 국민 의식 수준이 광우병 때와는 다르다는 걸 잊은 듯하다. 아직도 개돼지로 여기고 있으니 그때 추억을 잊지 못하고 똑같은 짓을 반복하고 있다. 어찌 보면 닭대가리들만 모인 집단이다. 누구라도 그런 것을 알고도 지지한다면 그 마취약에서 깨어나지 못한 어리석은 자다.

문맹, 그것은 무식보다 위험하다. 한 사람을 죽이면 살인자가 되지만 만인을 죽인 자는 영웅이 된다고 했던가? 멀리 갈 것도 없다. 세계 역사를 몰라도 지금 저 유럽에서 벌어지고 있는 우크라이나 전쟁을 보면 된다. 러시아 대통령이란 사람이 공영방송에 나와서 강제 징집된 군인들의 부모들을 불러 놓고 한다는 말이 **"사람은 어차피 한 번은 죽는다"** 그러니 나라를 위해 죽는 게 영광 아니냐는 거다. 러시아 내에서는 영광이 될지 몰라도 이쪽에서 보면 살상 희생자다.

23년 7월 3일 아침이다. 오늘 오전에 겪은 일인데 그것을 예로 들겠다. 광우병 괴담으로 재미를 본 자들이 사드 괴담과 **[후꾸시마 괴담]**에 광란하고 있는 차에, 어떤 인연으로 들어왔는지 아래와 같은 스티커를 카톡 바탕화면으로 설정한 사람이 생일 축하 인사를 해왔다.

"방사능 오염수"라는 말과 해골 디자인 자체가 공포를 자아낸다.

["방사능 오염수" 또는 "원전 오염수"]라는 말은 실제로 [오염 처리수]가 맞다. 물과 섞어서 정화된 물을 방출한다. 우리나라도 그렇게 방출하고 있다. 연합 뉴스의 [팩트체그]에서 후꾸시마 오염수 - 월성 원전 냉각수 해양 방출과 다를 바 없다]는 사실을 일본 관계자의 주장을 빌어 싣고 있다. [국제 관행상 모든 국가가 원자력 발전 과정에서 나오는 **물은 해양 방출을 자연스럽게 하고 있다.** (한국의) 월성 원전에서도 해양 방출을 하고 있다]는 것이다. 그런데도 저 빨갱이들은 왜 저런 포스

터까지 만들어서 괴담을 퍼뜨리고 공포심을 조장하는 것일까? 김일성의 적화 전술 이론인 [갓끈 이론]을 실행하기 위해 [반일 감정] 부추기는 것을 목적으로 하는 게 아니라면, 윤 대통령을 탄핵까지 몰고 가겠다는 머저리 생각에 몰입되어 있다. 저것들은 대한민국 국민이라 말하기보다는 김정은 지령에 따라 움직이는 김정은 아바타라고 보면 더 정확할 거 같다. 저 포스터에 꽂인 어리석은 자들이 한둘이 아니란 것만 봐도 그들은 이미 소기의 목적을 달성했다고 생각할 것이다.

그 얼굴도 모르는 사람과 카톡을 주고받으면서, [원전 오염수]를 직접 내보는 것이 아니고 바닷물에 희석하여 국제 기준에 맞춘 상태로 내보는 것이니, 그것이 모든 나라에서 하는 방법이라 설명도 하고, 그것이 해류를 따라 알래스카와 캐나다를 시작으로 태평양을 돌아 우리나라 근혜까지 오는 데는 4~5년이 걸린다는 사실 그리고, 후꾸시마 원전 바로 앞에서 쏟아내는 바닷물을 직접 마시라는 것도 아니지 않느냐고 아무리 말을 해도 그런 것은 귀에 들어가지 않는 거였다. 즉 다시 말해

[귀와 눈은 틀어막은 채 자기 입에서 나오는 대로 주장만] 하고 있었으니 ["그 방사능 오염수가 안전하냐, 아니냐~"만 대답하라]는 거다. 계속해서 똑같은 메시지만 보내고 있었다.

[아, 사람들이 이렇게 스스로 캄캄한 보자기를 뒤집어쓰고 있구나!]

인간으로 태어난 내가 자괴감에 빠질 수밖에 없는 아침이다. 자기 생각만 옳은 것이고 그것에만 빠져서 헤어 나올 생각은 전혀 할 수 없는 암울한 상태, 이 무서운 [아집과 편견]으로 점철된 현대인들을 향해 회개하라는 말이 과연 씨가 먹힐지 의문이다.

저 사악한 빨갱이들의 막무가내식 괴담 정치, 무대뽀식 선전·선동이 왜 먹히는지를 실감한다. 다른 것은 다 감추고 오로지 방사능이나 삼중수소가 포함된 물 그 자체를 두고 집요하게 물고 늘어지는 것, 그것이

저 빨갱이들의 [후꾸시마 괴담의 본질]이다. 소시오패스 / 사이코패스의 특징을 골고루 다 갖추고, 사악한 공산주의 이론으로 무장한 자들이니 당할 자가 없다. [홍보나 팩트]로 맞서 봐야 갈라진 논에 물 한 바가지 퍼붓는 정도밖에 안 된다. 뇌 구조 자체가 돌이킬 수 없도록 변질해버린 자들이라 사람 사이에 통용되는 말로는 [소귀에 경 읽기]다. 모조리 **전기 충격기로 머리통을 지지기라도 하면** 돌이켜 전향할 자가 한 사람쯤은 나올지도 모를 소같이 미련한 자들이다. *(참고: 여기서 말하는 "전기 충격기"는 매우 효과가 있을 거 같아 "법륜 스님 강연"에서 따온 거다)*

광우병 시위를 기획했던 장본인의 증언 -2023년 7월 3일 tv조선뉴스

[나는 방사능 오염수 방류를 반대합니다]라는 **구호 자체가 가짜 뉴스**이고 **허위 사실 유포 행위**다. [원전 처리수]를 [방사능 오염수]라 부르는 자체가 허위 사실이기 때문이다. 저것들이 자멸의 길을 가도록 방치하는 것도 한 방법이긴 하지만, 그사이에 더욱 피폐해질 국민정신은 어떻게 하겠는가. 그러니까 혁명가가 필요하다는 말이다. 국민을 개돼지 취급해도 멀뚱멀뚱 쳐다만 보고 있던 국민이여, **회개하라~ 몰상식, 몰지각에서 벗어나라는 뜻**이다. 지금은 위기 상황이다.

지도자 그룹이 그 장단이니 일반 국민이야 말해 무엇 하겠는가. 이 나라 수도 도심 곳곳에는 전국에서 모여든 좌익과 우익 단체의 시위로 소음과 혼란이 끊이지 않고 있다. 이게 과연 **[다양한 목소리의 자유 민주국가]**일까? 아무리 보아도 본 게 없고 들어도 들은 게 없으니 몰지각하다는 것이고 그 뇌 구조가 애초부터 달라서 변화시킨다는 것이 불가한 자들을 위해서도 그 좋아하는 사상에 따라 북으로 보내는 법안을 통과시켜야 한다. 그런 법이 발의된 줄 아닌데 왜 잠자고 있을까?

　충신의 상징인 **광화문광장**이 **[귀신 추모 공원]**으로 이용되고, 대통령이야 위험에 노출되든 말든 대통령실 앞에서도 맘 놓고, 대놓고 광란하라며 **몰지각한 판사 나리**가 판까지 깔아주었다. 대통령 관저 100m 이내 집회·시위 금지하는 법 해석하기를, 대통령 집무실은 관저에 포함되지 않는다는 것이다. **집무실이나 관저**는 그게 그거 아닌가? 대통령이 있는 곳이면 똑같이 보안 경계구역이다. 집무실과 관저가 함께 있던 청와대 시절에는 둘 다 경계구역에 포함된 거다. 지금은 그 집무실과 관저가 분리되었다. 분리되어도 이 나라 대통령이 거(居)하는 곳이다. 그런데 하나는 경계구역이고 다른 하나는 단어가 틀린다고 해서 경계구역이 아니라는 이런 **멍텅구리 해석**이 세상 어디에 또 있겠는가? 단어 속의 다른 의미는 보이지도 않는 그따위 눈으로 어떻게 선과 악을 구별하는지 경악할 노릇이고, 판사 노릇이 참 쉽다는 생각도 든다. 그러니까 고도로 사악한 문맹자들이 국회의원도 하고 판사도 하고 대학교수 노릇도 해 먹는 이 땅이 얼마나 캄캄한지 깨달을 수 있겠는가?

　그래서 더 발광들이다. **[가면무도회의 발광 쇼]**는 연속 공연이다. 조용할 날이 없다. **[서울 시장]**이라 해서 눈이 더 밝은 것도 아니다. 차기 대통령까지도 배출시킬 만큼 중요한 선출직 공무원으로 알고 있으나, 이 땅의 **[민주주의, 자유의 가치]**가 왜 저따위로 변질했는지, 바로 보고 바로잡을 눈과 머리가 없다. 이쪽저쪽 눈치나 살펴서 지지도나 끌어올리고 그것을 더 오래 유지할 궁리나 할 뿐이다.

지난 5년 동안 재미를 본 문맹자들이 그때의 추억을 못 잊은 듯 새 정부 들어서도 똑같은 패턴으로 선전 선동에 열을 올린다. "불났으니 소방서가 책임지라는 더불어민주당"이라 비판한 [이철영 칼럼] 기사 내용을 잠시 인용한다. 이철영 칼럼니스트는 [자유언론 국민연합] 대변인 실장이다. - 2022-11-27 뉴데일리 정상윤 기자

'불 났으니 소방서가 책임지라'는 더불어민주당

국민을 철저히 무시하는,
더불어민주당의 입법 독재와 후안무치 횡포가 끝이 없다.
최근 MBC 기자의 망동을 기화로
대통령의 출근길 문답('도어스테핑')이 중단되자,
'도어스테핑'을 줄곧 비판해온 더불어민주당이,
이를 '언론 자유의 주적'이라고 비난했다.
그리고 '핼러윈 데이' 이태원 참사가 대통령실 용산 이전 때문이라며,
국정조사 계획서를 국회에 제출했다.
'불났으니 소방서가 책임지라'는 식이다.

민주당 최고위원의 거짓말과 막말

장경태 더불어민주당 의원은,
윤석열 대통령 해외 순방 중 김건희 여사가 캄보디아 심장질환 소년과 함께 찍은 사진에 대해,
외신(?)과 전문가(?)들을 들먹이며 이런 거짓말과 막말을 쏟아냈다.
"최소 2~3개 조명까지 설치, 사실상 현장 스튜디오를 차려놓고 찍은 콘셉트 사진이다." "빈곤 포르노다."
주한캄보디아대사는,
김건희 여사의 캄보디아 심장질환 소년 방문과 관련해 이렇게 논평했다.
"이 문제가 지나치게 정치 이슈화됐다.
우리는 김 여사의 친절을 감사하게 생각한다."

장 의원은 대통령실로부터 허위사실 유포로 고소당했다.
참으로 국제적으로 망신스러운 일이다.

방송법 개정안 밀어붙이기

최근 더불어민주당은,
KBS·MBC 등 공영방송 사장을 쉽게 바꾸지 못하게 하는 내용의 '방송법 개정안'을 통과시키겠다고 했다.
더불어민주당의 주장은 이렇다.
"윤석열 정권의 방송 장악 시도가 갈수록 가관이다. 더는 두고 볼 수 없다. 공영방송 독립성과 중립성을 보장하기 위한 제도 개혁에 착수한다." 일반 국민이 얼핏 들으면,
방송사 사장 임명의 공정성을 높이겠다는 것처럼 들리겠다.
하지만, 민주당의 흑심은 따로 있다.

현재 공영방송 사장은 이사회 제청으로 대통령이 임명하도록 돼있다.
그런데 더불어민주당은,
9~11명인 공영방송 이사회를 없애고
25명의 운영위원회를 설치,
운영위원 3분의 2 이상의 찬성으로 사장을 선임하겠다는 것이다.

운영위원 임명도, 더불어민주당 측이 장악하고 있는 방송통신위원회(방통위)가 하고, 운영위원 추천권도,
국회와 함께 대부분이 더불어민주당 편인 방송관련 단체, 시청자기구, 언론학회 등이 나눠 가지도록 한단다.
결국 대통령이 공영방송 사장 인사에 영향을 미칠 수 없게 하려는 것이다. 이는 결국 친(親)민주당-친(親)민노총 사장을 선임하겠다는 꼼수다.
이랬다저랬다, 그때그때 다르다

더불어민주당은,
야당 시절인 2016년에도 유사한 내용의 방송법 개정안을 발의하고

조속한 법안 통과를 외치면서 의원 12명이 국회에서 농성까지 했다.
당시 개정안 대표발의자가 지금의 박홍근 원내대표다.

그러다 문재인 대통령이 당선되어 더불어민주당이 여당이 되자 돌연
입장을 바꿔, 전 정부가 임명한 KBS 및 MBC 사장을 쫓아냈다.
언노련 휘하의 방송노조 시위대는,
이사들 직장과 집으로 몰려가 행패를 부리며 사퇴를 압박했다.
이런 식으로 방송사 사장과 이사들을 몰아내고 자기편 인사들을
그 자리에 앉혔다.

그 후 KBS와 MBC는 노골적으로 문 정권의 나팔수 역할에 충실했다.
그러다 더불어민주당이 대선에서 패하자,
지난 4월 소속 의원 전원 명의로 다시 방송법 개정안을 발의한 것이다.
문재인 정권 때는 공영방송 사장 인사를 멋대로 좌지우지하다가,
정권을 잃자 윤석열 정권이 공영방송 사장 인사에 손대지 못하게 하겠
다는 것이다. 이뿐만이 아니다.
YTN 민영화도 국회 동의를 받도록 하는 법안까지 만들겠다고 한다.

이와 같은 더불어민주당의 방약무도(傍若無道)에 대해
국민의힘 과방위 의원들은 이런 성명을 냈다.

"민주당이 추진하는 방송법 개정안은,
민노총 언론노조의 '공영방송 영구장악 법안'이다.
악법 중의 악법이다. 방송을 장악하려는 민주당의 검은 속내를 드러낸
것으로, 절대 받아들일 수 없다."

더불어민주당의 입법 독재
하지만, 사실상 역불급(力不及)이다.
의석수 우위를 무기로 막무가내로 밀어붙일 기세다.
아무리 더불어민주당이 내로남불 집단이라지만,
대한민국 헌정사에 이와 같은 뻔뻔한 입법 독재는 없었다.

문재인 정권 시절 더불어민주당이 자행한
수많은 입법 독재나 후안무치 망발과 생떼들에 비하면,
'방송법 개정안' 문제는 빙산의 일각일 수도 있다.
국민은 안중에도 없는 더불어민주당의 횡포를 보면서,

**'국민은 4~5년에 한 번 투표하는 날만 주인이고 투표가 끝나면
다시 노예로 돌아간다**'는 말이 새삼 떠오른다.
장 자크 루쏘(Jean-Jaques Rousseau)의 말처럼
'미친 자들 세계에서 제정신을 갖는다는 것 자체가 미친 것'인지 모른다.

그렇다고 하더라도 과반 의석 야당의 이런 무소불위(無所不爲) 횡포를
더 이상 그대로 두고 볼 수만은 없다.
이재명 정권 탄생을 막아낸 국민이 더불어민주당의 폭주에 제동을
걸어야 한다. 다시 힘을 모으면 할 수 있는 일이다.

- 칼럼 끝 -

 교묘하게 국민을 속이고 민심을 왜곡, 거짓말이나 일삼으며 자기들이
만든 법을 상황에 따라 뒤바꾸는 작태는 **정치 행위**가 아니다. 난동 조
장 **선동**이고, 이미 세뇌된 자들을 표몰이 전위대로 만들어 그 결실이나
따먹고 보자는 **수작**이다. 저 간악한 문맹 집단이 저지르고 있는 선전·
선동행위를 법률적으로 정확하게 따지면 [**불법 난동자들을 사주하는 공
동정범**]이다. 그 속에는 고정간첩들과 그들의 선동에 놀아나는 좀비들
이 서식하면서 힘을 더하고 있으니 선전·선동이 먹히는 것이고 이것들
은 먹잇감을 찾는 하이에나 떼처럼 기회가 있을 때마다 어김없이 **떼·법**
을 통과시킨다. 지난 5년 동안 권력을 휘두른 주사파 정권이 그 전통
을 물려주었고 이를 이어가려고 수작질을 계속한다. 이해하겠는가? 저
민의의 전당을 접수한 문맹자들이 바로 먹잇감을 찾는 하이에나 떼라
는 사실을? 문맹자라 해서 단순히 무식하고 순수한 사람들이 아니라,

사악하고 몰지각한 자들을 일컫는다는 사실도 알았을 것이다. 저 민의의 전당이라는 **허울뿐인 국회의사당**에는 그런 자들이 구더기 끓듯 버글거린다는 사실에 분노할 때 우리의 양심이 바로 눈을 뜨는 것이요, 이 땅에 정의를 실현할 명분이 선다.

충신의 상징인 광화문광장이 [귀신 추모공원]이나 사이코패스 / 소시오패스들이 촛불이나 들고 나대거나, 이를 방관할 수 없는 보수단체의 시위장으로 변한 지가 오래되었다. 보수단체의 맞대응 태극기 시위, 그거라도 없었으면 이 나라가 어떻게 되었을까?

[자기 성찰의 시간] - 기도할 때나 밝히는 촛불이 언제부터 저렇게 공산주의 선전·선동에 놀아나는 좀비들의 시위 수단으로 변했는지, 인간의 사악함은 그 끝을 알 수가 없다.

2. 중국발 미세먼지 속의 공산 이념 바이러스

앞서는 자들부터 그 육신의 눈조차 캄캄했으니 따르는 자들이야 말해 무엇 하겠는가. 이 틈을 노린 이리떼들이 저 북쪽과 서쪽에서 선발대 첩자들을 보내어 혼란을 부채질하면서 진작부터 호시탐탐 기회를 노리고 있었는데 지난 5년 동안 아예 대문을 활짝 열어 놓고 무더기로 불러들인 거다. 음식점을 가장한 **[중국의 비밀경찰 조직]**이나 공산주의 **[체제 선전 도구로 이용되고 있는 공자학원]**이 바로 그것이다.

공자학원 조사 시민모임
CICI (Citizens for Investigating Confucius Institutes)

위와 같은 **[척결 포스트]**가 등장한 것만 보더라도, 늦게나마 이런 문제가 제기된 것이 다행이고, 공자를 빙자한 **[한국문화 침탈 행위]**가 얼마나 심각한지를 알게 하는 증거다. 중국 국적자에게 선거권을 준 것은 전 정권의 매국 행위이고 중국 공산당의 조작 냄새가 난다. 사악한 문맹자들이 불러들이거나 묵인한 고정 간첩은 또 얼마나 많은지 모르지만, 그 정체가 하나씩 드러나고 있다. 무너진 곳을 바로 세우고 있는 새 정부가 이런 것들을 계속해서 밝혀내는 중이다.

news.naver.com
포토뉴스   2022.06.02.   1024X894
[팩트체크] 중국 동포 밀집 지역만 민주당 후보가 당선됐다고?

공산주의 사상에 철저히 물든 국내 중국인들에게 선거권을 주어서 본 선거에 영향을 미치게 한 사실이 드러났다. 왜 그랬을까? 선거 조작에 참여시킬 사람이 부족했던 것일까, 아니면 시진핑에게 아부하기 위해서 인지 의구심을 지울 수가 없다.

[중국은 높은 산봉우리요 우리는 작은 나라?] 이게 무슨 개·쪽팔리는 소리인가 말이다. **[조공 외교]** 수준도 아니고 김정은 대가리보다 못한 **[머저리 외교 행위]**다. 왜냐고? 윤석열 새 정부의 외교무대, 그 당당하면서도 대접받는 위상을 보고 있는 사람은 그냥 비교만 해도 다 보이기 때문이다. 지금도 그 하수인들 행태가 가관이다. 저들이 부르기만 하면 득달같이 달려가서 머리를 조아리는 굴종의 천재들, 간신의 표상 같고 시진핑의 아바타 같다. 또라이가 따로 없다.

3. 대통령 여론조사의 비밀(문재인 지지율 45.7%) 이것을 넣고 빼고

https://www.youtube.com/watch?v=nVd34GFHR7Y

NewDaily

TV 칼럼 경제 정치 사회 글로벌 북한 미디어 문화 연예 피플

문재인 청와대, 여론조사에만 56억6700만원 썼는데... 보안 이유로 "비공개"

靑 "정치적 목적 조사 없어... 정부 정책 여론동향만 파악" 주장
박근혜 땐 120회에 5억... 56억이면 무려 1200회나 여론조사 한 셈
당위성 인정받으려면 여론조사업체, 비용, 조사 결과 공개해야

당시의 여론조사 업체들은 **청와대 수금 다니는 게 일과**였을 것이니, 업체로서는 찐 고객에게 조작이라도 한 진상(進上品)을 갖다 바쳐야 한다는 압박감이 생긴다. 그래야만 **[계속 수금]**이 가능할 게 아니냐 이 말이다. 쓸데없는 쇼핑처럼 보이는 **1200회 여론조사**의 이유가 기막히게도 **[여론 동향 파악]**이었다는 데, 이게 무슨 의도인지 당신인들 곧이 듣겠는가? 말이 동향 파악이지~

[지지율 잘 나오게 알아서 여론 가공하라는 로비성, 겁박 미끼]가 아니고 뭔가? **[여론 동향 파악]**은 민정수석실만 해도 충분한데 쓸데없이 왜 헛돈을 쓰겠는가. 그것은 이름뿐이고 조작을 위해서는 긴밀한 파트너 관계를 유지할 필요가 있는 것이다. 이권 카르텔이 아니라 권력 유지를 위한 카르텔 - 너무도 중요한 관계였던 거다. 이다지도 치밀하고 교묘했으니 **실제 지지율은 바닥이라도 상관이 없다.**

바닥 친 지지율을 그대로 발표하는 업체가 있다면 그날부터 거래는 즉각 차단되고, 잘못하면 ⁶⁾**경기방송**처럼 문을 닫아야 한다. 전문 장사꾼이 아니라도 상거래 생태계가 이런 거란 사실은 누구나 다 아는 상

---

6) **경기방송** : 신년 회견 때 대통령에게 날 선 질문 한 번 했다가 문을 닫게 된 거 아니냐는 의구심을 낳은 지방 방송국. 여기자 질문 이후 자진 폐업한 사실, 중앙일보 보도.
https://www.joongang.co.kr/article/23740221#home

식이다. 장사꾼 심리와 상거래 생리를 아주 사악하게 이용했던 것이니 업체는 쇼핑의 큰손에게 [좋은 (진상품) 지지율]로 보답할 수밖에 없고, 손님은 **너무도 쉽게 [손 안 대고 코 풀고]**, 꿩도 먹고 알도 먹는 기발한 방법을 터득하게 된 것이다. 여론 조작, 그것은 이 어둠 속 인간 세상을 지지율 하나로 얼마든지 쥐락펴락할 수 있음을 간파한 것이고, 이를 권력 탈취부터 유지까지 모든 프로세스에 활용했을 것이다. 촛불 난동 조장과 권력 탈취, 그리고 그것을 유지, 관리하는 도구로는 최고였을 것이다. 별로 웃길 일도 없는데 헛웃음을 터뜨리고, 여유롭게 해외여행 다닌 것도 믿는 구석이 있었기 때문이다.

[소득주도 성장의 폐해]를 정확하게 발표한 통계청장을 아웃시키고 저들 입맛대로 다시 임명한 통계청장의 취임 일성으로 내놓은 진상품을 기억하는가? [좋은 통계로 보답하겠다]는 거였다. 국가의 백년대계를 설계할 기본 통계를 **큰 손 입맛대로 조작**해서 진상으로 갖다 바치겠다는 공개 발언이다. **경천동지할 사건이 아닐 수 없다**. 그 者도 100년 집권 어쩌고 한 늙은 문맹자의 말 한마디에 마취되었거나 아니면 진짜 마약 먹은 소리를 한 거다. 정상적인 인간의 머리에서 나올 말이 아니지 않은가.

신정부에서 그 모두를 감사하고 있는데, 그 한마디 말만 해도 그동안의 비리가 어느 정도일지 그 **조작 지지율의 진실을 충분히 증명**할 수 있을 것이다. 이해할 수 있겠는가? 통계 조작은 나라의 근간을 흔드는 **최악의 국정농단**이다. 불과 5년 동안 저질러진 비리가 파도 파도 끝이 없고, 그 죄악상이 산더미처럼 쌓여 간다. 지금은 작은 영웅들이 맹활약 중이니 그 끝은 어디까지인지 지켜볼 일이고, 이제부터는 안심하고 잠을 잘 수 있을 것 같다. 공감하는가?

❶ **문재인의 청와대 또터졌다! 여론조사비용 56억원** #문재인대선개입
정성산TV   https://www.youtube.com/watch?v=087N4R6PjNI&t=74s

❷ 여론조사회사의 '문재인 지지율 조작' 덜미 잡혔다!
　　(위 문장을 그대로 유튜브 검색창에 입력하면 된다)

　저 문맹자들이 선거까지 조작할 수 있었던 것은 여론조사업체의 개입과 이를 관리 감독해야 할 선거관리위원회의 묵인 또는 동조 없이는 불가능하다. 곳곳에서 암약하고 있던 좌익분자들이 있었기 때문에 가능한 것이다. 신정부도 이를 감지하고 있겠지만 급한 것부터, 먼저 곪아 터진 것부터 차근차근 수술을 진행하고 있다.

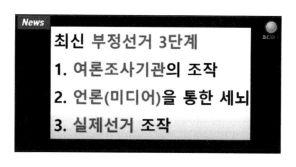

　특히 정치 분야는 여와 야, 보수와 진보가 극한 대립하고 있어서 어느한 편을 일방적으로 두둔하기는 어렵다. 그러나 이 땅의 **진보나 좌파**라는 집단은 언제부턴가 **공산주의 추종 세력으로 변질한 상태다.** 그들의주장하는 바가 바로 **공산주의 사상을 차용**하고 있기 때문이다. 이 사실을 모르고는 당신의 영안(靈眼 : 영적 안목)을 밝힐 수도 없으며 빛의세상으로 나아갈 수 있는 진정한 기도가 불가능하다. 기도와 정치가 무슨 상관이냐고 의아해하실 분도 있을 것이다. 지금은 암흑시대다. 이사실을 수시로 재인식할 필요가 있다. 당신이 얻고자 하는 진정한 기도, 고차원적 기도 방법을 터득하려면 표면적인 안목을 먼저 키워야 한다. 그 가는 곳이 지옥인지 천국인지도 모르고 사악한 무리를 따르다가손해 보는 것보다 백배 낫다. 가다가 아니다 싶으면 포기해도 상관없기때문이다. 공산주의 사회에서는 종교의 자유가 없다. 그러니까 이 땅의진보는 그 공산주의 선전·선동 문구를 정권 탈취 수단으로 활용한다.

지난 5년, 한국에 무슨 일 있었나#shorts
https://www.youtube.com/shorts/rB7dkUVXiyM

4. 진정한 종교인은 다 어디 가고

 정치 상황에 둔감하거나 관심이 없는 사람도 지금부터는 제대로 된 상황 인식이 필요하다. 나라 돌아가는 꼴을 알고, 힘을 보태야 나라가 온전히 보존되고 그래야 당신의 몸도 영혼도 안녕할 게 아닌가. 이것은 일반 상식인데도 **일부 종교인들이** [**정치에 간여하면 안 된다**]고 주장한다. 정치가 아니라 **테러 수준의 국가 파괴행위**가 자행되고 있는데도 한가한 소리나 하고 자빠졌던 것은 저 간악무도한 좌익분자들의 세뇌 때문이다. 정치와 종교는 분리되어야 한다면서 종교인은 정치에 간여하지 말라는 거다. 이 말 한마디에 집단 마취된 상태다. 이제는 깨어나야 한다. 계속해서 취해 있으면 식물인간이나 다름없다.

 여론 조작과 언론을 앞세운 선전·선동으로 이 땅의 백성들을 무감각, 몰지각의 늪으로 몰아넣고서 박근혜 전 대통령을 국정농단이라는 죄목에도 없는 죄를 덮어씌웠던 것인데. 그 같은 논리라면 저 문맹자들이 저지른 국정 농단은 극형에 처해야 할 자가 한두 놈이 아니다. 최근의 한 정치인의 직설, [문재인은 총살감]이란 말이 일리가 있다. 종교인이라면서 착해빠진 소리나 할 때가 아니다.

 구국기도회는 왜 하는가? 헌금 거두려고? 이런 비판을 받기 전에 당신들 말대로 회개해야 한다. 회개라는 말뜻도 모르고 있었으니 그것은, 제대로 눈을 뜨고 보라는 뜻이다. 사제단인가 뭔가 하는 하나님 빙자로 돈이나 갈취하는 가짜 종교인이 설쳐대도 멀뚱멀뚱 쳐다만 보고 있었던 거 아닌가? 진심으로 회개해야 한다. 소위 영적 지도자라 자처하는 자들이 같은 소경들을 어디로 인도할지 안 봐도 뻔하다.

 영적 눈이 아예 없다면 몰라도 그나마 신을 믿는 자들 아닌가? 이 땅의 종교인 모두는 서울 한복판에 북의 폭탄이 떨어져야 전쟁이 일어난 줄 알고 남 탓이나 할 것은 아닌지 깨달아야 할 것이다. 그나마 종교계에서 유일한 목사 한 분이 저 문맹자들과 전투를 벌이고 있다. 그 이름은 전광훈 목사다. 이런 리더가 있다는 사실이 천만다행이고 안도와 위안을 준다. 이 땅의 어둠이 얼마나 깊은 상태인지 알겠는가?

대놓고 음모론을 퍼뜨리는 문맹자 말만 듣고 사태를 왜곡하여 퍼뜨리거나, 부화뇌동하여 날뛰는 눈먼 자들이 구석구석에서 튀어나온다. 하나님을 믿는다는 자가 **[비나이다 비나이다 대통령 탄 비행기가 추락하길 비나이다]** 이따위 저주 글이나 SNS에 올린다. 사회적 비난이 일게 되자 뒤늦게 그 한 사람 제재하는 것으로 끝났다. 아무리 표현의 자유라 해도 어찌 이다지도 왜곡된 편견에 사로잡힌단 말인가. 이런 집단은 자체적으로 혁신하지 않으면 도태되어야 한다. 이런 자를 성직자라고 헌금 갖다 바치던 사람들, 지금도 거길 들락거리고 있다면 그 자체가 죄악을 부추기는 집단에 가담하고 있다는 사실을 자각하지 않으면 안된다. 그 한 사람의 문제가 아니지 않은가. 그런 자를 성직자라고 보직을 주고 사람들 앞에 서게 했다는 사실 하나만으로도 그 토양 자체를 갈아엎어야 한다. **그런 것이 [진정한 개혁]이다.** 개혁이라는 이름으로 무슨 짓을 하는가? 저 북의 김정은을 추종하는 짓거리나 자행하는 것은 국민을 개돼지로 여기는 사기 행위이고 죄악이다.

종교가 언제부터 성역이 되었나? 감당하지 못할 이익단체 아니면 압력단체, 생색이나 내는 봉사단체로 전락한 지 오래되었으니 스스로 더 완전한 곳으로 나아갈 수가 없다. 어둠의 실체를 알겠는가, 아니면 현실이라도 직시하고 있는가. 뭐 하나 보통 사람과 다를 게 없다.

인간의 자격까지 의심되는 어둠 속의 인간 군상들 (유튜브 방송)

김광일쇼] 통계청장 출장 간 사이에..
　나라의 근간을 조작한 정권(조선일보) https://youtu.be/yBhrAA3KXVl

수준이 처참한 김남국의 이재명 실드...(한국의 국회의원 수준--23년1월23일)
　(뉴스 https://www.youtube.com/watch?v=yccUUbC4lcl

5. 한 외신 기자의 객관적으로 본 한국인

한 외신 기자가 임무를 마치고 대한민국을 떠난 후 이런 말을 전했다고 한다. **[이 민족은 생각 없는 민족]**이라는 거다. 우리가 얼마나 깊은 어둠 속에 갇혀 있었는지 알겠는가? 아래 URL 주소로 확인하자. 시청 방법을 모르면 가족이나 이웃의 젊은 사람에게 **도움을 요청해서라도** 반드시 확인하자. **한글 문장을 그대로 입력**하여 검색해도 된다. 이것을 건너뛰어 다음 장으로 가 봤자 **[수박 겉핥기]**밖에 안 된다. 지난 5년 세월 동안, 이 나라가 얼마나 무너지고 있었는지 그 일면을 여실히 보여주고 있다. 좌익 좀비들이 들끓는 공영방송만 보던 사람도 유튜브 실상을 보노라면 눈이 떠질 것이다. 그런 유튜브 중에서도 사실을 사실대로 정확하게 분석해 보여주고 있는 **[성창경TV]**나 **[김광일 쇼]**, 그리고 **[전원책TV]**,**[전옥현 안보정론]**, **[누리TV]**, **[고성국TV]**, **[신의 한수]**, **[김채환tv]**, **[시대정신 연구소]** 등이 KBS나 MBC 기타 어떤 공영방송보다 뛰어난 점이 있다. 한쪽으로 치우치지도 않고 정확하고 간결한 촌철살인, 시사 분석 권위자의 동영상을 한 번쯤 시청해볼 만하다.

한국 근무 마치고 돌아가는 유럽 기자가 한국에 대한 평가 3무 1무 1유
2023년 1월 31일 https://www.youtube.com/watch?v=u_6phF928fE

김경율 "처럼회는 그냥 양아치죠"
https://www.youtube.com/shorts/aOGGdEujDhQ

위 동영상 확인 후에도 **[처럼회]**라는 집단에다 후원금을 보낼 사람이라면 여기서 책 읽기를 접는 것이 좋을 듯하다. 코로나보다 더 지독한 망령이 그 영혼을 지배하고 있기 때문이다. 마음의 문은 닫혀 있고, 고정관념으로 굳어진 뇌는 이미 노인이라 어떤 명약도 소용없다. 이 책은 진정으로 마음이 열려 있는 사람에게 등대 역할을 할 뿐 그렇지 못한 사람에게는 효험이 없다. 그런 징크스가 있는 책이다. 당신의 영혼도 쪼갤 수 있는 칼이 내재되어 있기 때문이다.

6. 당신이 설령 빨갱이라 할지라도

"아무리 그래도 나는 개혁파다, 좌파다" 또는 "이○○ 지지자"라고 말해 왔어도 **이 책이 계속 읽어지기만 하면 무조건 된다. 무엇이?** 한 번 읽고 난 뒤에도 무언가 깨달아지는 게 없으면 또 읽어서 마음의 문이 열리기만 하면 된다. **마음의 문을 여는 방법쯤은** 이미 깨달았을 것이다. 당신의 영혼이 온전해야 [**진정한 기도**]가 가능하고 진정한 자아를 회복하는 것이니. 다음 문제는 저절로 해결될 것이다. 그 결과물로 얻어지는 것, 첫 번째가 마음의 평화와 진정한 행복이다. 당신 속의 편견과 아집, 무감각과 몰지각의 먹구름으로부터도 초월하고 있어, 겉보기에도 물론 다른 사람처럼 보이게 된다. 그만큼 당신의 영혼은 더 높이 업그레이드될 것이다.

자유 민주국가에서 정치적 성향은 자유지만 국가가 정상이어야 당신도 존재한다. 이 말끝에 "그럼, 지금까지는 비정상이었냐"고 항변하겠는가? 비정규직이었던 자가 문재인 정권하에서 정규직으로 승격되었다면 당연히 그런 항변을 할 만하다. 은혜를 입었으니 무조건 지지할 명분이 생기기도 할 것이다. 그러나 그런 자들에게 무슨 국가관이 있을까? 나라야 망하든 말든 내 앞길만 터졌으면 그만이라는 자에게 무슨 나라 사랑까지 바랄 수 있겠는가 말이다. 그 5년 동안에 저질러진 국가 파괴행위, 국정농단 사태로 인한 400조 빚이 자기와는 전혀 무관하다고 생각하거나 아니면 아예 생각조차 없을 것이다.

만약 당신의 미래를 알고 싶으면 당신의 과거를 뒤집어 보라. 그것이 바로 당신의 미래다. 별로 달라질 게 없는 우리네 삶의 참모습이다. 그와 같은 논리로 이 나라의 미래를 알고 싶으면 지난 5년을 뒤집으면 된다. 만약 같은 좌파가 정권을 잡았더라면 그 지난 5년이 또 우리의 미래가 되는 것이다. 지난 정권에서 어떤 일이 벌어졌는지 당신은 알고 있는가? [**국가 파괴**]나 일삼던 자들, 그 후계집단이 야당 되었기에 망정이지 또다시 이어받았더라면 지금 어떤 사태가 벌어질지 상상이나 해보았는가? **그게 아닌데도** 그때 얻은 수를 앞세워서 자기들 죄나 덮으려고 [떼·법]을 통과시키고 괴담이나 퍼뜨리며, 시위나 선동하는 자들 아닌가? 왜 괴담인지는 앞에서 이미 설명한 바가 있다.

또, [국회 파괴, 입법 독재]가 무엇인지 모를 정도로 저 빨갱이 쪽으로만 눈이 가 있었다면 아래 영상을 보고 **역지사지**의 태도로 한 번쯤 생각해 봐야 할 것이다. 이것만 잘 분석해도 된다. 꼭 망치로 건물을 때려 부숴야 파괴로 보던 눈도 **법치라는 망치로 입법 취지를 파괴**하는 그 야만적 행위가 보일 것이고, 그것이 결국에는 자멸의 길이 된다는 사실도 알게 될 것이다.

그러니까 이 땅의 좌파, 진보는 개혁과는 거리가 멀다. 진정한 개혁(改革)의 청사진이나 철학 같은 건 개뿔도 없다. 어리석은 국민 눈속임으로 [소득주도 성장]이라는 사탕을 늘어놓고 뒤로는 국가 파괴행위나 자행하던 자들이다. 지난 5년 동안 [적폐 청산]이라는 **허울 좋은 이름**으로 저질러진 애국자 숙청작업, 그 대표적 사례가 바로 간첩 잡는 것이 주 임무인 [국정원 해체 작업]이었다. 왜 빨갱이라 하는지 알겠는가? 정말 무서운 자들이다. 눈을 크게 뜨고 보자.

국정원 '적폐청산'은 이렇게 진행됐다 https://youtu.be/eTjMjWKJpfM
[성창경 TV]다. [국정원 적폐 청산]으로 검색하면 다른 영상도 많다.

국정원 '적폐청산'은 이렇게 진행됐다

- 위 문장 그대로 포털 검색창에 입력, 검색해도 볼 수 있다.

7. [개혁의 탈]을 쓴 빨갱이들에게 두 번 당하면

당신은 어느 쪽인지 모르겠으나 이 땅의 수많은 사람이 **[좌파 사상]**에 매몰되어 있다. 그 이유가 무엇일까? 오로지 **[기본소득보장]**이라는 달콤한 미끼 때문이다. 공짜 좋아하지 않을 사람이 어디 있겠냐마는 그 돈이 누구 주머니에서 나올지 생각해 보았는가? 전 정권이 해먹은 400조 빚은 또 어떡하고? 그리고 당장 무슨 돈으로 충당할 것인지 이런저런 경우 다 생각해 봐야 할 것이다. 나라 곳간이야 거덜이 나든 말든 내 주머니에 공짜 돈 들어오면 최고라는 사고방식이 언제부터 **유행**했는지 아는가? 바로 지난 5년 전부터다.

저들이 제시하는 **[공짜 돈의 성격이 과연, 다 같이 잘 살자]**는 의미인지, 그리고 그 사상이 **[공산주의 이론]**이란 사실을 알기나 하는지 이것이 문제다. **[이론으로야 "공산주의"면 어떠냐, 설마 저 북한처럼 되겠냐~]**고 **낙관 아닌 몰지각 상태**에 빠진 사람이 부지기수다. 저들의 의도는 단순히 정권 탈취 수단으로만 활용하자는 것이 아니다. 미래를 알고 싶으면 지난 5년을 뒤집으면 그대로 보인다고 했다. 공산 추종자들만 해도 이 나라를 어떻게 파괴했는지 다 아는 일이지만, **완전 장악** 후에는 어떻게 될지 상상이 안 된다.

지난 5년 동안의 달콤한 구호, 그 [적폐 청산]이 바로 [지옥과 같은 숙청작업]이었다는 사실을 누구라도 쉽게 깨닫기는 힘들 것이다. 당신도 애초부터 눈이 감겨 있었고 그동안 공산정권 수립에만 눈이 뒤집힌 자들의 음모와 조작 여론에 마취되어 있었기 때문이다. 공짜를 제시할 때는 그 저의가 무엇인지부터 재빠르게 간파하는, 이것이 **지혜로운 자의 처신**이다. 사기꾼은 항상 당신의 욕망을 자극한다. 자기 욕심 때문에 사기당하는 것이니 사기꾼을 나무라기 전에 속지를 말아야 한다.

혹시 당신이 소위 [개·딸]이라는 집단에 오염되어 있다면 그 지도자의 행각 중에 정육식당을 이용한 **법인카드 이용 수법이 얼마나 치밀했는지 알아보자.** 아래 동영상을 확인한 후에도 나는 죽어도 좌파라는 분은 지금 이 책을 덮어버리는 게 좋을 것이다. 그런 경우는 아예 영적 눈이 존재하지 않을 만큼 폐쇄된 상태라고 보면 된다. **[이재명 법카]**라고 검색하면 관련 동영상이 많다. 국민 누구에게나 그 **[기본소득 보장]**이라는 미끼는 아주 매력적이고 탐이 나는 먹이다. 그러나 URL 바로 아래 사진을 한번 보자. 그냥 한눈에 파악이 된다. 먹음직스러운 고깃덩이밖에 안 보이는 경우는 저 쥐들밖에 없다. 이것이 또한 어둠 속 인간의 속성이라는 사실을 깨닫는 것은 당신의 몫이다.

이재명) '정육점 아닌, 정육식당을… 이런? ~헐~
https://youtube.com/shorts/i6ae0xjh9Tw?feature=share

　끈끈이 덫에 붙어버린 쥐들 저쪽에는 동료가 죽어가고 있는 줄도 모르고, 또 다른 쥐 한 마리가 고기 냄새를 맡으며 곧바로 뛰어들 자세를 취하고 있다. **한번 당했으면 뭐라도 깨달을 만도 한데, 불과 5년 전의 지옥을 잊어버린 이 땅의 국민정신이 저 장단이다. 나라를 망친 집단을 지지한다는 자들**, 저 미끼만 보고 뛰어들 자세를 취하는 자들이 사십몇%라는데 그 여론조사기관들, 모조리 조사해야 하지 않을까? 아직도 지난 정권의 끄나풀들이 교묘하게 살아남아 악질적으로 국민을 속이고 있는 거 아닐까?

8. 덫의 속임수가 먹히는 시대다

어쨌든 당신은 지금 덫에 놓여 있는 고깃덩이가 보이는가? 예상외로 많은 사람이 저 맛 있어 보이는 고깃덩이를 먹으려고 뛰어드는 순간이 죽음이라는 사실 따위는 중요하게 생각하지 않는다. 왜 그럴까? 이 사회가 **이기주의의 극치**로 내달리고 있기 때문이다. 이기주의와 개인주의는 다르다. 개인주의는 개인의 사생활을 중시하지만 지금 이 땅에 들불처럼 번지고 있는 [이기주의 바이러스]는 물질에 눈이 뒤집힌 인성으로 **담금질까지 된 상태**다. 그러니까 돈이 최고를 넘어서 돈이면 사족을 못 쓰고 [광란하는 물질 만능 세상]이 된 것이다. 대한민국 국민성이 언제 이다지도 변질한 것일까? 유사 이래 전무후무한 신조어 [내로남불]을 창조해낸 집단이 득세하다 보니 전 세대에 걸쳐 무차별적으로 전염되고 만성화되어서 불치병으로 진행 중이다.

저것들이 아무리 설쳐도 설마~ 이 나라가 북한처럼 되겠냐 면서 나라가 부도가 나든 말든, 대기업을 등쳐서라도 내 주머니에 돈 들어오게 해주는 자가 최고라는 극렬 지지자들의 심보가 극에 달하고, 이렇게 개인이기주의를 부추기면서 던져놓은 [기본소득]이라는 **쥐덫 속의 미끼** 가 물질 만능 세상을 급속도로 재촉한 것이다. 당신인들 알았을까?

설마가 사람 잡는다고 했다. 그러니까 지금(23년 4월23일 현재)도 여론조사를 하면 저 사악한 집단을 지지한다는 여론이 40.7%란다. 지난 정권에서 짭짤한 수입을 올렸던 여론조사 업체들이 아직도 조작 근성을 버리지 못하고 있는 것은 아닌지 의심이 들기는 하지만 절반을 조작이라 치더라도 1천 명 중 200명이나 되는 사람들이 아직도 자기들의 이익이나 대변해줄 정당에 방점을 찍는다는 것이 충격이다. 어차피 국민이 부담할 세금 폭탄은 다음 정부 일이라 선심으로 뿌린 국가 부채가 400조, 도무지 상상조차 할 수 없이 많은 빚을 남겨 놓은

얼치기 정권의 하수인들을 아직도 지지한다고? 지독하고 사악한 마취제다. 정상인의 이치로는 1천 명 중 단 한 사람도 나와서는 안 될 일이 아닌가 말이다. 여론조사기관의 조작이 전혀 아니라면 국민 의식 속에 **무슨 괴물 바이러스나 미치광이 바이러스가 침투한 게 틀림없다.** 다들 제정신이 아닌 거다. 이 나라 국민 전체를 상대로 다시 한번 물어보자.

나라를 망친 집단을 지지한다는 게 말이 될까?

 이 시대 한국인들이 아직도 [물질의 풍요를 1순위 행복조건]으로 삼는다는 게 확실하다면, 과연 어떤 당이 자기에게 조금이라도 더 이익을 줄 것인지 그것이 첫 번째 선택 기준이 될 것이고, 이게 정녕 아니라면 여론조사 업체의 농간이고 조작이다. 둘 중 하나다.

 불과 5년 만에 그토록 **국가관이 희박해지고**, 우리 국민 정서가 이다지도 간악해진 것이 사실일까? 아무래도 그 여론조사가 조작되고 있는 건 아닐까? 미꾸라지 한 마리가 온 도랑물을 흐리게 하는 것과 같이 사악한 여론조사 업체들이 전 국민을 개돼지로 여기고 자기들 입맛대로 조종하는 게 아니라면 우리 국민의 인간성이 이다지도 변할 수 있겠느냐 그런 말이다. 무엇을 진단하고 어떻게 치료해야 할지 알 수 없는 불치병이 이 땅을 뒤덮고 있는 것만은 확실하다.

 실제로 검찰 특별수사까지 받을지라도 맹세코 여론 조작이 아니라는 것부터 증명하기 위해 여론조사 업체의 그 여론조사 과정, 질문하는 과정을 먼저 공개해야 한다. 지금도 그것들은 틀림없이 [60대 이상]이라는 대답이나 지지하는 당이 보수당이라는 버튼만 누르면 자동으로 전화가 끊어지도록 설정해 놓았을 것이다. 그 자체가 벌써 조작이다.

 그리고 들통날 것에 대비하여 같은 패거리, [당 내부적인 여론조사]라고 둘러댈 변명까지 준비해 놓고 있다. 내부적 필요로 실시한 여론 조작을 왜 공개까지 하는지, 그것만 봐도 사악한 의도가 있는 거 아닌가? 저 교활하고 사악한 집단은 2차, 3차 변명거리까지 준비해 놓고 있다. **당 내부적인 여론조사?** 이따위 변명을 변명이라고 들어주며 방송까지 하는 공영방송이 버젓이 운영 중이란 사실, 알겠는가? TV를 이용할 준비까지 완벽하게 갖추고 있는 것이 저 좌익 빨갱이들이다.

　그 질문 내용과 과정을 완전히 공개해서 누가 봐도 공정하고 진실한 여론조사라 판단된다면 그다음 문제로 우리 국민의 뇌 구조에 문제가 생겼다는 사실을 인정해야 할 판인데, 어느 하나가 아니라 그 둘 다 문제가 있을 확률이 더 높다. **여론 조작과 변질 바이러스 오염,** 그리고 사악한 집단의 선전·선동을 가감 없이 방송하는 공영방송국의 무책임한 알 권리 행사가 이 나라를 혼돈으로 몰아가는 것이다. 사람으로 치면 한 가지 질병이 아니라 온갖 질병을 한꺼번에 뒤집어쓴 중환자 꼴이다.

집단적인 이기주의 + 몰지각 + 몰상식 + 무개념 + 무감각 + 공산 사회주의 이념 바이러스 감염 + 소시오패스 증후군 = 공산 주사파 [7)]좀비다. 좀비가 된 후에는 그 사악한 무리가 조종하는 대로 움직이는 아바타가 된다. **설마 자기에게 손해될 일이 있겠냐며, 자기 발등에 불 떨어지기 전에는 꼼짝도 안 하는 미련한 자들도 한 몫을 거든다.**

[소득 주도]라는 미끼에 이어 출현한 **신종 변이바이러스가** [기본소득]이다. [소득 주도]나 [사람이 먼저]라는 선전·선동에 이미 마취된 상태로 어물쩍거리던 소경들이 줄줄이 그 신종 바이러스를 흔쾌히 뒤집어 썼으니 반미치광이가 되는 것은 시간문제다. 이것을 퍼뜨린 문맹자들은 이미 지난 정권에서 그 효과를 눈으로 확인하고 즐겼던 것이니, 이 신종 마약에 거는 기대가 대단할 것이다. 그러니 지금도 50년 집권 어쩌고 하는 환각에서 벗어나지 못하는 것이다. 이런 집단을 지지한다는 자

---

7) **좀비** : 위의 중환자 증상에 해당하는 의식구조를 지니고, 사악한 공산 이념의 바이러스에 감염된 후 주사파의 선전 선동에 놀아나는 경우다. 무조건 지지한다는 소위 개·딸 또는 문빠라는 자들에게는 자신의 자아(정체성)를 상실한, 다시 말해 그 영혼을 빼앗긴 아바타로 전락하고 말아, 움직이는 시체와 다를 바가 없다는 뜻이다.

가 한 사람이라도 나온다는 것이 이상하지 아니한가? 미치지 않고서야 어찌 나라를 망친 집단을 지지한단 말인가. 영혼을 빼앗긴 인간 좀비, 사악한 이념의 덫에 걸린 쥐들이 바로 그 20, 40%가 되는 것이니 이 나라 국민이 그다지도 변할 리가 없는 것이다. 우리의 국민성이 탐욕의 눈알만 번득이는 저 쥐덫 앞의 쥐들과 다를 게 없다는 것이 말이 안 된다. 그래서 말인데 조작 쪽으로 자꾸만 의심이 갈 수밖에 없다.

  그러나 그 사악한 집단의 [100년 집권 환상]에 브레이크가 걸리고 말 았다. **윤석열이라는 [영웅의 등장]**이다. 그들이 선출하고 키워서 반전을 일으킨 기적의 인물이다. 이는 하나의 사건으로서 하늘이 돕지 않으면 불가능했을 일이다. 이제는 저 변이바이러스와 대치하고 있는 장수의 역할을 하고 있으니 그가 과연 난세의 영웅이 될 수 있을까? 과연 이 나라의 중병을 치료할 수 있을까?

  조금이라도 눈이 떠진 사람들이 진정으로 회개하고 깨어나서 영웅 윤 석열을 도와야 한다. 그러기 위해서 여기 제시하는 [새 마음 운동]에 적극적으로 동참하여 각자의 마음속에 먼저 천국을 이루고, 이 사회가 천국이 되면 아웃사이드로 떠돌던 사람들도 제정신으로 돌아올 것이다.

  [새 마음 운동], 그것은 너무 쉽고 간단하면서 저 사악한 이념의 바이러스까지 완벽하게 물리칠 수 있는 치료제요 백신이다. 두고 볼 일이지만 이 프로젝트를 계기로 제2, 제3의 치료제 개발이 활발하게 이루어지고, 잠자고 있는 지성을 일깨워서 보다 많은 사람이 저 변이를 거듭하고 있는 사악한 바이러스에 공동으로 대응해야 할 것이다.

  대한민국 안에서 치외법권 지역처럼 여겨지는 저 광주에서도 새바람이 불기를 바라는 것은 아래와 같은 평론가들이 건재하기 때문이다.

  [조우석 평론가 특별 영상] 반국가사범에 "31억 배상" 판결!
  https://www.youtube.com/watch?v=TyCS9978Oc4

9. 제삼, 제4 강조하는 [기본소득]의 허구성

전 국민에게 [기본소득]을 보장하겠다는 정책의 근간은 중국 시진핑이 앞서 주창한 [대동의 사회]라고 하는 공산주의 사상이다. 전 국민을 **[대등하게 잘 살게 하겠다]**는 선전·선동 문구다. 사람 유혹하기 딱 좋다. 이 또한 1,500년 전의 공자도 불가능 판정을 내린 바 있으며, 전 세계적으로도 완전히 실패한 사상이다. 왜 실패했는지는 마지막 남은 저 북한 사회를 보면 안다. 실패한 사실을 알아도 말조차 못 꺼내고 살아가는 저 지옥의 북한 주민들만 불쌍한 것이고, 그들을 지배하고 있는 일부 공산당원들만 배부르게 하는 질 나쁜 사상이다.

일부가 배부른 것도 사실은 헛일이다. 언제 숙청될지 모를 운명을 안고, 김정은 말 한마디에 목숨이 결정되는 불안한 삶을 살고 있다. 주민들의 삶은 바람 앞의 등불이고 상처는 곪아 터진 상태다. 2022년 7월 3일 자 상황을 채널A를 통해 알아보자. 코로나로 죽는 사람보다 아사자가 더 많다는 전언이다. 쌀이 아예 없어 살 수도 없으니 하루 한 끼 먹기도 힘들 정도라고 한다. 아래 문장 그대로 입력해도 검색된다.

[코로나로 죽는 사람보다 아사자가 더 많다? 北 주민 음성 녹음으로 공개..]
https://tv.zum.com/play/2245612

폐쇄된 공산정권의 실체를 대충이라도 짐작하겠는가? 지금은 UN 제재로 무역 자체가 막혀 있다. 러시아나 중국으로부터 쌀을 수입하거나 도움을 받을 수도 있겠지만 10살 된 딸까지 데리고 다니며 인민들은 굶어 죽는 데도 미사일이나 쏘아대고 있으니 같은 공산정권이 보기에도 미친 짓이라는 거 아닐까? 자기 발등에 불이 떨어지면 저깟 형제 나라쯤은 돌볼 여유가 없다. 그러니 [자력갱생, 자력갱생] 하는 거 아닌가. 남쪽에는 쌀 소비가 자꾸만 줄어들 정도로 다양한 먹거리가 넘쳐 나고, 너무 잘 먹어서 다이어트, 다이어트 난리들인데 저쪽은 도대체 무슨 일인가? 지옥과 천국의 구별도 안 되는 문맹자들은 도대체 뭘 배우고 어떤 세뇌를 받았기에 저곳을 추종한단 말일까? 눈을 뜨기만 하면 바로 목전에 지옥인데 이게 정녕 보이지 않는다면, 똥인지 된장인지 찍어서 먹여줘도 분간이나 할까? 사악한 문맹자들 선전·선동에 세뇌된 세대여~~ 전 인민이 다 같이 잘 먹고, 잘 사는 나라 - **[공정 분배]**의 끝이 어딘지 아직도 감이 잡히지 않는다면 그 머리통에 스스로 전기충격기를 갖다 대고 좀 지져놔야 할 것이다.

[미군 철수], **[사드 반대]**, **[백두칭송위원회]**, **[연방제 통일]**, 이따위 논리 주창자들과 이를 추종하는 세력들에게 물어보자. **[당신들이 주장하는 저 구호를 사실로 믿고 진짜 그것을 실현하고 싶은지]**를.......

만약 그 말이 지금도 유효하다면 모조리 북으로 갈 것을 요구한다. 이 땅에 남아서 이적질이나 계속하는 이유가 뭔가? 까딱하면 중죄인으로 처벌까지 받는다. 혹시 그런 일로 교도소 한 번 갔다 온 게 주요 자랑거리가 되어서 요직에 발탁되던 시절이 그리운지는 몰라도 꿈 깨길 바란다. 공산주의 선전·선동 구호를 악용하여 정권을 탈취했던 자들이 어떤 악행을 저질렀는지는 역사가 심판할 것이고, 그 이전에 모조리 교도소로 가게 될 것이다. 그것이 진정한 정의를 실현하는 하늘의 뜻이기 때문이다.

중국에 면접(?) 보는 이재명 https://www.youtube.com/shorts/Y9BCFlvoDws

"北 김영철에 공작당했다"…먹잇감 된 이재명? | 뉴스TOP 10
   (23년2/8 채널A)   https://www.youtube.com/watch?v=shNsd7OEfu8

이재명, 국방위 데뷔…"미국 없으면 북한에 지나"
   (22년8/1 TV조선)   https://www.youtube.com/watch?v=OtwetUBNlzc

중국대사에 머리 조아린 이재명...분노의 일격 날린 윤희숙
     https://www.youtube.com/watch?v=li1pt5lVfLk

저 북쪽의 2022년 한 해 쏘아댄 미사일을 돈으로 환산하면 부대비용 포함하여 **1조 원에 육박**한다. **쌀로 바꾸면 북한 전체 주민이 2년 넘게 먹을 수 있는 양식**이다. 한 사람의 살인마가 수십만 명을 죽음으로 몰아넣고 있는데도 도살장으로 끌려가는 소 떼처럼 왜 항거조차 못 하는지 그것이 궁금하지 않은가? **다시 묻는다.** 지난 5년 동안 소시오패스 집단이 나라의 근간을 뿌리째 흔들어 파괴하고 있었는데도 우리는 무얼 하고 있었을까? 유구무언, 우리 누구도 할 말이 없다. 저 사악한 집단의 [사람이 먼저]라는 그럴듯한 구호에 우리 국민은 집단 마취되었던 것이고 지금도 깨어나지 못하고 있는 것은 아닐까? 놀랍고도 무시무시한 저 이념의 마취제, 그 위력은 5천만 아니 1억 명에게도 쉽게 적용이 된다. 저 이웃하고 있는 중국을 보라. [대동의 사회]라는 문구 하나에 마취되어 공산당의 손아귀에 놀아나고 있는 중국 인민들을 보면 쉽게 이해할 수 있을 것이다.

세상의 어둠이 어떻게 이다지도 캄캄한지 알겠는가? 어릴 때부터 세뇌된 교육, 그리고 조직적 감시망 아래 꼼짝없이 지옥으로 끌려가고 있는 저 북한 주민들을 보는 눈이 이제는 마비된 걸까? 이 자유로운 남쪽에서 배부른 당신이지만 하나의 이념에 사로잡히면 그 끝이 도살장인지, 지옥인지 분간할 수 없는 저 북의 주민들과 다를 바가 없다. 이 땅의 강도떼들 선전·선동에 부화뇌동하여 날뛰지만 않아도 당신은 얼마든지 행복을 누리며 진정한 애국자가 될 수 있음을 명심하라.

굳이 북한을 들먹이지 않아도 불과 5년 만에 이 나라 경제를 50년이나 더 후퇴시킬 정도로 추락시킨 장본인이 어디 사람인가? 이 땅은 태초부터 눈뜬 당달봉사 천지였으니, 남이나 북이나 그 눈들이 모조리 폐쇄된 건 마찬가지다. 죄의 삯은 사망이라 한 성경 말씀처럼 인류가 낙원에서 죄를 짓고 쫓겨난 이후부터는 그 영들이 사망한 상태 즉 영혼 없는 인간 좀비 세상이 된 것이다. 그러니 바로 눈앞에서 벌어지고 있는 참혹한 현실이 좋아 보이는 이상한 현상에 사로잡히는 경우가 생긴다. 이것은 뇌 구조 자체까지도 바꿀 수 있는 이념의 바이러스다. 대수롭지 않은 그 이념의 바이러스에도 감염되어 뇌 구조까지 바뀔 정도로 우리 인간은 취약하고 허약한 존재다. 그럴수록 정신을 똑바로 차려야 한다. 코로나 팬데믹? 그런 건 잽도 안 되는 이념의 바이러스, 그 사악한 사상에 무한 노출되는 이 자유대한민국이 결코 완전한 세상은 아니라는 사실을 알아야 한다.

 악질 범죄 전과 4범에다, 한두 개도 아닌 대형 비리 혐의자로 밝혀지고 있는데도 **"사람이 좋아 보여서"** 지지한다는 젊은이도 있다. 그것이 자기 배우자 구하는 기준이라면야 무슨 상관이겠는가. 이 나라 운명을 결정지을 지도자를 결정해야 하는 순간이라면 상황은 다르다. 이 사실을 망각할 정도로 뇌가 텅 비어버린 상태가 아니면 그 구조 자체에 문제가 있다. 표면적인 선과 악을 구분조차 못 하는 문맹자들이 저 국회를 위시하여 일반 국민 층까지 유행병처럼 번져있는 것이다. 무슨 말인지 이해하겠는가? 아래 영상은 그 영들이 얼마나 캄캄한 어둠 속에 있는지를 여실히 보여주는 것이니 반드시 청취하고 넘어가자. 한글 문장만 입력해도 된다. 저것들은 TV 화면에 자기들의 얼굴이 한 번 비치는 걸 목적으로 하는 게 아니면 이 나라에서 베푸는 복지를 누릴 자격이 없는 사이코패스 환자들이다.

서울 한복판서 '김정은 미화' 집회, "목소리 좋고 세심하고…"
https://www.youtube.com/watch?v=Q7I-n1miwhl

 자유민주주의가 좋다는 건 아는지, 민주가 없는 민주라는 간판을 걸고 걸핏하면 국민을 위한다면서 자기 식구나 감싸는 법안 만들기에 여념이 없는 문맹자들. 이런 자들이 집단을 이루면서 그 [문맹 바이러스]가 급속도로 확산하고 있다. 근본부터 면역기능을 가진 자들만 겨우 살아남을 정도로 지독한 전파력을 가진 이 [문맹 바이러스]에 감염되면 순식간에 좀비가 된다. 이 땅이 마치 그렇게 널브러진 영들의 시체 더미 같다. 바로 **[영혼 없는 인간 좀비들]**이다.

"국민, 국민"을 입에 달고 살면서도 국민의 뜻을 왜곡하는 자들이 이 문맹 바이러스를 끊임없이 퍼뜨리다 보니 그 선전·선동이 먹히는 시대, 그 사악한 공산이념과 사상이 진정한 보편적 가치의 기준이 된 것 같은 착각을 일으킨다. 그 주요 매개체가 되는 것이 바로 [문맹자들이 장악한 공영방송국]이다. 어리석은 소경들은 다른 방향에서 바라볼 눈이 없다. 소경이 코끼리 다리를 만져보고 기둥이라 해도 믿는다.

유튜브에서 검색하면 한두 사람이 운영하는 영명한 유튜버들이 곳곳에서 활약하고 있음을 알 수 있다. 그래서 여기서는 그 숨어 있는 영웅들을 소개하기 위해 눈에 띄는 것만 그 주소를 싣는 것이니, 제대로 눈을 뜨려면 KBS, MBC 뉴스를 보는 시간에 이 유튜브 방송 시청을 권한다. 그나마 표면적인 눈이라도 똑바로 떠진 사람들이 곳곳에서 정신을 차리고 있었고, 5년으로 끝났기에 망정이지 그것이 5년 더 연장되었더라면 이 나라가 어디로 곤두박질치고 있을지 생각해 보았는가? **정확하고 공정한 시사 뉴스는 바로 보수 유튜브 방송이다.**

지금 우리에게 주어진 1순위 과제는 빈틈없는 국방력 유지다. 저 북의 공산주의가 처참하게 망하기 전에 불장난을 저지를 가능성이 점점 더 커지고 있는 상태다. 철통같은 방위 태세 유지와 함께 붕괴 상황을 가정해서 준비해야 할 것들만 챙기면 된다. 그 굶어 죽는 사람에게 초점을 맞출 필요가 없다. 지옥이나 다를 바 없는 저 북한 사회를 해방하기 위한 거시적 안목으로 저절로 무너지도록 해야 한다. 이것은 정책적인 면을 고려한 것인데 이것까지 알아야 하는 이유는, 저 대표급 문맹자들이 국민을 속이고 야비한 짓을 일삼기 때문이다.

[인도적 지원 어쩌고] 하면서 살인마를 이롭게 하는 정책을 미끼로 내놓을 가능성 말이다. 똥과 된장도 구분하지 못하는 자들의 생각은 어떻게 해서라도 사람 죽이는 걸 취미로 여기는 저 북한 정권을 [우리 민족]이라는 울타리로 묶어서 이 땅을 공산화하려는 음모밖에 없다.

시체 더미 속에서도 살아날 자라면 이제부터라도 눈을 제대로 뜨고 저 공산주의자들의 선전·선동, 그 저의가 무엇인지를 조금이라도 파악할 줄 아는 지각 능력, 미래를 내다보는 지혜가 필요하다. **[물에 빠져 죽을 팔자라면 접싯물에 코를 박고 죽는다]**는 말이 있다. 이미 빨갱이 물이 든 자들은 멸망의 길에서 벗어날 수 없는 운명, 그런 뇌 구조를 타고났을 것이니 이런 집단과 무슨 머리를 맞대고 국가와 국민을 위해 논의라도 하겠는가 말이다.

아직도 당신은 **[기본소득]**이라는 현란한 불빛을 쫓아 부나방이 되고 싶은가? 진정한 내면의 당신에게 물어보라. 그래도 좋다면 무슨 수를 써서라도 북으로 가는 것이 좋다. 쓸데없는 반미 시위 현장에서 배회하지 말고 빨리 보내달라고 시위라도 할 것을 권한다. 실제로 남쪽 서울의 한복판에는 그 지옥의 두령을 흠모한다는 좀비들이 버글거린다. 그들에게 물어보자. **[사람 죽이기를 파리 목숨처럼 여기는 자]**를 흠모까지나 하는지, 그게 진짜냐고. 그냥 할 일이 없어서 시위에 참여했다는 자는 없을 것이다. 그럼 무슨 이유인가?

소경이 배가 부르면 그 머리에 이상한 바이러스가 침투할 수도 있음을 여실해 증명하는 사례다. 이 땅에 두더지처럼 숨어 있는 고정 간첩들에게 매수된 상태라면 일망타진해야 할 것이고, 그렇지 않으면 모조리 북으로 보내야 할 구제 불능 환자들이다. 안 가려고 버틸 이유가 없다. 없는 죄를 뒤집어씌워서 탄핵한 전 대통령은 이름만 부르면서 저 북쪽 살인마에게는 무슨 무슨 위원장이라고 깍듯하게 추켜올리는 자들의 정신상태는 이미 그 이상한 바이러스에 감염된 상태다.

여행을 빙자하여 중동의 무장 테러 조직인 IS를 찾아 비밀리에 떠나간 젊은이도 있다. 법을 어기면서도 그런 걸 열망하는 자가 또 있을 수 있으니, 합법적으로 보낼 방법을 찾아야 한다. 국회에 그런 법안이 제출된 것으로 아는데 거론조차 안 하는 이유가 무엇인지 알고 싶다. 만약 그 법안이 통과만 되면 통일 대업이 의외로 빨라질 수도 있다. 그런 일이 빈번해진다고 가정해 보라. 어떤 일이 생기겠는가? 남쪽으로 오고 싶은 사람도 [마음대로 남쪽으로 보내라]고 주장할 수 있고, 중국과 러시아로 탈북한 사람들을 난민으로 인정하라고 압력을 넣거나 협상 주제로 삼을 수도 있다. 그 철없는 머저리들이 아마도 통일 대업의 선발대가 될지도 모를 일이다. 어쨌든 김정은 추종자들을 북으로 보내는 법은 그래서 절대적으로 필요하다.

다시 말해서 [기본소득]이란 사탕은 공산주의 선전 선동 문구에서 따온 거다. 그렇다면 거기에 미쳐 있는 자들은 모조리 공산주의 추종자(주사파)라고 봐야 한다. 공산주의가 좋으면 그 사상에 미친 자들이 지배하는 북으로 가서 살면 된다. 이 땅에 남아있을 이유가 없다.

우리가 제대로 눈을 뜨고 사태를 직시하려면 지금까지 저 사악한 자들의 선전·선동에 얼마나 부화뇌동하여 날뛰었는지 진정으로 반성하고 내년 4월 10일 총선에서, 표만 하나 잘 찍어서 제대로 심판만 해도 애국자다. 달리 애국할 게 없다. 광화문에 가서 태극기를 들 수 없는 형편인데도 반드시 거기 가라는 것도 아니다. 오로지 당신 속에 잠자고 있는 지혜의 눈을 밝히라는 것이고 더욱 확고한 국가관을 정립하라는 것이다. 나라가 있어야 나의 안전과 행복도 보장된다는 기본 상식을 다시금 명확히 하자는 것이다.

10. 왜곡되고 조작된 여론도 또 다른 변종바이러스다

[세상 잡지식]이 많아진다고 현명해지는 것이 아니다. 눈을 제대로 뜨고 바라볼 줄 아는 지혜가 필요하고 그래야만 당신이 진정으로 원하는 바를 이룰 수가 있다. [대동 사회, 그 악성 바이러스]에 대한 면역력만 생기면 편견이라는 울타리에서 벗어날 수 있고, 만약 당신이 죽을 때 죽더라도 이 **편견과 아집에 사로잡힐 수밖에 없는 운명이라면** 그 어떤 공물과 고행으로도 성불한다는 것은 불가능하다. 설령 깨달음을 얻는다 해도 그것은 이내 사라지는 안개와 같을 것이다. 온갖 헌금을 다 갖다 바치며 죽기 살기로 기도해도 헛수고가 될 것이니 이 고차원 기도 방법을 익히기 전에 반드시 당신 속 깊은 곳의 또 다른 당신, 그 속의 부정적인 것들을 청소하지 않으면 안 된다. 그 악성 바이러스를 반드시 청소하고 자유로운 영혼으로 다시 태어나야 한다. 누구나 쉽게 **제대로 눈뜨는 방법**에 대해서는 **계속해서 설명**할 것이다.

왜곡되고 조작된 여론, 그리고 인간의 탈을 쓴 그 바이러스 제조 공장 운영자와 그런 공장 자체까지 모조리 엎어서 청소해야 할 쓰레기라는 사실을 깨달아야 한다. 점점 더 진화하는 변이바이러스까지 등장하고 있는 현실을 자각할 수 있겠는가? 그런 신종 바이러스를 제조하여 퍼뜨리면서 희열을 느끼는 병리 현상을 현대의학에서는 **편집증**이라고 부른다. 정신병의 일종으로 겉으로는 멀쩡하지만, 이 어둠의 세상에 끼치는 해악은 말로 다 할 수가 없다. 태풍도 견뎌내던 백 년 묵은 고목도 그 밑동에 기생한 좀 벌레 한 마리가 하루아침에 쓰러뜨린다는 사실을 잊지 말라. 초강력 살균제가 아니면 구제(驅除)할 수가 없다. 언젠가는 그런 문맹자들이 정의의 핀셋에 찍힘을 당하기는 하겠지만 이미 뿌려놓은 해악은 다 거둬들일 수가 없을 것이니 그 피해자가 바로 당신이 될 수도 있음에 유의하라. (채널A TV방송)
https://youtu.be/VdlAkYCx6Ts
"내가 직업적 음모론자?"…한동훈에 발끈한 김어준 | 뉴스TOP 10

편견과 아집, 그리고 고정관념은 누구나 다 가지고 있는 인간의 속성이다. 그러니 이 굴레에서 벗어나기가 사실은 불가능하다. 이 어둠의 세상에서는 별다른 빛이 보이지 않는 이상 현재가 지극히 정상이고, 공정한 사회라고 생각할 수밖에 없다. 이 책을 접한 사람들이 여기서 말하는 [편견]이란 단어를 두고 [이 책이 오히려 편견 덩어리]라 여길 수도 있을 것이다. 소경 세상에 눈뜨고 들어가면 사람이 아니라고 쫓겨나거나, 좌익 빨갱이들에게 이 책을 읽으라 하면 대번에 극우라고 비난부터 퍼부을 수도 있는 일이다. 그러나 어찌하겠는가? 신의 음성을 백번 들었다 해도 그 약발은 이내 사라지고 말아, 3천 배를 아무리 거듭해도 해탈은 고사하고 무릎 관절만 망가지는 것을, 도대체 누구에게 그 이유를 물어보기라도 하겠는가 말이다. **인간은 어차피 한 단면밖에 볼 수 없도록 그 영적 눈이 감겨 있으니 편견에 사로잡혀서 살아갈 수밖에 없다. 그것이 인간의 숙명이다.** 그러니 이 책에서 말하는 편견이란, 거시적인 안목으로 자기를 객관화시키지 않으면 도무지 보이지 않는 또 다른 자신을 말한다. 그것이 진정한 자기 정체성을 되찾는 방법이기도 한데 아무나 이것을 쉽게 깨달을 수 없는 것이 아쉽기만 하다. 계속해서 같은 말을 되풀이하는 이유가 바로 그 때문이다.

부와 명예를 얻었다고 진정으로 성공한 것이 아니다. 끝내는 그것이 허무라는 사실을 깨닫기도 전에 죽는다. 당신도 역시 그렇게 끝내고 싶은가? 아니면 더 높은 정상에 올라 당신의 굼벵이와 같았던 지난 삶을 눈 아래로 내려다보면서 더 높은 곳에 오를 기회를 얻을 것인지 생각해 볼 필요가 있다. 더욱 가치 있는 내면의 또 다른 당신을 발견하고, 참인간으로 거듭나는 기적을 맛본 후에나 그 선택의 의미를 알게 될 것이니 맛보기 전에는 아무도 그 진가를 알 수는 없다.

"단군 이래 이런 정치인은 없었다! 비리·의혹 종합 세트 이재명" #쇼츠 #short
https://www.youtube.com/shorts/StDvaVIASW8

조국 가족 30초 요약 https://www.youtube.com/shorts/hnpG1k1Khns

11. 코로나보다 더 지독한 바이러스

 지금 저 북한에는 코로나보다 더 많은 사람이 굶어 죽는다고 하는데 남쪽에서는 코로나보다 더 지독한 [개인이기주의 바이러스]가 창궐하여 인간의 영혼을 잠식한 까닭에 영혼 없는 인간들로 넘쳐나고 있다. 개인이기주의, 집단이기주의를 부채질하여 정권을 탈취하려는 일부 사악한 자들에 의해 자행되는 [선심성 인기영합정책 - 포퓰리즘]이 어리석은 인간의 눈을 흐리게 하고, 결국에는 저 살인마 김정은의 마수에 걸려든다는 사실을 아무도 깨닫지 못한다. 이런 사회적 현상을 [집단 최면] 또는 [선동적 언어에 마취된 홀릭(중독) 상태]라 한다. 중증이 되면 치료 자체가 불가능한데 그 원인을 정확히 분석하고 분별하기만 하면 혜안이 열리고 그 원인이 되는 [마법의 언어]에서 쉬이 벗어날 수도 있다.

 선전·선동 마법의 언어에 능한 자 중에 8)**<u>소시오패스</u>**나 9)**<u>사이코패스</u>**가 많다. 그 스스로가 먼저 마취되어 있기 때문이다. 그러므로 타인에게 전달될 때 더욱 확신을 준다. 진정한 사기꾼은 자기 스스로가 먼저 세뇌되어 있고 확신한다. 예를 들어, 남의 돈을 갈취한다고 생각하는 게 아니라 [빌린다고 생각한다]는 것이 바로 그런 거다.

 이 나라는 지금 그런 [소시오패스 / 사이코패스 증후군]에 감염된 인간이 떼거리로 증식된 상태다. 겉보기에는 다들 멀쩡하다. 말도 잘하고 남들과도 잘 어울려 지낸다. 그러나 극단적 상황이 발생했을 때 그 본성을 드러낸다. 이때 그 반응하는 정도를 잘 관찰하면 옛날이나 별반

---

8) **소시오패스** = 자신의 성공을 위해서는 수단 방법을 가리지 않고 나쁜 짓을 일삼지만 이에 대해 전혀 양심의 가책을 느끼지 않는 사람을 말한다. 엄밀하게 보면 사이코패스나 같은 인격장애다.
 9) **사이코패스** = 반사회적 인격장애자를 일컬음. 정말 좋은 사람처럼 보이지만 상상할 수조차 없는 범죄를 저지르고도 양심의 가책은 못 느끼는 경우다. 범죄의 범위는 꼭 칼을 들고 강도나 살인을 저지른다는 것은 아니고 입에서 나오는 말 한마디가 바로 칼보다 더 예리한 비수가 될 수도 있음에 유의하여 판단해야 한다.

달라진 것이 없어 보인다. 왜 그럴까? 유사 이래 빛의 세상이 드러난 예가 없기 때문이다. 지금도 마찬가지지만 영적 세상이 캄캄한 암흑이라 우리 인간은 세상의 일 단면만 볼 수밖에 없도록 (그 영적 눈들이) 닫혀 있기 때문이다. 어찌 보면 귀신을 볼 수 있다는 개보다 못한 눈을 가지고, 바로 눈앞에 어른거리는 먹을 거나 밝힐 수밖에 없는 미물에 불과하다. 극단적인 상황이 발생했을 때 그 본성 또는 야성의 이빨이 드러나는 것이니 짐승 세계의 논리가 적용되는 순간이다. 이런 논리가 시시때때로 나타나는 현장이 바로 정치판이다.

지난 5년 동안 어떤 일이 있었는지 기억할 수 있겠는가? 불과 5년 만에 TV를 통해서 볼 수 있는 장면만 해도 인간의 심성이 얼마나 사악해졌는지를 직감적으로 느낄 수 있어야 한다. 그러나 이미 저 공산 주사파가 퍼뜨린 이념의 덫에 세뇌된 사람들은 **무감각, 무개념, 몰지각, 몰상식 바이러스에 범벅**이 되어 버렸기 때문에 더 이상 생각할 머리들이 없다. 눈에 뵈는 게 [기본소득]이라는 미끼밖에 없고, 그들이 내뱉는 어떤 선전·선동에도 부화뇌동하여 따르거나 바라만 볼 뿐이다. 사악한 이념의 좀비들로 바뀌어버렸다는 사실, 일일이 그 뇌 속을 들어가서 본다 해도 깨우치게 할 방법이 없고 이를 치료할 의사도 없다.

때맞춰 튀어나온 전 정권의 [애써 달성한 민주주의 후퇴] 발언을 두고 말들이 많았다. 보는 관점이 어찌 저다지도 다른지, 그 와전시키는 마법 언어 구사 능력이 초인 수준이다. 정상적인 보통 사람의 머리에서 구사할 말이라고는 상상조차 할 수 없다. 공산주의자 신영복을 찬양하고 굴종 외교, 왕따 외교로 국가 위상을 추락시킨 것은 고사하고 이 나라 경제를 파국으로 내몰면서도 선심성(포퓰리즘)으로 물 쓰듯 쏟아버린 나랏돈이 400조 원이 넘는다. 그러면서도 여론 조작으로 거들먹거린 자가 누군지 당신은 아는가? 착각을 넘어 마약에 취한 상태가 아니고서야 어찌 저 말 같지도 않은 말이 튀어나올 수 있겠는가 말이다. 저런 것이 한 나라 지도자의 사고방식이었으니 우리가 참으로 개돼지 취급을 당해야 싸다. 우리가 정녕 **무감각, 무개념, 몰지각, 몰상식**이라는 단어가 무색할 정도로 정신들이 나갔던 거다. 겉으로는 멀쩡해 보이고, 자기 죄를 덮으려고 SNS를 통해 별짓을 다 하지만, 그 머리가 정상인 과는 너무도 거리가 멀다. 그런데도 누구 하나 이를 지적하는 자가 없다. 이 사실 하나만 보더라도 우리 국민의 뇌 구조마저 심각하게 변질하였다는 걸 알 수 있다.

난세(亂世)에 영웅이 나타나는 것이 하늘의 섭리인지 그새 망하지 않은 것이 천만다행이고 신에 감사할 일이다. 윤석열 대통령이 난세 영웅 이란 사실을 아는 자도 드물다. 꼭 이순신 장군처럼 무기를 들고 싸워 야 영웅인 줄 아는 사람들이 뭘 알기나 하겠는가 말이다. 이 어둠 속의 인간 세상에서는 그가 이 땅의 **문맹(몰지각)과 치열하게 싸우는 현장**이 보이지 않기 때문이다. 한 나라가 통째로 그 뿌리까지 썩어가고 꺼꾸러 지고 있는 상황에서 이것을 정상화하려는 대통령, 그리고 한동훈 법무 부 장관과 같은 작은 영웅들이 맹활약 중이건만 그것이 도무지 보이지 않는 것이다. 곳곳에 도사리고 있는 잔존 도적 떼가 조작하는 지지율, 그것만 쳐다보고 있는 게 아니라면 이제는 좀 깨어날 때도 되었다.

윤석열, 그가 아니었으면 벌써 공산화는 진행 중이다. **[소득 주도]**보 다 **더 지독한 바이러스가 [기본소득]**이란 사실을 아직도 깨닫지 못한다 면 더 이상 이 책을 읽을 필요가 없다. 그냥 사는 대로 살다 가면 된 다. 사악한 뱀도 하나님이 지으셨느니라.

골 때리는 문재인 지지율 관리 #shorts
(시대정신 연구소) https://www.youtube.com/shorts/v-x7mZArPOk

문재인, "국가 재정 퍼주더라도 ooo만 지키면 된다" #Shorts
https://www.youtube.com/shorts/jvgYKuqr2BU

나라를 망친 정권의 하수인들이 장악한 국회, 한 번 당선만 되면 철밥

통인 줄 알면서 어떤 자들이 찍어줬는지 모르지만, 지금이라도 그 멍청했던 과거 각성하고 **24년 4월 10일**에는 **제정신으로 투표해야 한다.**

문재인 또 불법 터졌다 #shorts
https://www.youtube.com/shorts/rJkb5di7XCA

소시오패스 특징

➡ 자신의 성공을 위해 타인을 이용하고 천연득스럽게
　거짓말을 하면서도 양심의 가책을 느끼지 않는다

➡ 자신을 돋보이게 하는 위장술이 뛰어나고
　감정조절 능력도 뛰어나 표정 관리가 놀라울 정도다

➡ 인생을 게임이나 도박으로 여기기도 하면서
　주위 사람들을 이용 가능한 타깃으로 여긴다

➡ 매우 계산적이고 치밀하며 내로남불의 전형이다

➡ 겉으로는 매력적이고 성인 군자처럼 보인다
➡ 사태를 와전시키거나 선전 선동에 능하다

➡ 본성이 비정상적으로 잔인하거나 공격적이지만
　그 사악한 발톱은 숨긴 채 남을 위하는 척 쇼를 잘 한다

➡ 자신의 잘못이 드러나면 거짓으로 후회하는 척 하거나
　동정심을 자극하며 자기의 순수성을 강조한다

독일은 머리 나쁘면 대학 안 보내버려요
https://www.youtube.com/shorts/9-D4YmZbYwA
(허영심에 찬 젊은이들이 100만 명 이상으로 넘쳐나는 비정상 사회, 망쪼로 가는 대한민국)

12. 또 하나의 악성 바이러스 - 전교조, 강성 노조

　대한민국호가 지금 어디로 가고 있는지, 당신은 알고 있는가? K-팝이 전 세계를 휩쓸고 있는 동안에 그 뿌리는 공산화가 진행되고 있다는 사실을 염려하는 사람은 별로 없다. 구석구석에 심어놓은 고정간첩이 10만 명은 족히 될 것이라는 게 전문가들의 견해다. 학원은 물론이요, 법원, 헌법기관 그리고 청와대조차도 저 북의 간첩들이 버젓이 활동하고 있었다면 당신은 믿겠는가? 더구나 초·중·고 교사라는 자들이, 고모부나 의복 형을 죽이는 것쯤 식은 죽 먹기 보다 쉽게 여기는 살인마를 추종하는 자라면 간첩 아닌가? 그런 자들이 곧 암 덩어리요, 이 나라 근간을 뿌리째 흔드는 불순세력이니 이 또한 지독한 악성 바이러스다.

　이 땅의 초·중·고등학교에서 도대체 어떤 사상 교육이 이루어지고 있는지, 이 나라 백년대계를 책임질 후계자를 양성하는 선생이란 자들이 사악한 공산 이념, 빨갱이 물이 든 것에 그치지 않고 그것을 제자들에게 주입하고 있다는 놀라운 사실, 선생뿐만 아니라 그것을 감독해야 할 교육감이란 자도 더하면 더한 좌·빨·이다. 모조리 조직화 세력화되어 있어서 이것을 뿌리째 뽑으려면 가히 혁명적인 개혁이 필요하다.

　이 땅의 정치꾼들, 아무리 보수라 해도 협치 또는 단결이라는 이름으로 감히 그 철옹성 조직을 건드리지 못했다. 왜일까? 거기서도 지지표가 나와야 하기 때문이다. 보수라는 자들 또한 그 기득권 유지에만 눈이 뒤집혀서 개혁이라는 말 자체를 꺼릴 수밖에 없는 것이 현실이고 개탄할 일이다. 이 땅의 정치꾼들이 나름으로는 보수파나 개혁파, 진보파라 하지만 모조리 한 통속으로 [문맹자 = 몰지각한 자들]이다. 이들에게서 진정한 개혁이란 기대할 것이 없다. 그러니까 거기에 속하지 않는 혁명가가 나오지 않으면 불가능하다. 이런 자들의 극한 반대를 아우르면서도 총성 없는 혁명을 진행하는 이가 있으니 그가 바로 난세의 영웅 윤석열이다. 그러니까 지금껏 이 나라 근간을 뿌리째 썩게 만든 암적 존재의 청산은 엄두도 내지 못했던 거다. 그것들의 도움으로 대통령까지 해 먹었으니 별짓을 다 해도 눈감아 주는 공생관계, 그래서 총살·깜이란 말이 나오는 거다.

전광훈목사의 애국강연 (1), 대한민국 어디로가는가?
https://www.youtube.com/watch?v=G32nYyzpewM

[대선토론 팩트체크] 홍준표 "3%도 안 되는 강성귀족 노조 적폐를 없애야"
(5년 전)   https://www.youtube.com/watch?v=PzFgbEM85HE

2016년 12월 17일 가수 윤복희가 자기를 괴롭히던 정치인이 예정되어 있던 데뷔 65주년 기념 공연을 못 하게 했다면서 "박근혜 내려와라"라는 말만 하면 하게 해주겠다는 거였다. 윤복희는 이 협박을 거부했다면서 공연 취소로 인한 배상을 극장 측에서 해주겠다고 말했다는 당시 뉴스를 보면, 그 사실 하나만 해도 박근혜 대통령 또한 이 어둠의 문맹자들 음모에 의해 탄핵당했다는 것을 직감할 수 있다.
https://www.youtube.com/shorts/LlfxvpMJaxA

밑바닥부터 공산 혁명의 기틀을 닦는 자들이 전교조라면 기업을 협박해서 돈을 갈취하고 비노조원들을 겁박하여 세를 불린 강성 노조는 또 얼마나 이 나라 발전을 저해하는 데 공헌(?)하였는가. 노동자 이익을 대변한다는 가면을 쓰고 강도, 간첩질이나 일삼았으니 이런 떼강도 출신들이 국회에도 진출하고 장관도 해먹은 게 지난 5년 세월이다. 들러리가 된 어리석은 국민은 그저 [뭐든지 해주겠다]는 달콤한 공약에 미쳐 날뛰었으니 지금도 그 가면 속의 얼굴이야 강도나 도둑놈이라도 상관이 없다는 걸까? 전문 시위꾼으로 교도소라도 갔다 왔거나, 이기주의를 부추기는 포퓰리즘 공약만 잘 구상하면 국회의원 한 번쯤은 식은 죽 먹기다. 이것들이 국민을 개돼지로 여겨도 할 말이 없다. 그만큼 속물 인간이었던 국민의 한 사람으로서 깨달은 게 무엇인가? 이기주의에 눈이 먼 속물 인간의 허점을 노린 강도들만 탓할 게 아니다.

13. 소시오패스 + 사이코패스 떼강도

　오로지 자기 생각만 옳다고 하는 편견과 아집, 이 소시오패스 증후군에서 벗어나려면 남의 생각도 존중할 줄 알아야 하는데 그것이 쉬운 것이 아니다. 인성은 타고나는 것이고 죽을 때까지도 바뀌지 않기 때문에 어쩔 수 없이 어울려 살아야 하는 세상이라면 그 세력이 사회를 혼란스럽게 할 조건이나 환경을 억제할 필요가 있다. 사람은 누구나 태어나면서부터 터득하게 되는 세상 잡지식이 많아질수록 고정관념에 사로잡히게 되는데 그때부터 노인이 되어 간다. 이것을 기준으로 보면 20대에도 노인이 있고 70대 젊은이도 있다.

　문제는 자기 생각만이 옳다는 내로남불 사고가 하나의 사상으로 고착되면 사이코패스나 소시오패스 증후군에 사로잡히게 되는데 이런 자들이 세력화를 형성하는 것이 더 큰 문제다. 이것을 조장하고 선전·선동에 이용하는 세력이 소위 사악한 정치꾼들이다. 국민을 위하는 진정한 국민대표가 아니라 자기들 이권이나 챙기는 장사꾼이요, 사기꾼이나 다름없는 자들이 부지기수다. 결국에는 그 비리와 악행이 세상에 알려지면서 살인 교사죄로 콩밥 먹고 있는 인간이 있을 정도다. 이런 사악함이 드러날 때마다 국회의원 수를 줄이고 명예직으로 바꿔야 한다고 목소리를 높이지만, 이 또한 박정희 대통령 같은 영웅이 출현하지 않으면 불가능하고, 일부 국민의 소망에 지나지 않을 것 같다.

　강도질이란 지난 정권과 **공생관계를 유지했던 건설노조의 현금 갈취** 행위를 말한다. 그게 강도질 아니고 뭔가? 단순한 개인이기주의 성향을 보이던 보통 사람도 사이코패스 집단의 선전 선동에 휘말리기만 하면 사람이 변한다. 하나의 이념에 사로잡히면 그 영혼이 마약을 흡입한 것과 같아서, 목숨 걸고 불에 뛰어드는 부나방으로 변신하는 것이다. 이런 사람은 뇌 구조 자체가 보통 사람과 다르다고 한다. 애초 태어날 때부터 이런 뇌 구조를 가졌는지 후천적으로 변했는지는 알 수 없으나 이런 사람들이 악성 소시오패스가 되는 것이다. 이것은 과학적 근거가 있고 인터넷에서 검색하면 바로 알 수 있다. 개선한다는 것이 불가능할 정도로라, 이런 자들이 창궐하면 나라가 망한다는 사실, 이것을 깨닫지 않으면 당신의 소망도 행복도 보장되기 힘들어지는 시대가 도래할 것이다. 그것은 눈 깜짝할 사이에 온다. 유튜브 영상으로 확인하자.

민노총 초대형 사건 터진다#shorts
https://www.youtube.com/shorts/5n-jjwWTcWI

11시 김광일쇼 1/20 (금) - "이재명 배임 증거" 대장동 X자 보고서 나왔다 | 건설노조만 1686억, 16개 산별노조 총액은..
https://www.youtube.com/watch?v=JRf7LdVYCa0&t=1283s

알고 나면 더 소름 돋는 소시오패스 특징 10가지
(2023년 1월)　https://www.youtube.com/watch?v=922NFG5RFSg

알고 나면 더 소름 돋는 소시오패스 특징 16가지
(2022년 3월)　https://www.youtube.com/watch?v=b8xp9hONrVk

삼성이 왜 범죄집단이 되었나? #shorts
https://www.youtube.com/shorts/RWCXHg_mRAI

　

전 국민의 행복을 위한다면서 왜 이렇게 정치 얘기로 많은 부분을 할애하고 있는지 그 이유를 당신은 지금 충분히 이해하고 고개를 끄덕일만한가? 당신의 진정한 행복은 이 나라가 먼저 온전해야 하고 평화로와야 하며, 당신의 사고가 정상적으로 작동해야 가능하다. 인정할 수 있겠는가? **이것을 인정하지도 않으면서** "그럼 내 머리가 이상한 거냐~"고 항의할 수도 있으리라. 머리가 이상하다는 거보다는 어떤 심각한 질병, [복합 소시오패스 증후군]에 감염되어 있을 가능성이 문제가 된다. 중증이 아니더라도 그것을 치료하지 않으면 고차원 기도의 장으로 진입 자체가 불가능하기 때문이다.

14. 예를 하나 들겠다. 2021년에 직접 겪은 일이다

 여기는 시골의 한 작은 마을이다. 정자나무 아래에서 쉬고 있는 동네 어르신들 앞에서 청년 하나가 열변을 토한다. **"내가 왜 문재인을 지지하느냐 하면 비정규직이었던 나를 정규직으로 만들어 주었기 때문"**이라는 것이다. 무식한(?) 동네 어르신들 교육을 위해 작정하고 내려온 것 같다. 이어서 덧붙이는 말은 [전 정권보다 훨씬 더 정치를 잘한다]는 것이다. 정치를 잘한다고? 이 말에 의문을 가질 사람도 없는 듯 그냥 듣고만 있던 어르신들 앞에서 한참 동안 입에 거품을 무는 청년을 본 적이 있다. 흡사 자신의 한풀이를 하는 것 같았다. 도시에 나가 있는 누구네 아들인 거 같은데, 이것이 대학까지 나온 젊은이들의 보편적 사고방식인지, 오랫동안 의문이 남는다. 이 글을 읽는 독자께서 만약 이 젊은이와 같은 생각을 하고 있거나 찬동한다면 정말 심각하고, 위험천만한 일이 아닐 수 없다. 무엇이? 물질 만능주의, 속물 인간의 대표로 소시오패스 증후군에 단단히 오염되었다는 뜻이다. 고차원적 기도 방법 전수 따위가 아무런 소용이 없고, 인간성 상실의 시대를 재촉하는 선두 주자이기 때문이다. 국가관은 고사하고 나라의 장래가 어둡기만 하다.

 우리나라가 언제 이렇게 **소시오패스 바이러스가 코로나보다 더** 지독하게 퍼졌는지 알 수는 없으나 지난 정권 5년 동안에 이 지경이 된 게 아닌가 싶다. 무엇이 잘못인지, 왜 또 이 말을 여기서 하는지 아직도 이해가 안 되는가? 처음으로 돌아가서 이 글을 다시 보고, 유튜브 검색창에 검색만 하면 [소시오패스 자가 진단법]까지 볼 수 있으니 스스로 진단해볼 필요도 있다. **스스로 소시오패스라고 자인할 사람**이 어디 있겠냐마는 진정한 기도 방법을 터득하기 위해서 그 진단 과정이 꼭 필요할 것 같다. 혹시 그 지독한 바이러스에 감염되었다 해도 마음의 문만 열려 있으면 [언제 그랬냐고] 할 정도로 한순간에 치료될 수도 있기 때문이다. 이 사회가 저절로 천국이 되는 방법이기도 하다.

15. 2023년 새해 들어 지인 한 분이

23년 새해 들어 저녁을 먹지 않는 나에게 지인 한 분이 찾아와서 담소 끝에 저녁 식사를 대접하겠다고 읍내로 가자는 거다. 그래, 이야기도 더 할 겸 읍내 음식점에 갔다. 식사하면서 시작된 이야기 끝에 정치 이야기를 안 할 수 없어. 내가 꺼낸 어떤 말끝에 나온 그분의 대답이 하도 기이해서 속으로 깜짝 놀랐다. 그리고 생각해 봤다. 그분과 같은 정치적 이념에 사로잡힌 사람이 의외로 많을 거라는 사실. 스스로 좌파라 생각하는 사람들이 특히 이 부분에 있어서 반드시 짚고 가야 할 일이 있다. **[사실을 사실대로 아는 것]**이 영적 어둠에서 벗어날 수 있음에 유의하라. 판단은 일단 접어 두고 이 당부를 잊지 말라.

요즘 정치권에서 유행하는 말 - **[검찰이 없는 죄를 덮어씌운다]**는 논리가 그의 입에서 튀어나온 거다. 뭐 그리 놀라운 것도 아니지 않느냐는 분도 있을 것이다. 그렇다면 지금이 어떤 시대인가? 대통령도 중도에서 끌어내려 단죄하는 시대다. 그것이 정치적 음모에 의한 것이 아닌지는 역사가 평가할 일이지만 말이다.

그러니까 여당이든 야당이든 그 대표라 할지라도 죄가 있으면 당연히 수사받고 재판에 임해야 한다. 더구나 이런 거물급(실은 우두머리 소경)들은 과거 경력도 화려하다. 변호사 판사는 기본이다. 법을 모르는 자도 아니고 세상 잡지식까지 무장한 상태다. 거기다 상황을 와전시키는 언어 구사 기술은 원숭이 나무 타는 것만큼 뛰어나다. 이런 자를 **[검찰이 없는 죄를 덮어씌운다]**? 이 말 자체가 벌써 조선시대에나 통할 어리석은 소경 상대로 한 **[선동용 막말]** 아닌가?

저 사악한 자들이 시시때때로 씹어 뱉는 각종 음해 공작, 그냥 나오는 대로 지껄이는데도 씨가 먹힌다. 정말 이상하지 아니 한가? 사악한 의도로 무책임하게 내뱉는 선전·선동에도 촛불 들고 부화뇌동하는 인간들이 의외로 많다는 사실로 미루어 봐서, 그렇게 경악할 일은 아니라고 가볍게 생각할 수도 있겠지만 오늘날 젊은이들의 뇌 구조가 이다지도 허약할까 싶기도 해서, 평범한 국민의 한 사람이지만 나라의 장래가 심히 걱정된다. 도대체 이런 젊은이들을 어떻게 교화해야 할까.

촛불시위, 그것을 정권 탈취 수단으로 이용하여 성공한 지난 정권, 그 맛을 못 잊은 집단이 그 수를 앞세워서 밀어붙이는 떼·법·행위를 보면서 통탄을 금치 못한다. 기어코 [**사이코패스+소시오패스 중증 전과자**]가 막장 드라마를 펼칠 수 있도록 방탄조끼를 두 겹 세 겹으로 둘러치고 독설을 품어댄다. 개·딸들 미쳐 날뛰라고 선동하기 위해 광화문에 가야 한다는 이유로 검찰의 출석 요구까지 묵살(默殺)하는 위인(爲人)을 신주 모시듯 한다. 혹시 부엉이바위에 갈지도 모르니 하루빨리 구속해야 할 것인데, 집권당조차도 수가 모자라니 별 방법이 없다. 그의 범죄를 둘러싼 의문의 자살자가 5명이나 되니 그 귀신들이 같이 가자고 먼저 데려가지 않겠나 하는 걱정 아닌 걱정이다.

그들은 또한 집단을 이루어 국회 회기 내에는 체포할 수 없는 국회의원 불체포 특권을 이용하여 개점휴업 상태인 국회를 열어 놓고 해외여행을 떠나기도 한다. 수단 방법을 다 동원하여 이중 삼중으로 방탄막을 쳐놓고 있는데 어떤 검찰이 없는 죄를 덮어씌운단 말인가. 참으로 답답한 노릇이지만 억지와 거짓 모략도 계속하면 통하는 시대다. 그만큼 백성의 눈과 귀가 마약을 뒤덮어 쓴 듯 마취된 상태다. 내가 사는 이 나라 국민 의식 수준이 진정 이 정도밖에 안 되는지 부끄럽기만 하다.

함부로 건드렸다가는 후환이 더 두려울 [**거머리 집단**], [**내로남불 소시오패스 깡패집단**] 아닌가? 이런 자들이 어쩌다가 국민을 대표하게 되었는지 의심이 들기도 하지만, 4년을 견뎌야만 하는 세상의 법 때문에 어쩔 수 없이 하늘의 심판을 기다릴 수밖에 없다. 정말 이념의 바이러스가 더럽게 무서운 존재라는 걸 새삼 깨닫게 된다.

16. 거짓말도 계속하면 참말이 된다

거짓말도 계속하면 참말이 되고, 일단 세뇌된 후에는 처음부터 거짓말을 해도 무조건 속아준다. 소위 [개·딸]이라는 충성 지지층이다. 이들을 부추겨서 시위를 확산시키며 세를 과시한다. 이미 촛불 난동으로 정권을 탈취해서 그 맛을 톡톡히 누린 추억이 있다. 검찰에 나가서도 검사의 심문에 응하는 자세가 꼭 검사를 훈계하는 훈장 같다. 아래 방송을 한 번 들어보자. 가관이다. 정상인으로서는 도무지 이해가 안 된다.

성창경TV 이재명의 검찰 진술서
https://www.youtube.com/watch?v=EDyDtRoMDyc&t=348s

(23년1월28일) https://www.youtube.com/watch?v=ylTpy9_ufIA
(23년1월29일) https://www.youtube.com/watch?v=DiPH46Z93c8

이재명이 북한과 손잡은 이유
https://www.youtube.com/shorts/iultjsnyYdU   - 쇼트 영상

[검찰이 없는 죄를 만든다]는 말이 왜 먹히는 걸까?

[검찰이 없는 죄를 만든다] - 이다지도 황당한 말이 왜 가능한 것처럼 호도되고 제법 많은 수가 이에 동조하여 세력을 형성하는지, 또 그 일부가 난동, 광란을 일삼는지 이것이 참으로 기이하다 못해 탄복할 지경 아닌가? 사태를 와전시켜서 그 표면적인 눈까지 멀게 하는 기술이 신기(神氣)에 가깝다.

사람들의 소망이란 것이 그저 먹고 사는 일에나 급급할 뿐, **영적 눈**은 어차피 감겨 있어 어쩔 수 없다손 치더라도 **표면적인 눈**(일반적으로 말하는 안목)부터 완전히 멀게 하는 것이니 여기에 동원된 마취약이 바로 [기본소득]이라는 강력한 바이러스다. 코로나19보다 100배나 강하다.

먹고 사는 것이 중요하다면 그 일터의 평화가 먼저 보장되어야 하는 거 아닌가? 그 평화를 어떻게 조성, 유지할 것인지를 헤아려 봐야 할진데, 그런 건 찾아볼 수도 없는 걸 보면서 **구제 불능**이란 단어를 떠올린다. 구제 불능도 하나님이 창조하셨느니라. 왜? 어둠의 인간을 보여줘야 빛의 인간을 드러낼 수 있기 때문이다.

그렇다. 정말 먹고살기 힘들다면 한 푼이라도 공짜로 주겠다는 말에 솔깃할 수밖에 없는 것이 인간의 속성이긴 하다. 그러나 하나만 알고 둘은 모르는 소경들 아닌가. 대기업을 해체해서라도 [기본소득]만 보장되면 그만일까? 국민의 삶은 더욱 궁핍해지고 북한의 배급제가 기다리고 있을 것이다. 그것이 공산주의 참모습이라는 사실, 그때 가서 후회한들 알아줄 사람 없다. 당장에 어려운 1세대야 죽고 나면 그만이라 치더라도 다음 세대, 이 대한민국의 존재 자체가 불분명해진다. 한 치 앞을 내다볼 눈이 없는 머저리들이나 좋다고 환장할지 모른다. 죽을 때까지도 못 깨닫는 사람, 선전·선동에 현혹될 자들은 계속해서 나온다.

특히 **[내일을 생각하지 않는 족속]**이라는 비판에도 눈 하나 꿈쩍 않는 것은 무감각 몰지각에서 헤어날 생각들이 없기 때문이다. 집단 마약 흡입으로 나자빠진 마약 중독자들 같다. 이러한 좀비들을 치료할 혁명가가 필요하고 지금 진행 중인 개혁이 소리 없는 혁명이란 사실을 아는지, 이 책을 접한 당신이라도 **[정신 혁명 운동]**에 기꺼이 동참할 것을 권한다. 그 과정과 목적이 당신의 행복을 위해서 준비한 것들이다.

평양에 공짜로 갔다 왔나
https://www.youtube.com/shorts/_kQHkKcqWMI

해도 해도 너무했다 https://www.youtube.com/shorts/kyKv8orBVs0
강원도 토착비리 또 https://www.youtube.com/shorts/XJ4qvVLxrFE

17. 검찰이 없는 죄를 덮어씌웠다고 치자

만에 하나 **진짜 없는 죄를 덮어씌웠다고 치자. 검찰 수사만으로 죄인이 되고 교도소로 가는 것은 아니다.** 제삼자 입장인 법원에서 그것도 3심까지 거치면서 재판받는다. 그런데도 공안 통치니, 검찰 공화국이니 하면서 **[없는 죄를 만드는 검찰]**이란 오명을 날조하고 퍼뜨리는 자들의 뇌는 도대체 어떻게 생겼을까? 최종 판단은 법원이 한다는 걸 모를 정도의 머저리들이 아니지 않은가. 더구나 그 족속들이 심어놓은 공산 주사파 판사들이 구석구석에 박혀있다. 이 사실을 아는지 모르는지, 어리석은 백성 중에는 그들의 선전·선동에 즉각적으로 부화뇌동하여 발광하면서 떼를 지어 서울 도심을 누비기도 한다. 이게 정상적인 사회일까?

조작과 조장, 괴담 퍼뜨리기, 이따위 작태를 정치라고 생각하는 선동꾼들의 입장으로 보면 피해의식이나 방어본능에서 나온 것인지는 몰라도 **법을 도대체 어떤 자들**이 만들었는지 물어보자. 법을 만든 **장본인들 아닌가? 법 위에 군림하려고 법을 만든 게 아니라면** 도대체 뭐란 말인가. 자승자박이라고 그것이 결국에는 그들의 수치요, 표를 되레 깎아 먹는 헛된 짓인 줄 알기나 할까? 적반하장, 내로남불 소시오패스들의 이따위 조작질은 반드시 역사의 심판을 받는다는 사실을 우리는 충분한 경험으로 익히 알고 있다. 멀리 갈 것도 없다.

돼지 눈에는 돼지만 보이는 거죠 #이재명 .... 〈부처 같은 이재명〉
https://www.youtube.com/shorts/ocSU3yOjKdA

이재명 "적반하장·후안무치 자꾸 떠올라"...尹 겨냥? / YTN... (22년 10월)
https://www.youtube.com/watch?v=0gKVd-RZcSE

[정치 보복]은 또 무슨 소린가. 개혁, 민주라는 좋은 말은 다 가져다 붙인 간판을 걸고 그 속에서는 공산주의 빨갱이를 추종하면서 자기들끼리 방탄막이나 치는 게 저 사악한 자들의 일과다. **[검·수·완·박]**이라

는 신조어까지 창조한 내로남불 집단이 자기들끼리나 싸워야 할 정치 용어 **[정치 보복]**이란 단어를 신 정부에게 덮어씌운다. 지놈들끼리도 소시오패스니, "좋아요"를 눌렀니 안 눌렀니 하면서 입방아 질이다.

이재명의 적은 문재인?
https://www.youtube.com/shorts/C0HKb_oDkgE

TV조선, 문재인의 좋아요
https://www.youtube.com/watch?v=gSSEqKsY4uk

영적 눈들이 감긴 것은 고사하고 그 머리에 사악함이 가득한 소시오패스들의 뇌 구조는 보통 사람과 다르다고 한다. 이 뇌과학 이론이 증명되고 극렬하게 대비되는 현장이 바로 여기, 대한민국이라는 나라의 국회다. 보통 사람으로서는 도무지 이해할 수 없는 짓을 서슴없이 해대고도 멀쩡하다. 양심 같은 것이 있는지 없는지 물어볼 필요도 없다. 문제는 이런 종의 사람들이 너무도 많다는 사실이다. 이 전염병은 코로나바이러스보다 백배는 더 지독하다. 2024년 국회의원 총선에서 폭 망하는 사태를 당해야 깨달을지 말지다. **[사필귀정]**이란 말이 이때 하는 말인데, 지금 저들이 이 말을 입에 달고 산다. 이것을 적반하장이라 하지 않는가? 아마도 저들은 사필귀정이란 단어만 알고 **[적반하장]**이란 단어는 그 머리에 남아있지 않거나 남의 나라 단어로 생각하는 것 같다. 그러니까 이것들의 뇌는 구조 자체가 다르다는 거다.

조선일보 김광일 쇼
https://www.youtube.com/watch?v=1yab5ddo6Dl

미쳐가는 한국인(추악한 한국인)
https://www.youtube.com/watch?v=nwzFBgHBS6c

거짓말도 계속하면 그 뇌가 마비되어 본인이 먼저 진실이라 믿게 되는 착각에 사로잡힌다. 만약 그들이 이것을 노리고 그 짓을 계속하는 거라면 선량한 국민을 개돼지 취급하는 거와 같다. 거짓말을 해도 진실로 알아듣는 어리석은 자들이 있으니 계속해서 거짓말을 해도 된다는 자신감이 생기고 그것이 습관이 되면 그 뇌 구조까지 바뀌는 진화 과정을 겪게 된다. 죄를 지었으면 당연히 벌을 받을 것으로 생각하는 것이 보통 사람의 뇌 구조다. 그런데도 말도 안 되는 [검찰 독재], [없는 죄 만드는 검찰]이라는 거짓말을 밥 먹듯이 읊어댄다. 그러다 보니 이를 진실이라 믿고 따르는 어리석은 자들이 등장하는 것이다.

  그러니까 저 변질 뇌를 가진 자들을 치료할 대책을 세우기보다는 우리가 **서로를 일깨워서 이 어리석음에서 벗어나는 것이 먼저다.** 저들의 선전·선동 중에는 신정부 윤 대통령의 부인 비리라고 주장하는 도이치모터스 주가조작 사건도 있다. 당시 문재인 정권이 금융감독원까지 총동원하여 수사했는데도 혐의점을 찾지 못한 사건이다. 재탕 삼탕 이슈화하는 이유는 거짓말도 계속하면 거기에 놀아나는 영혼 없는 자들이 걸려든다는 낚시꾼의 심리가 작용한 탓이다. 국민을 위한다는 것은 구호일 뿐 그 야수와 같은 속마음은 오로지 낚시질에만 관심이 있었던 거다. 조수진 의원의 입바른 소리, 영상을 통해 확인하자.

도이치모터스 사건 https://www.youtube.com/shorts/8TvENiKVwCs

  [재판증거주의]에 입각하여 수사, 기소, 재판하는 것, 이것이 검찰과 법원의 본업이고 책무다. 명백한 증거도 없이 그들 말대로 없는 죄를 덮어씌우다가는 되레 덤터기나 쓸 짓을 검찰인들 왜 하겠는가. 개나 소나 검사로 임명한 게 아니지 않은가. 검사도 아무나 할 수 있는 직업이 아니다. 대충대충 엮어서 법원에다 제출해 봐야 기각되거나 무죄 판결이 날 텐데, **가뜩이나 좌익 주사파 판사들이 진을 치고 있는 법원**에다 엉터리 기소장을 제출할 머저리 검사가 어디 있겠는가. 이것이 가능한 나라는 따로 있다. 북한이나 중국, 러시아와 같은 공산주의 국가밖에 없다. 선진국 반열에 오른 대한민국에서 그따위 바보짓을 할 자가 있을

확률은 제로에 가깝다. 그런데도 계속해서 우긴다. 전 정권하에서 배운 것이라고는 [조작하면 통한다]는 망상뿐이다. 거짓 주장을 계속하는 자들의 뇌는 이런 망상에 사로잡혀 있다. 정상이 아닌 거다. 진정한 야당이라면 지금 신정부가 추진하는 깡패노조 개혁 같은 걸 들고나와야 하지만 그런 건 개뿔도 없고 오히려 그것들을 두둔한다. 모조리 사이비 정치꾼들로 여당 하는 일에 일일이 간섭하고 태클이나 거는 일로 정신들이 없다. 강력한 살균력을 겸비한 소시오패스 치료의 권위자와 항구적 면역력을 갖게 할 백신 전문가가 절대적으로 필요한 시대다.

검사가 할 일이 무엇인가? 검찰총장의 말인즉슨 나쁜 놈들 잡아서 법의 심판대로 보내는 일을 직업으로 하는 사람이다. 심판은 법원이 한다. 전 정권 시절에 심어놓은 좌·빨 앞잡이 판사들도 아직 법원 곳곳에 박혀있다. 문제라면 그것이 문제다. 좌 편향된 판사뿐만 아니라 법원에도 고정간첩이 없으란 법도 없다. 이런 상황을 먼저 알고 있는 자들 입에서 **날조한 허위 사실**이 튀어나오고 이를 퍼뜨리며 촛불 들고 시위라도 하라고 부추긴다. 여기에는 좌익 언론들이 또 앞장선다. 이런 조작과 선동이 먹히던 시대의 권력 끄나풀로 행세하던 자들이 아직도 꿈을 깨지 못한 거다. 참으로 가관이고 불쌍하기까지 하다.

곧 법의 심판을 받고 교도소로 가야 하는데도 자기가 무슨 대통령이라도 된 듯이 [기본소득]을 줄기차게 외쳐대는 걸 보면서 참으로 구차하다는 느낌마저 든다. 그 표정이 생각보다 진지한 것이 더욱 기묘하다. 깨달을 수 있겠는가? 속고 나서 사기꾼이라 욕하기 전에 속지 않는 것이 현명하다. 지난 5년 동안 지옥을 경험했으면, 두 번 다시 속을 사람 없을 거 같으나 눈먼 소경들은 귀까지 먹어서 돌아서면 까먹어버린다. 제발 정신들 차려야 할 것이다.

이재명 죄 많은 것이 왜 검찰 탓인가요_한동훈 장관 인터뷰 #shorts
https://youtube.com/shorts/eAu6TKT3dFg?feature=share

18. 전라도 시인의 외침, 그리고 민주당을 심판해야 할 이유

- 호남 사람들도 이 영상 시청하는 데는 거부감이 없을 것이다. 왜? 같은 지역 사람이니까. 그리고 그는 전라도를 대표하는 시인 중의 한 사람이다. 이 영상 시청 후에도 좌익 빨갱이들을 지지한다면 그는 필시 고정간첩이거나 그 사상에 동조하는 주사파가 틀림없을 것이니 이 땅에 살아갈 이유가 없다고 본다. 스스로 북으로 갈 것을 권한다.

아무리 바빠도 이 책을 손에 든 당신은 아래 영상을 유튜브 검색창에 입력하고 반드시 청취하자. 이 영상을 보고도 민주당 좌·빨·을 지지하는 자는 그 눈을 멀게 한 공산 이념의 바이러스 정체를 제대로 파악할 필요가 있다. 그 작업을 회피하거나 무시하면 반드시 당신의 발등에 불이 떨어질 것이다. 이 책에는 그것을 증명할 영적 칼이 내재되어 있다.

전라도 시인 정재학, "나라빚이 1분에 1억 씩 늘어나고 있다"
https://www.youtube.com/shorts/KU50HVaKRgg

정경희 "창원간첩단 전국 68곳, 북한에 나라 통째로 넘어갈 뻔"
https://www.youtube.com/shorts/BvKAqLFGA6Y

19. 일개 국가의 존망 - 따온 글이지만 수정함
— 국가(國家)는 어떻게 망(亡)하는가?

1975년 日本 월간지 문예춘추(文藝春秋)에 **[일본의 자살(自殺)]**이란 제목으로 한 편의 논문이 실렸다. 일군(一群)의 지식인 그룹이 공동 집필한 문건이다. 필자들은 동서고금 제(諸) 문명을 분석한 결과 모든 국가가 외부의 적이 아닌 내부 요인 때문에 스스로 붕괴한다는 결론을 내렸다.

그들이 찾아낸 국가 자살의 공통적 요인은 이기주의와 포퓰리즘(대중영합)이었던 것이다. 국민이 모두 작은 이익만 추종하고 지배 엘리트가 대중과 영합할 때 국가는 쇠망한다는 것이다. 수십 년간 잊힌 이 논문은 몇 년 전 아사히 신문이 인용하면서 다시 유명해졌다.

논문은 로마제국 쇠락의 원인을 빵과 서커스로 요약했다. 로마가 번영을 구가하면서 로마 시민들은 책임과 의무를 잊은 도덕적 유민(遊民)으로 변질했다. 그들은 대지주와 정치인에게 몰려가 빵을 요구했고 정치인들은 환심을 사려고 공짜로 빵을 주었다. 무료로 빵을 보장받아 시간이 남아도는 백성들이 무료해하자 지배층은 서커스까지 제공했다. 기원후 1세기 클라디우스 황제 시대 콜로세움(원형경기장)에선 격투기 같은 구경거리가 1년에 93회나 열렸다. 그것이 날로 늘어나 4세기 무렵엔 무려 175일간 서커스 공연이 벌어지는 상황이 됐다.

대중이 권리만 주장하고 엘리트가 대중의 비위를 맞추려 할 때 그 사회는 자살 코스로 접어든다. 로마는 활력을 잃은 복지국가와 태만한 레저사회로 변질하면서 쇠락의 길을 걷게 됐다. 그것은 로마만의 일은 아니었다. 인류 역사상 출현했던 모든 국가와 문명이 자체 모순 때문에 스스로 몰락했다. 국가가 기개를 잃고 자체적으로 문제를 해결할 능력을 상실하는 순간 자살로 치닫게 된다. 빵과 무상복지 서커스는 포퓰리즘을 상징한다. 40년 전 논문을 다시 꺼내 정독(精讀)하게 된 것은 대한민국의 상황이 바로 그와 유사하기 때문이다.

지금 우리의 문제는 눈앞의 이익만 취하려는 근시안적 이기주의가 판치는 세상이 되었다는 것이다. 증세(增稅)를 거부하면서 복지를 원하고 다가올 재정 파탄에는 눈을 감은 채 자기의 몫을 더 달라고 조른다. 로마는 국민에게 서커스를 제공했지만, 대한민국은 트로트를 제공하고 있다. TV 채널마다 온통 트로트다.

대한민국의 20세기 기적은 미래를 위해 현재를 인내하는 절제심과 책임감이었다. 그러나 지금 우리 사회는 미래는 없고 현재만 있다. 미래를 준비하며 국가전략을 짜야 할 정치 관료와 엘리트들은 인기에만 영합하며 문제를 놓치고 있다. 결국 파기됐지만 공무원 연금 개혁을 둘러싼 여야 합의는 빵과 서커스의 전형이었다. 고치는 시늉만 하고 공무원 연금 파산의 구조적 원인은 손도 대지 않았다. 그러면서도 국민연금까지 끌어들여 1,600조 원이나 더 보태는 불가능한 약속까지 하면서 포퓰리즘의 극치를 달렸다. 야당은 국익 대신 공무원 집단의 편을 들었고 여당은 야합했다. 야당은 공무원 연금으로 모자라 국민연금까지 포퓰리즘의 난장판으로 끌어들였고 여당도 동의했다. 여도 야도 눈앞의 현재만 달콤하게 속이는 조삼모사(朝三暮四)의 정치 서커스에 열을 올린 결과다. 새삼스러운 일도 아니다. 빵과 서커스와 같은 국가 자살 징후는 온갖 분야에서 목격되고 있다. 행정수도 이전의 부작용을 알면서 세종시를 만들었다. 무상급식 무상보육이 서민층 몫을 더 줄이는 역설(逆說)을 보고도 여전히 무상복지를 외치고 있다.

집단의 이익이 국가 이익보다 우선시 되고 집단의 몫을 쟁취하려는 떼쓰기가 곳곳에서 난무하고 있으니, 우리가 진정 걱정해야 할 것은 일본의 우경화도, 중국의 팽창주의도 아니다. 병리(病理)를 알면서도 치유할 힘을 잃은 자기 해결 능력 상실이 더 문제다. 망조(亡兆)가 든 나라는 타살(他殺)당하기 전에 스스로 쇠락하는 법이다. 국가 자살을 걱정 한 40년 전 일본 지식인들의 경고가 무섭도록 절실하게 다가온다.

국가의 자살? 지구상에서 수천 년 동안에 국가의 흥망을 분석해 보면 내부적 요인으로 쇠락해지면 이웃 국가가 못 이기는 척 먹어버리고 망해 버리는 것을 국가 자살이라고 표현했고 100년 전 조선이 그랬고 현재의 한국도 너무 닮았다. 정치권은 스스로 이 병을 절대로 고칠 수 없다. 아니 그들은 고칠 엄두를 낼 필요가 없다. 왜냐? 자기 지역구, 기득권 유지가 급하고 그 속에는 이기주의에 사로잡힌 자들밖에 없기 때문이다. 지금의 대한민국은 이렇게 중병으로 나자빠진 환자다.

나라가 망하고 나서
"정치인들 때문에 망했다."
"좌빨 때문에 망했다."
"강성 노조 때문에 망했다."
"전교조 때문에 망했다."
"국민들의 무관심 때문에 망했다."
라고 말한들 무슨 소용이 있겠나?   ― 좋은 글 중에서 ―

2023년 3월 28일, 대한민국의 비극
尹 대통령의 대법원장 임명권 박탈 법안 발의

https://www.youtube.com/shorts/cqbKVUoIrbE

- 저 민의의 전당이라는 곳이 야수들의 전용 놀이터가 되었구나!
한 번 당선되면 철밥통이라. 후회해도 소용없다, 어리석은 백성이여~
 내년이다. 24년 4월 10일, 반성의 기회는 한 번뿐이다.
    심판하라~ 인간이기를 거부한 자들을 심판하라.

20. 헌법재판소까지 침투한 [공산이념의 좀 벌레들]

2023년 3월 23일, 사법 최고 재판소의 하나인 헌법재판소마저 공산주의 추종 세력 감싸는 판단으로 만인의 공분을 초래하고 있다. 공산주사파 소시오패스 족속들이 장악했던 정권이 완전히 몰락한 게 아니다. 그것들이 뿌려놓은 바이러스가 완전히 박멸된 게 아니라는 뜻이다.

[과정은 잘못되었으나 결과는 유효하다]? 이런 괴변을 정확하게 말하면 [개-소리]라 한다. 법을 공부하고 법을 지키는 자들이 내놓을 말이 아니다. 공산주의 이념의 바이러스에 오염된 머리에서 억지로 짜 맞춰서 나올만한 조악하기 짝이 없는 논리다. 그런 게 아니라면 뇌 구조 자체가 다르다는 소시오패스의 전형이다. 대한민국의 안위나 국민의 권리 보호는 전혀 고려할 것도 없고, 저 북한 김정은 추종자들을 보호하겠다는 말과 다르지 않다. 자기들 죄를 덮으려고 전문 수사기관인 검찰이 전혀 손도 대지 못하도록 하겠다고 만든 [검·수·완·박·법]을 정당한 법이라고 판결한 그 자체가 정신 이상자의 논리다.

일반 국민의 의식 수준보다 모자란 머리로 어떻게 헌법재판관까지 하고 있는지 의구심이 생길 정도다. 헌법재판소라는 저곳 감투만 쓰면 특권의식 같은 게 생겨서 사이코패스나 소시오패스와 같은 그 본성이 드러나는 이상한 장소적 오염지역은 아닌지 정밀한 검사가 필요할 거 같다. [과정과 절차를 다 무시하고 결과만 유효하다]는 이런 말장난 논리는 헌법재판관 9명 전원의 머리 수준을 전 국민에게 공개한 것과 같다. 국민을 개돼지로 여기지 않으면 나올 수 없는 오만무례하기 짝이 없는 판결이다. 이걸 판사라 해야 하나, 빨·추(빨·갱이 추종자)라 해야 하나. 삼권분립 취지에 얽매여서 저런 자들을 정신병원에 보내지 않고 그냥 둘 필요가 있을까?

법이란 무엇인가? [무엇보다 상식적인 것이 법(法)]이다. 이 사실에 기초하여 만인을 위한다는 생각으로 판단만 하면 누구라도 지혜로운 **[솔로몬의 판결]**이 가능하다. 법과 대학을 나오고 사법시험에 합격했다고 해서 지혜로운 판단을 내릴 거라 믿어서는 안 된다는 확신을 전 국민에게 제공한 사건이다. **그 정신머리가 이미 [빨갱이 물]이 들었다면** 뇌 구조 자체가 변질된 상태라 제대로 된 판단을 할 수가 없다. 헌법재판관이 되기 전에 먼저 정신 감정과 사상 검정, 그리고 뇌 구조부터 정밀 검사를 받게 할 날이 도래한 것이다. 사악한 이념의 바이러스에 감염된 상태라면 **[법과 양심에 따라 판단한다]**고 할 때의 양심 자체가 없다. 그러니 무슨 놈의 지혜로운 판단을 기대한단 말인가. 99% 정치 편향적인 판단밖에 할 수밖에 없는 것이다.

같은 패거리의 죄를 덮으려고 전문 수사기관인 검사들의 수사권을 모조리 박탈하겠다는 발상, 그 자체만 해도 국민 분노를 폭발시킬 일이고, 법을 만드는 자들이 법을 무시하는 처사 하나만으로도 모조리 교도소로 보내야 할 판인데. 판결 과정이나 결과를 따지기 전에 그 판결문 논리만 따져봐도 그들의 안목이 초등생 수준밖에 안 된다. 저런 인간들이 어떤 연유로 국민의 권익을 위한답시고 최고 재판소에 앉아 있을까? 〈직권남용〉이란 죄가 바로 저런 자들에게 적용하려고 만든 게 아닌가 말이다. 그 법을 만든 자들, 또 그것을 판단하는 법관이라고 해서 예외는 없다. 10)**[떼·법 행위]**를 반드시 심판해야 한다.

그 악법을 만든 자들의 정신상태가 이미 소시오패스 증후군 환자들이라 한 번 잘못 찍은 선거 때문에 4년 동안 울화병을 앓아야 하는 국민의 고통은 이루 헤아릴 수가 없다. 이래서 우리 스스로가 국민 의식 수준을 끌어올려야 하고, **정신 똑바로 차려야 할 [정신 혁명]**이 절대적으로 필요한 것이다. 정치 공학적 이론이 아니라, 우리 국민 전체가 자발

---

10) **떼·법 행위** : 수적 우세를 이용해 자기들에게만 유리한 법안을 통과시키는 의회 횡포 또는 그 주체로서 여론몰이 또는 민주주의라는 이름으로 자행되는 악법 제정과 선전·선동으로 정상적 법치를 무너뜨리는 떼거리(집단) 행위다. 사악한 이념집단 민주당과 민노총 간첩들의 행태를 놓고 이 단어가 적절하게 사용되고 있다.

적으로 참여하여 들불처럼 일으키는 국민운동, 이것이야말로 세상을 바꾸는 가장 쉬운 방법이고 지혜다. **[국민이 주인]**이라면서 그 권리를 포기한 게 아니라면 무개념, 몰지각 바이러스에 오염된 상태다. 헌법에는 부합하지 않는다면서 그 결과는 유효하다는 머저리 판결을 한 헌법재판소, 전 정권에서 발탁한 뭐 **[법 연구]**한답시고 공산 이념 바이러스에 감염된 사특한 변호사가 더 많다. [우리법연구회], [민변(민주사회를 위한 변호사모임)], [국제인권법연구회]의 실체를 정확하게 알 수 있는 동영상을 소개한다. 한글 그대로 유튜브 검색창에 입력하거나 인터넷 서적이면 그 아래 URL 주소를 클릭만 하면 볼 수 있을 것이다.

[김광일쇼] '검수완박法' 꼼수 처리 눈감아준 헌재
https://www.youtube.com/watch?v=RY8pNgsk7xl&t=1s

[시위대가 철재 담장을 밧줄로 끌어내리며 무력으로 공장 진입을 시도하는 것은 일종의 면담 요청으로 폭력이 아니다]는 것이 민변의 대표적인 궤변 중 하나다. 이것뿐만 아니다. 삼권분립 중 법원의 최종 심판을 담당하는 대법원이란 곳에도 악성 바이러스에 감염된 자들, 그것이 아니라면 분명히 뇌물 먹은 소리가 튀어나오고 있다. 현재 대법관 뇌물죄로 수사 대상에 오른 정계의 잡범을 판결한 판결문이 또 화제다.

[거짓말에도 적극적인 거짓말이 있고 소극적인 거짓말이 있다]면서 판결하기를, **[소극적 거짓말이라 무죄]**라는 거다. 이 무슨 개-소리? 당신인들 알아듣겠는가? 마약 먹고 덜 깬 소리 아닌가. 이런 판결문을 보고도 아무런 반응이 없다면 당신의 뇌 상태도 이미 맛이 갔거나 사악한 이념의 바이러스에 지독히도 감염된 상태다. 아래 영상을 확인하자.

[김광일쇼] 검찰 "이재명, 재판 증언해 달라며 김인섭 측근에.
https://www.youtube.com/watch?v=83Exh0ZdZEo&t=149s

21. 평화를 원하거든 전쟁을 준비하라

민주주의는 힘의 우위를 통해서 피 흘릴 각오로 지켜야 하는 권리요 가치라는 것이 보통 사람 상식 아닌가? **"미군 없이 평화 못지키냐"**는 자들이 저 **[기본소득] 낚시꾼들**이다. 그들이 노리는 게 무엇인지는 불을 보듯 뻔하다. 선동질이 얼마나 효과가 있는지를 이미 맛본 상태라 깊이 생각할 필요도 없다. 미국 대사관 앞에서 데모질이나 일삼던 자들과 진배없다. 주민은 굶어 죽는 판에도 미사일이나 쏘아대는 정신 나간 인간이 지배하는 공산주의가 좋다면, 모조리 자진 월북하면 된다. 가지 않고 버티는 자들에 대한 처벌을 위해 특별법을 만들 필요도 있다. 이 사회를 어지럽히는 것은 물론, 바로 당신의 행복을 앗아갈 공산주의 이념의 바이러스나 퍼뜨리는 자들의 행태는 도둑놈의 절도 이상의 사악한 범죄다. 나라를 망하게 하는 여적죄로 다스려야 할 것이다. 여적죄를 저지르고도 멀쩡한 인간들이 너무도 많다. 이들을 처벌하지 않고 정의를 논하거나 국민 행복을 말할 수는 없는 것이다.

비스마르크-"역사를 잊은 민족에게 미래는 없다!" / 베제티우스 - "평화를 원하거든 전쟁을 준비하라"

평화를 원하거든 전쟁을 준비하라는 말이 무슨 말인지도 모르는 사람은 없을 것이다. 그런데 저 소시오패스들의 주장은 사람 죽이는 걸 파리 목숨처럼 여기는 김정은에게 뭐든지 달라는 대로 갖다 바치면서 그들에게 굴종하는 것이 전쟁을 막는다는 논리에 매몰되어 있다. 그러니 이 땅에 간첩이 활개를 쳐도 모르는 척했고, 적의 침투를 저지할 전차 방어선도 보기 흉하다는 명목으로 제거한 자들이다. 이루 말로 다 할 수 없는 국가 파괴행위를 저질러 놓고 그동안 핵 위협이 없었다고 천연덕스럽게 오리발이다. 초등생보다 못한 생각으로 어떻게 이 나라 안보를 책임질 대통령직을 수행했는지 의구심이 들지 않은 국민이 있을까? 그 정신머리를 이어받은 자들은 또 무슨 작당질을 계속하는지~~

김정은 살인마가 꼭 땅굴을 통해 총을 쏘며 내려와야 전쟁인가? 중국이나 북한이 전쟁을 일으킬 때는 이 땅을 먼저 혼란스럽게 한다. 그것은 분단 이래 중단 없이 진행 중이다. 황장엽 생전만 해도 이 땅에 고정간첩이 5만 명이 넘는다고 했다. 빨간 사상에 물든 노동조합과 공산 바이러스 주입에 열을 올리는 전교조, 자발적 동조자들까지 동원하여 폭동 수준의 혼란과 난동을 지령하고 있다. 법원과 검찰, 경찰, 학원, 대학, 종교계, 심지어 민의의 전당인 국회까지 좌익 주사파 세력이 침투하여 맹활약 중인 상태다. 이 사실 자체가 난국이다.

아무리 소경 세상이라 하지만 저 국회를 장악한 정치꾼들의 횡포가 가히 하늘을 찌를 듯하다. 민생이란 단어를 명분으로 지놈들 유리한 법안이나 만들기에 혈안이 되어 있다. 지난 총선에서 어떤 머저리들이 마약 먹고 표를 몰아준 게 아니면, 선거 자체를 조작하지 않고서야 어찌 169석, 보수당 103석보다 66석이나 더 많겠는가? 지금 하는 꼴을 보면 저게 국민의 대표인가 하는 느낌을 지울 수가 없으니 국민 화병 유발자들 아닌가?

뭐가 잘못되어도 한참 잘못됐는데 그 4년을 특권 누리기에 바쁘고 눈살 찌푸려질 언행으로 국민대표 이미지만 실추시킨 자들을 일일이 거론할 수조차 없다. 공영방송에 등장하여 뭐가 한 마디라도 말하는 순간마다 울화가 치민다. 이런 틈을 노리고 전쟁은 이미 시작되었다. 지금 중국 공산당의 침공이 개시되었다는 아래 동영상을 확인해 보자. 실제로 전쟁은 일어나지 않는다 해도 0.001%의 가능성도 대비해야 하는 것이 전쟁 아닌가? 그 참혹함도 모르고 지금의 풍요가 누구 덕분인지도 모르는 어리석은 세대를 교육해야 할 자들까지 사악한 이념의 좀비들로 변해 있으니 이 일을 어찌 두고만 봐야 하겠는가 말이다.

[중국은 높은 산봉우리요 우리는 작은 나라], 이따위로 굽실거린 게 실용 외교라고? 이건 뭐 대놓고 이적행위를 한 건지 아니면 조공 간신배였는지는 두고두고, 역사가들이 평가할 것이다. 지금도 그 후계자들이 곳곳에서 살아남아 나라를 어지럽히고 있다.

문재인, 베이징대 강연…"작은 나라지만 중국몽 같이"
https://www.youtube.com/watch?v=TFjZEGjFFWw

中, 韓 전방위 침공! 이 상황에 '그들'은 왜 침묵하나!
https://youtu.be/xzDavmsCsJw

최악의 상대는 저 살인 집단 북한이다. 우리가 구하고 도와야 할 상대는 그 살인마 권력이 아니라 그 압제로부터 핍박받으며 지옥 같은 삶을 살고 있는 북한 주민이다. [평화-쇼]를 위해 만나는 대가로 그 권력에다 거액을 갖다 바치는 조공 행위는 국민의 재산을 임의로 탕진하는 여적죄에 해당한다. 그러니 어떤 경우라도 〈사형〉에 해당하는 처벌보다 더 큰 벌을 받아야 할 것이다. 자기를 빛내기 위한 쇼-질은 김대중 시대로 끝냈어야 한다. 그런데도 계속하여 모방하는 자들이 등장하는 이유는 저 북의 선전·선동 문구가 남쪽의 어리석은 백성들 유혹하기 딱 좋은 사탕이기 때문이고 [평화-쇼] 자체가 어리석은 자들에게 [통일 환상 심어주는 데는 최적]이라 보기 때문이다. 사악하기 이를 데 없는 암 덩어리 집단이다. 이런 사실을 모르고 그저 선전·선동 문구에 미쳐 날뛰는 당신이라면 진정한 행복이나 진정한 기도가 불가능할 것이니 일찌감치 이 책을 덮어버리는 것이 나을지도 모른다.

    페이스북에서 캡처한 화면이다. 저 사람 정상일까? 이 나라 대통령 선거에까지 출마한 자 아닌가. 16,147,738명이라는 사람들이 그에게 표를 던졌던 거다. 그렇다면 22년 12월 말 기준, 주민등록 전 인구 51,439,038명의 31%나 되는 사람들이 집단 마취상태로 정신이 헤까닥, 어디론가 순간 이동했던 거다. 이런 기이한 일이 있었음에도 공영방송에서는 왜 한 줄도 보도한 적이 없는지 알다가도 모를 일이다. 그렇지 않고서야 어찌 제정신으로 저런 사람을 국민의 생명과 재산을 지킬 대통령으로 선택이라고 하겠는가 말이다. 정말 귀신이 곡할 일이 아닐 수 없다. 집단 마취가 아니라면 저 숫자가 조작이다. 지금까지 과연 정상적인 사람 중에서 조작 냄새 못 느낄 사람이 몇이나 되겠는가.

총성 없는 혁명은 진행 중이다

1. 나라 꼴을 사람으로 치면 총체적 중환자다

❶ 권력 사유화하고 국민 약탈 https://www.youtube.com/watch?v=p9ajVVDJFxY

❷ 문재인 정부 5년간 국가 채무 400조 증가

❸ 태양광 비리 표본조사서만 2,100억 원,

원전 전기의 4배로 구매하게 해서 한전 적자의 주원인이 됨
문재인, 환경파괴, 새똥, 비리 - https://www.youtube.com/shorts/Yzcffrk4_8s

❹ 탈원전으로 인한 한국전력의 영업 이익 23.01. 현재 **31조** 적자

문재인 정부 시절 3
년 동안 한국전력의
영업 이익 산출 도표

❺ [소득주도 성장]이라는 근로자 위주의 정책은 공산주의 이론의 연장 선상에서 보면 다 함께 잘 사는 사회를 건설하겠다는 그럴듯한 사상이 숨어 있으나, 이는 국민 입막음용으로 이용하고 뒤로는 나라를 파탄에 이를 정도로 북한에다 퍼다 준 정황이 포착되고 있으며, 이런 일이 반복 될수록 기업들의 투자는 위축되고 해외로 빠져나가는 원인만 제공했다.

조작이 먼저다 #shorts   https://www.youtube.com/shorts/FwsDzgbekRA

文의 정책들, 온실가스 감축, 연금 개혁, 脫원전, 한전공대, 가덕도
https://www.youtube.com/watch?v=MBnFc7_iUI4

● 교수 월급만 두 배, 1조5천억 투입, 한전공대 운영비까지 매년 500억 지원

한전공대, 세금 먹는 하마 심각하다 #shorts
https://www.youtube.com/shorts/yC9IQHualHg

한전공대, 어느 것 하나 미친 짓 아닌 것이 없다. 제정신에서 나라를 경영한 것인지, 아니면 장난친 것인지 알 수 없을 정도다. 아래 동영상 하나만 봐도 이건 정상적인 사고에서 나온 발상이 아니다. 총살감이란 말이 그냥 나온 게 아니란 사실을 단 몇 분 만에 깨닫게 해주는 짧은 영상이다. 초등학생 입에서도 [바보]라는 말이 나올 판이다. 왜 이런 중대한 사태를 저 좌·빨 공영방송에서는 방영조차 하지 않을까?

한전공대 벌써 폐교위기? #shorts
https://www.youtube.com/shorts/kPLk2Dur-v4

❻ 방공망 허물기와 군 기강 민간화

新東亞 프린트 미리보기 　　　　　　　　　　🖨 프린트하기

국제 [안보秘史 2013~2017]

文정부 9·19군사합의는 남침로 열어준 것

김정은, 2년 전까지 新남침로 무인기 정찰

입력 2019.03.28 / 715호(p182~193)

❼ 고정간첩 자유 활동 환경 조성, 사회 혼란 유발 환경 조성

어느 강남 학원 강사의 고백
https://www.youtube.com/watch?v=oUnN_QAPhnU

❽ 문재인이 키운 비영리 아닌 비양심 단체에 국민 혈세 314억 지원

[김광일쇼] 시민단체 아닌 '비리단체' '사기꾼단체'
https://www.youtube.com/watch?v=pVgb8-yiWME

❾ 공생관계, 문재인이 여론조사업체에 뿌린 돈 56억7천만원, 적은가?

❿ 김정은 만나기 전 얼마나 퍼 줬을까? 검찰이 지금 수사 중이고, 귀순한 청년 끌고 가서 북에다 넘겨주는 장면, 그 잔인함과 사악함의 극치, 잔학성을 보고도 그의 잔당 민주당을 지지한다는 소경들은 각자가 스스로 전기 충격기로 머리통을 지지기만 해도 개과천선의 기회를 얻을 수 있을 것이다. 김정은에 건네준 USB 그 속에는 도대체 무엇이 들었는지, 봉해버린 대통령 기록물도 다 열어서 그 비리 보따리를 낱낱이 밝혀야 한다. **24년 4월 10일 총선이 답**이다. 그 결과에 따라 밝은 세상이 될 것인지 암흑의 세상이 지속될 것인지 두 갈래 길에 서는 날이다.

2. 북한의 지령문, [퇴진이 추모다] - 이게 무슨 개-소리?

나라가 망할 때는 외부 요인으로 망하는 일이 없다고 하는 일본 논문 사례를 보더라도 이 나라는 지금 망조가 든 상태다. 향락과 이기주의가 극으로 치닫고 있기 때문이다. 이 시대, 현대인이라 생각하는 인간들의 정신상태가 아무래도 이상하다. 개인이기주의가 집단이기주의로 변한 것만 문제가 아니라 공산 이념의 바이러스가 추가되어 대량 증식된 상태다.

그리고 이것을 자극하여 정치적 광 팬(광란자들)을 확보하려는 사악한 정치꾼들의 선전·선동에 놀아나다 보니 이 어리석은 영혼들, 마침내 공산주의 이념의 바이러스에 녹-다운된 상태다. 한마디로 말해 영혼 없는 공산 이념의 좀비들로 가득하다. 촛불 들라면 광란까지도 마다하지 않아.

주는 게 있어야 받는 게 있다고 집단이기주의에 빠진 좌·빨 좀비들 또한 그 머리에 든 것이 없으니 북한에서 내려보내는 지령문을 받아야만 움직이는 아바타로 전락했는데. [미치광이 발광쇼]의 대가로 공작금이나 받아 챙기면 그만이었던 거다.

지난 5년 동안 죽은 귀신 우려먹는 달인들이 전수한 게 바로 그런 거 아닌가. 세월호로 죽은 아이들까지도 영혼 없는 인간들이 촛불 들고 날뛰도록 촉매제가 되어줘서 고맙다는 거였으니 문재인의 탁월한 편집 능력, 그 세월호 방명록의 [미안하다 고맙다]고 한 얼치기 표현보다 더 사악한 선전·선동 구호가 등장했다. [퇴진이 추모다] — 어찌 됐건 구호 하나는 잘 만들었다 했더니 역시나 저 북쪽 살인 집단의 지령이었다. 국회의원이라는 자들에게는 표 낚시질하기 좋은 절호의 기회다. 모조리 영혼이 증발하고 없는, 사악한 이념의 좀비들이라는 사실을 만천하에 공개하고 있다.

[핫 이슈] "윤 나오면 보수는 죽어"...대선 중 여론 공작한 간첩이 있었다
https://www.youtube.com/watch?v=X5glFr2zp8Q

3. 난세 영웅, 혁명가를 응원하라

중환자가 되어 나자빠진 나라를 다시 일으켜 세우려면 혁명가가 필요하다. 신정부는 지금 무력을 사용하지도 않으면서 가히 혁명적으로 개혁을 진행 중이다. 오로지 법과 원칙에 따라 공정과 정의를 실현하고 있는 그 뚝심 하나만으로도 영웅이다. 조작된 여론조사 따위는 중요하지도 않다. 역대 정부가 가장 겁내고 두려워서 오히려 사무실까지 공짜로 지원하던 11)**황제 노조를 철저하게 개혁**하고 있다. 나라를 사망 직전으로 몰아가던 암 덩어리를 제거하기 위해 겁 없이 칼을 들이댄 것이다. 혁명가가 아니면 불가능한 수술이다. 나라가 통째로 침몰하고 있는데도 트로트에나 열광하던 사람들이 깨달아야 할 것은, **진정한 영웅**이 바로 이 나라 대통령이라는 사실이다.

수십 년간 건설노조원들이 강도떼나 다름없는 조폭들로 행세한 범죄행각이 만천하에 드러나고 있다. 문재인에게는 표를 주고 건설 현장에서는 돈을 뜯은 추악한 공생관계를 반드시 확인하자. 얼치기가 저질러 놓은 엄청난 국가 파괴행위 중 일부다. 이것 하나만 해도 사람으로 치면 그 내장이 모조리 곯은 사망 직전의 상태, 김정은이가 쳐내려와도 꼼짝없이 당할 수밖에 없는 중환자 수준이다. 강도떼가 준동해도 손을 쓸 수 없었던 이유를 아래 유튜브를 통해 반드시 확인하자.

한글 제목 그대로 입력하면 된다.

11시 김광일쇼 1/20 (금) - 건설노조 1686억
https://www.youtube.com/live/JRf7LdVYCa0?feature=share

(내용 : 문 정부에는 표를 주고 건설 현장에서는 돈을 뜯은 조폭 노조)

---

11) **황제 노조** : 역대 정치꾼들이 사실은 뭔가 구린 게 있었으니 건드리지 못하고 공생관계를 유지할 수밖에 없었다고 보아 최고 권력 위에 군림했다는 뜻으로 '황제'라는 이름을 붙여준 강성 노조를 일컫는다. 국가 발전을 저해하는 이 암덩어리가 마침내 수술대 위에 올려졌으니, 윤석열 정부가 들어서면서 이것들의 비리와 정권의 생명까지도 좌지우지할 수 있는 간부급의 고정간첩까지 색출하고 있다. 영웅이 아니면 할 수 없는 혁명적 개혁이다.

4. 강도를 심판해야 할 사법부도 좌·빨 세상

공평과 정의의 보루인 법원이 좌익 소시오패스 집단으로 변했으니, 수십 년에 걸쳐 자행된 건설노조의 강도행각을 법원이 도대체 어떻게 판결했는지 아래 영상에서 또 확인하자. 정말 통탄할 일이다.

[김광일쇼] 각목 휘두르고 협박에도 집행유예
https://www.youtube.com/watch?v=KBc-ylwuTy4
내용 : 법원에도 숨어 있는 좌익 빨갱이 판사들

지난 5년 동안 눈이 감긴 우리 국민은 역대 **최악의 범죄집단**에다 이 나라 운명을 맡긴 꼴이다. 망하지 않은 것이 천만다행이다. 불과 5년 만에 빚을 400조 이상이나 늘려 놓으면서 북한 **간첩 양성소**를 운영한 건 아닌지 의심이 들 정도로, 곳곳에서 두더지처럼 숨어 있던 간첩 조직들이 붙잡히고 있다. 더구나 **간첩 잡는 국정원을 해체**하고 그 중요한 대공 업무를 경찰에게 이관하도록 법까지 만들어 놨다는 거 아닌가. 이렇게도 치밀하게 나라의 근간을 무너뜨린다는 것은 사악한 공산주의 이념에 미치지 않고서야 어찌 이다지도 대담할 수 있을까 싶다. 같은 족속들에게 정권이 이어졌더라면 지금쯤은 아마도 국가 파산도 파산이려니와 공산화가 진행되고 있을 게 아닌가. 정말 끔찍한 악몽의 세월이었다. 그게 바로 지옥문이 열린 상태다. 어느 누가 상상이나 할 수 있겠는가. 정신 줄 빠진 국민의 무감각, 무관심의 극치가 불러온 재앙이다. 까딱 잘못하다간 그 옛날 유대인들처럼 모조리 가스실로 끌려갈 뻔했다는 사실을 알까 모를까. 지금이라도 깨달을 수 있을까?

새 정부가 출범하자마자 곳곳에서 터져 나오는 망할 징조들. 잘못했으면 공산주의 피의 숙청을 겪어야 했을 이 나라를 다시 살리기 위해 가히 혁명적이라 할 개혁을 진행 중이다. 혹시 **[없는 죄 만드는 검찰]**이라든지 **[기본소득]** 공산주의 이념의 바이러스에 녹아나던 사람이라 할지라도 사태를 바로 보고 바로 아는 안목을 키워야 진정한 행복을 찾을 기회를 포착할 수 있을 것이다. 새 정부가 추진하는 외교력 또한 힘이 넘친다. 준비되어 있다고 자랑질이나 해대던 정치꾼들보다 더 잘 풀어간다. UAE를 방문했을 때의 환대 자체가 좌·빨 정부와는 그 격이 하늘과 땅 차이다. 이 나라 운명이 한 사람의 지도자로 인해 극렬하게 갈릴 수 있다는 사실에 안도의 한숨이 저절로 나온다. 새 정부의 각료들 또한 작은 영웅들 아닌가. 우리 국민은 누구라도 눈을 제대로 뜨고 이 사실을 똑바로 인식할 필요가 있다. 지금은 소리 없는 혁명이 진행 중이다. 나라를 지키다 순직하고도 천대나 받던 천안함 장병들의 영령(英靈)들까지도 다시 살려낼 수 있는 혁명, 정신이 제대로 박힌 국민이라면 이 시대 영웅들을 알아보고 적극적으로 응원해야 과거부터 무지, 몰지각에 빠져 있던 자기 자신을 구제하고 참회하는 길이 된다.

나라가 있어야 내가 있고,

내가 적극적으로 나서서
자유민주주의를 수호해야
나의 행복도 보장된다.

남을 먼저 배려하면 내가 먼저 행복해지고
나라를 먼저 생각해야 내가 먼저 행복해진다

5. 2024년 4월 10일, 좌·빨 심판의 날

국민을 대표할 내년 국회의원 선거로 반드시 화답해야 한다. 참 인간이기를 포기한 자들을 저 국회라는 민의의 전당에서 모조리 쫓아내야 할 권리와 의무, 그 결정권이 바로 우리 손에 달렸다. 명심해야 한다.

두 번 다시 속지 않기 위해

[공약 보고, 인물 보고 찍는다]는 머저리 짓은 그만하자.
- 좌·빨 심판의 선거 혁명, 국민 주권으로 완수하자 -

달콤한 사탕발림에 놀아나던 시대는 지난 5년으로 끝났다. 저들이 입에 게거품을 물면서까지 아무리 달콤한 사탕을 제시해도 두 번 다시 속아서는 안 된다. 그것은 정권이나 탈취하고 보자는 선전·선동에 불과하다고, 지난 5년을 돌이켜 보면 이가 갈리고 치가 떨리는데 어찌 그 때를 잊을 수가 있겠는지 **생각하라**.

지난 5년 동안 개돼지로 취급받던 그 수모와 고통과 분노를 잊어서는 안 된다. 우리 국민을 [달콤한 사탕이나 던져주면 좋아라 미쳐 날뛴다]고 생각한 그들의 음모와 사악함을 분쇄하지 않으면 이 나라에 미래는 없다. 굳이 총칼을 들고 싸우지 않아도, 저 좌·빨 공산주의 추종자들을 국회에서 모조리 몰아내는 것으로 우리의 권리를 확보해야 한다. 그것만이 최선, 최후의 방법이다. 명심해야 한다. 달리 애국자가 되는 게 아니다. 나라를 망친 족속들을 한 사람이라도 다시 국회로 보내자고 표를 던진 자들은 이 땅에 살 가치가 없고 이 땅에서 베푸는 혜택을 누릴 자격이 없다. 국가관을 앞세우면 자신의 정체성도 확립된다.

6. 같은 돌에 두 번 걸려 넘어지면 어리석은 자다

지난 5년을 생각하라.
그것은 악몽도 아니요,
실제로 지옥문이 열렸던 거다.

속아서 찍어준 국회의원, 그 수를 앞세워서 일삼고 있는 횡포가 눈에 보이지 않는가? **[저게 내가 찍은 국회의원이 맞는지]** 보고 또 확인하라. 저런 소시오패스 내로남불 인간들을 또다시 찍어주고 후회조차 하지 않을 사람이라면 이 책을 처음부터 다시 읽고 또 읽기를 권한다. 당신의 진정한 행복을 위해서다. [던져주는 사탕이나 빨고 입 닫고 있어라]는 자들, 국민을 개돼지로 여기는 자들은 공약이고 인물이고 따질 바가 아니다. 심판의 대상일 뿐이다.

[국민 저항 운동], 반드시 시작해야 한다. **24년 4월 10일이다.** 한 놈도 살려주면 안 된다. 모조리 공산 이념의 바이러스에 지독하게 감염된 빨갱이들이기 때문이다. 선거 때만 되면 천사로 돌변한다. 맘 독하게 먹지 않으면 또 말려들고 만다. 두 번 속는 거다. 머저리 짓이다. 그게 바로 어리석은 자요, 괴담 정치 제물(祭物)이 되는 거다.

빨갱이는 아무리 치장하고 위장해도 빨갱이다.

잊지 말아야 한다. 영원히~~~~
빨갱이는 이 땅에서 영원히 추방해야 한다.
빨갱이는 뇌 구조 자체가 다른 인간이다.
같은 인간으로 보면 안 된다.

7. 검찰 출신이 정치하면 안 되는 것이고, 나쁜 일인가?

신정부의 영웅들, 그 모두가 전 국민의 박수를 받아 마땅하다. 그런데도 사악한 자들의 편 가르기 수법에 놀아나는 어리석은 자들은 아직도 떼거리로 몰려다니며 시위나 일삼고 있다. 윤석열 정부가 임명한 몇몇 장관들이 오로지 **[검찰 출신]**이라는 이유로, **[검찰 공화국]**이라고 비난하는 이따위 허접한 선동에도 함께 편승하여 부화뇌동한다. 뭔가 찔리는 게 없다면 왜 그다지도 **[검찰]**이라는 단어에 알레르기 반응을 보인단 말인가. 개돼지라는 소리를 왜 듣는지 아는가?

자기 앞에 던져주는 선심, 선동에나 열광하면서 무조건 그 집단에 맹종한다면 그게 인간인가? **[사악한 이념의 바이러스]**에 모질게 감염되면 그것을 덮어씌운 자들이 좌익 빨갱이라도 좋고 범죄종합백화점이라도 상관없다는 거다. 그런 걸 일일이 따진다는 게 오히려 죄악이라 여길 정도다. 선과 악이 무엇인지 그 분별력을 상실했으니, 정신머리가 이미 **무감각, 몰지각, 몰상식의 바이러스에 잠식**되어 구제 불능이다.

[영혼 증발 상태]로 그냥 미쳐 날뛰다 보니 **[검찰 공화국]**이란 말이 왜 나왔는지 그 이유조차 알지 못한다. 저 사악한 좌익 빨갱이들의 괴담과 선전·선동에 부화뇌동하여 날뛰지만 않아도 국민을 두려워할 자들밖에 없다. 이 사실만 제대로 알고 깨달아도 눈이 떠질 것이다. 이렇게 쉬운 데도 그 함정에서 헤어나지 못하고 있으니 개돼지가 맞다.

국제 원자력기구 IAEA 사무총장의 한국 방문을 공항에서 2시간 가까이 가로막은 시위꾼들은 도대체 뭘 먹고 살까? 김정은 공작금 아니면 공산주의 사상 이념에나 찌든 자들이다. 괴담 퍼뜨리기로 대국민 사기극 연출에 미쳐 있는 저 좌익 빨갱이들에게 잘 보여서 공천이라도 받겠다는 사악한 정치 지망생도 아니라면 정말, 밥 먹고 할 짓 없는 자들이다. 저런 자들을 상대로 한 정신 교육도 의무적으로 실시해서 그 정신병을 국가에서 치료해 줘야 할 날이 도래한 듯하다. 느슨하게 풀어주면 그 정신들이 한정 없이 타락하고 사악해져서 개돼지보다 못한 수준으로 변할 수도 있음을 진단하기 위해 정신과 의사들이 좀 나설 수는 없을까? 공산 이념 바이러스가 코로나바이러스보다 더 치명적이란 사실을 누구 하나 나서서 밝히는 자가 없다. 모조리 감염되어 그 영혼이 집단 사망 상태로 치닫는 건 아닐까? 정신과에 가야 할 허깨비들이 검찰 탓만 하고 자빠진 곳, 바로 저 국회다.

검찰 출신이 정치를 하면 꺼꾸러졌던 공정도 정의도 모두 바로 설게 아닌가? 그런데도 [**검찰 공화국**] 어쩌고 지껄이는 놈들은 도대체 뇌 구조가 어떻게 생겼는지 아는 사람은 이미 다 안다. 뭘 잘못 먹고 헛소리하는 게 아니면 모조리 고정간첩이거나 나라를 북에다 갖다 바치려던 주사파 족속 그 잔당들이다. 지난 5년을 되돌아보자. 그것들이 바로 국민의 영혼을 강도질한 강도떼요 나라를 절딴낸 이적 떼다.

검찰총장, 그것도 자기들이 발탁해서 그 자리를 맡기고 "우리 총장님~" 하면서 "살아 있는 권력도 수사하라" 말할 때는 성인군자다. 그 하수인 비리를 합법적으로 수사하자 사악한 내로남불 근성을 드러냈던 자가 누군가? **사이코패스 / 소시오패스**라 해서 정수리에 뿔이 달린 것도 아니다. 그런 자들이 바로 소시오패스다. 그 피를 이어받은 족속들은 더욱 진화하여 한술 더 뜬다. 새 정부가 몇몇 요직을 검찰 출신으로 발탁했다 해서 [**검찰 공화국**]이라며 게거품을 문다.

[없는 죄~], [검찰 공화국~]어쩌고 하는 자들은 그들 스스로가 구린데가 있음을 고백하는 것이다. 그 우두머리를 수사하는 것에 대한 불만인들 왜 없겠냐마는 **죄인을 벌하는 형법을 만든 자들이 오히려 법을 부정하는 행태는 전형적인 소시오패스 정신질환자와 일치한다.** 정신과 의사들이 진단하는 정신병은 약으로도 치료할 수 있지만 저 사악한 소시오패스 정신병은 어떤 치료제나 백신도 준비되어 있지 않다.

바람 앞의 등불처럼 위태위태한 이 나라 앞길이 걱정이던 애국 국민은 검찰 출신 대통령의 탄생에 안도의 한숨이 나왔을 것이고, 이제는 잠을 설칠 일도 없다. 그런데도 아래와 같은 환자들은 끝이 없다.

원칙과 상식, 그 간단한 단어의 뜻이나 알고 하는 소리인지, 아니면 지난 5년 동안 저 달나라에나 가 있다 왔는지, 정신 감정이 필요할 것 같다.

지난 5년 동안 저 주사파 빨갱이들에게는 우리 국민의 상식과는 전혀 맞지 않고 오히려 반대되는 것들이 원칙이고 상식이었으니, 5년이란 세월 동안 뜨거워지는 냄비 속의 개구리처럼 서서히 동화되고 세뇌된 상태라, 그런 헛소리가 또 나와도 놀라는 사람도 없고 무덤덤하기만 하다. 그러니까 [어렵게 이룬 민주주의가 퇴행하는 것 같아 안타깝다]고 한 문재인의 잠꼬대를 공영방송이 나서서 나팔을 불어도 그게 무슨 소린지도 모르는지 다들 꿀 먹은 벙어리가 된 상태다.

비단 같이 듣기 좋았던 말 ―
[기회는 평등하고 과정은 공정하고 결과는 정의로울 것~]

자기들끼리만 평등하고 공정하게
자기편이면 무조건 생긴 거부터가 꼴뚜기라도
장관 자리 꿰차게 해주는 게
정의이고 원칙이고 상식이었으니
이다지도 정신 빠진 자들에게

두 번 속으면 어리석은 자다
입에 발린 소리, 선전 선동에 속지 말자

우세한 수(數)를 앞세워서 횡포만 일삼는 저 무지막지한 소시오패스들은 **이제 [청산해야 할 인간쓰레기들이라는 사실, 잊지 말아야 한다] 바로 내년이다. 2024년 4월 10일 저 민의의 전당에서 무조건 쓸어내어 버려야 한다. 그러나 어쩌겠는가.** 그동안 온갖 잡탕 바이러스에 무차별적으로 노출된 국민정신이 우려를 넘어서 위험 수준이다.

그런 개 같은 세월 5년 동안 저절로 세뇌되고 마취되어 모조리 구제불능 상태로 되고도 남을 일이지만 그 와중에도 정신 똑바로 차리고 자신의 영혼을 온전하게 보전한 애국자들, 이제는 똑똑히 보여줘야 한다. 마냥 바라만 보다가 저들의 농간에 또 넘어가서는 안 된다. 인물이고 공약이고 그런 거 볼 때가 아니다.

24년 4월 10일 총선에서는 공약 보고, 인물 보고 찍는다는 둥 어쩌고 하는 멍텅구리 짓은 하지 말아야 한다. 공약이라 해봐야 선심성 포퓰리즘 아니면 공산주의 사상 이념밖에 더 있겠는가.

8. 세계 속의 공산주의는 더 나은 방향으로 진화하지만

공산당 하나뿐인 사회주의 국가의 대표 격인 중국의 공산주의는 그 초기의 이념이 중요한 게 아니라고 한다. 그럼, 무엇이 중요하다는 말일까? 실리를 추구하고 국가의 이익을 우선한다는 것이다. 중국은 그만큼 진화하고 있는데 이 땅에 서식한 종북 주사파들의 머리는 아직도 구소련 시대 레닌을 이야기하고 케케묵은 **<마오쩌둥 사상>**에 빠져 있다. 대한민국의 좌익이란 암 덩어리는 바로 빨갱이 사상으로 무장하고 사회 혼란과 무장봉기를 획책하는 고정간첩들의 놀이터가 된 것이다.

저 중국 인민들의 정신상태가 지극히 정상이라면 이 땅을 어지럽히기만 하는 저 종북 주사파 족속들은 시대착오적 망상에 사로잡혀 있으며, 그 낡은 사상을 오로지 선전·선동의 도구로 이용하여 국가 전복만을 시도하고 있는 암적 존재다. 나라의 안위를 먼저 생각한다면 너무도 쉽게 전향도 가능하겠지만 뇌 구조 자체가 변형된 자들이라 되돌린다는 것이 불가능에 가깝다. 단 한 방에 처리할 방법은 없을까?

성경적으로 말하면 이 인간 세상의 사악함도 하나님이 창조하셨다는 사실, 그러니까 빛을 드러내기 위해 어둠을 지으시고 선(善)을 드러내기 위해 악(惡)도 지으신 거다. 악령들과 맞닥뜨려 전쟁할 것이 아니라 그것들이 서식하는 토양을 바꾸어버리면 저절로 소멸한다. 이것이 자연의 이치이고 신의 뜻이다. 그래도 정신이 온전하다고 자부하는 당신이라면 이런 상황을 제대로 인식하고 판단하여 그 사악한 선전·선동에 놀아나지만 않아도 이 땅에 서식하는 악귀들을 소멸시킬 수 있는 것이다.

중국 시진핑이 주창한 [대동의 사회]는 실리를 추구하고 국가 이익을 우선한다. 이 땅의 [소득 주도]나 [기본소득]은 시진핑의 공산주의 사상을 흉내 내고 있지만 그 목표는 이 땅을 공산화하는 것이고, 국가 이익 따위는 관심이 없다. 하는 짓거리를 보고도 정녕 모르겠단 말인가?

9. 헌법 제26조 ②항, 국회의원의 의무

헌법 제26조 2항은 국민을 대표하는 **국회의원의 의무**를 규정하고 있다. **[국회의원은 국가 이익을 우선하여 양심에 따라 직무를 행한다.]**

오늘날 국민을 대표한다는 저것들이 양심이야 쥐뿔만큼이라도 있는지 없는지는 고사하고, **[국가의 이익]**을 우선하여 직무를 행한다고 생각하는가? 저것들이 밤낮없이 하는 짓거리란, **[괴담 유포]** 아니면 **[반대를 위한 반대]**로 새 정부 발목이나 잡고 늘어지기나, 그 입에 달고 사는 **[민생경제]**밖에 더 있는가? 그런 것은 **[포퓰리즘]**이라 한다. 선심성 포퓰리즘과 국가 이익은 엄연히 구별되어야 한다. 특히 좌·빨 공산 이념 바이러스에 지독하게 오염된 저 민주를 입에 달고 사는 자들은 밤낮없이 대통령 말꼬투리나 잡고 거머리처럼 늘어지는 게 주특기다. 범죄 종합백화점이 된 그 집단의 두령님 방탄막 둘러치기나 골몰하는 거 외에 하는 짓이 도대체 무엇인지 들은 바도 없고 본 바도 없다. 국민 세금 아까운 건 둘째 치고, 치솟는 분노 때문에 울화통이 터질 지경이다. 저 놈의 국회를 해산시키자는 1천만 명 서명운동은 어떻게 되었는지 소식이 없다. 우리 국민정신은 너무 착한 것이 문제다.

특히 시정잡배(市井雜輩) 수준인 민주당 비례대표 것들 수준을 보면 저게 어떻게 발탁이나 되었을까 싶기도 한데 문재인 시절, 생긴 것부터가 꼴뚜기라도 자기편이기만 하면 개-소리 잘하는 우선순위로 장관까지 시키던 전례를 보아온 터라. 그 나물에 그 밥이라고 배운 게 어디 가겠는가. 어디 가서 저렇게 잡쓰레기를 쓸어 담아 왔나 싶다. 보다 차원 높은 곳을 향해 가야 할 당신은 **24년 4월 10일, 저 사악한 집단을 심판할 준비가 되어 있는가? 사람들이 오죽하면 저놈의 국회를 해산시키자 하는지 그 이유를 알아야 한다.**

10. 대 국민 호소문

호 소 문

2024년 4월 10일은 악을 심판하는 날입니다. 여러분~ 여당 하는 짓이 마음에 안 든다고 민주당 좌·빨 찍으면 이 나라 운명을 궁지로 몰아넣는 **최악의 선택**이 됩니다.

여당이 맘에 안 들면 자유민주당 고영주를 응원하십시오. 이 시대 진정한 우파, 여러분 권리를 실질적으로 대변할 것입니다. **날 선 비판, 현수막 정치의 효시**가 바로 **고영주**입니다. 사악한 자들은 아무리 모방해도 괴담이고 아무리 따라 해도 **자승자박** 스스로 멸망을 재촉하는 자들이니 반드시 심판해 줘야 합니다.

[인물 보고 찍는다], [정책 보고 찍는다]는 착한 짓, **이제는 그만해야 해야 합니다.** 간곡히 호소합니다.

애국 국민 여러분, 국민을 개돼지로 여기는 국회는 **'해산'이 답입니다.** 저것들이 지금까지 단 하루도 국가 이익을 우선하여 (직무랄 것도 없는) 세금 축내는 일 따위를, **하는 시늉이라도** 본 적 있습니까?

저들이 입에 달고 사는 **[민생경제]**는 퍼주고 표나 얻겠다는 **[사악한 선심 공세]**, 포퓰리즘에 지나지 않습니다. **정신 똑바로 차리지 않으면** 또 속고 맙니다. 저자들은 정상적인 인간이 아닙니다. 소시오패스 + 사이코패스로서 공산 이념에 미친 자들입니다.〉

11. 잔소리보다 더 위험한 것

지금 당장, 이 나라의 존립 자체를 위협하는 가장 큰 문제는 우리 내부에 있고, 사악한 이념의 바이러스가 국민 정서 속에 침투하여 유발한 **무관심과 무개념, 무감각, 몰지각, 몰상식이라는 정신과적 유행병이 위험 수준이다.** 진작에 이 나라는 저 북의 살인마 김정은 손아귀에 들어가고도 남을 일인데도 지금껏 건재하다는 사실이 기적이다.

앞서서 많은 시간을 할애하였다. 이 땅의 정치판을 통해 더럽고 추악한 바이러스 오염 상황을 보여주면서 그 심각성을 수도 없이 말해왔지만, 아직도 눈을 뜨지 못한 사람이 우리 주변에 널려 있다. 그들과 직접 싸워서 제압할 수 없다면, 그 사악한 무리와 전쟁을 치르고 있는 이 땅의 영웅이자 혁명가인 **윤석열 대통령을 지지하고 응원하는 것만으로도 애국하는 일이다.** 노파심에서 재삼, 재사 강조한다. 그리고 본인만 깨달을 것이 아니다. 적극적으로 홍보하고 알려서 허물어진 대한민국을 다시 일으켜 세우는 위대한 과업에 동참해야 한다. 이것이 우리 서민이 애국하는 최후의 방법이란 사실, 잊지 말아야 한다.

지금 이 나라는 **망국의 전조 증상**이 극에 달한 상태다. [**이기주의 극치**]와 [**향락 문화의 번성**]이 그 주된 원인이고 이를 정치적으로 이용하려는 집단이 그것을 더욱 조장하고 충동질하고 있으니 **그 사악한 공산주의 [이념의 바이러스] 전파가 위험 수위를 넘고 있다.** 도무지 벗어날 길이 없고 해결할 방법이 없는 이 마당에 정신이 그래도 온전한 사람들이 나서야 한다. 사태를 정확히 파악하는 것만으로도 치유의 길이 열릴 것이다. 대통령 한 사람만 바라보고 잘한다, 못한다는 사악한 집단의 여론조사만 쳐다보고 있을 시간적 여유가 없다. 저 사악한 무리가 떼를 지어서 발목을 잡고 생떼를 쓰고 있으니 나라를 위한다는 명분으로 저것들이 무슨 짓을 저지르고 있는지 그것을 먼저 똑바로 인식하는 것이 먼저다. 눈으로 보고도 말 한마디조차 못한다면, 그것이 바로 잔소리보다 더 위험한 **무관심, 무개념, 무감각의 극치다**. 이 나라가 지금 망국의 전조 증상, 그 중증 상태라는 인식을 가진 사람이 몇이나 될까 싶다. 나만 안녕하면 되는 게 아니라는 인식이 무엇보다 중요하다. 나라가 온전해야 나와 내 가족의 행복도 보장된다는 사실, 이제는 국민이 직접 보여줘야 할 때다. **집집마다 출입문에 [좌·빨 척결]**이라는 단어 하나라도 써 붙이고, 그 앞을 지나는 사람 한 사람이라도 더 쳐다보고 각성하도록 해야 할 의무가 우리 국민 모두에게 있다는 사실, 잊지 말아야 한다. 애국이라는 게 별 게 아니다. 진정한 애국자가 어떤 사람인지 분별할 줄 알아야 하고 그를 위해 지지하고 응원하기만 해도 된다. 거기서 더욱 힘을 보태려면 누구든 자기만의 구호를 적어서 집 밖에 걸어 두자. 그것이 무엇보다 적극적으로 나라를 위하는 길이고, 나의 권리를 되찾는 방법이라는 사실, 명심하자.

 아래 영상은 이 책을 더 읽어가기 전에 반드시, 반드시 유튜브 앱을 통해 확인하고 또 확인해서 이 나라가 처한 현실을 바로 알고 대처할 필요가 있다. 이 영상 하나만 제대로 인식해도 국민 정신은 달라질 것이다. 아무리 바빠도, 이 책을 더 이상 읽지 않아도 좋다. 이 영상만은 반드시 시청하자. 어려운 철학이 아니고 너무도 쉽게 설명하는 정치판이고 우리가 처한 현실이다.

[속보] 진실은 숨겨지지 않았다

https://www.youtube.com/watch?v=WNNY4dKmBtM

 문재인 지지율이 80%였다는 사실은 앞에서도 설명한 바 있다. 우리가 얼마나 무관심하고 무지했는지를 절실하게 깨달은 당신이라면 위 영상을 통해서 이 땅에 서식하고 있는 간첩 조직이 대한민국을 무너뜨리는 기폭제 역할을 하고 있다는 사실에 경악하지 않을 수 없을 것이다. 저 공산 이념의 바이러스를 퍼뜨린 정치꾼들이 또 얼마나 그것들을 묵인하고 돕고 있는지를 정확하게 인식하고, 개혁의 발목을 잡고 흔드는 사악한 입법 폭거에 맞서 싸워야 한다. 행동할 때다.

12. 대한민국의 운명

— 자기 행복이 중요하다면 대한민국의 운명에 관심이라도 가지자.

우리는 지금 어떤 상황에 놓여 있는지, 빨갱이들의 선전·선동에 놀아난 것은 아닌지, 개돼지 취급이나 받는 건 아닌지를 먼저 생각하자. 저들이 당근을 내밀 때는 항상 경계해야 한다. 지난 5년을 되돌아보면서 깨달아야 할 것이다. 역사 속에서 찾아보면 저것들은 인간의 심성을 가진 자들이 아니다. 저 북한의 적화통일에 동조하는 자들이요, 권력 탈취를 위해서는 살인 집단과도 야합하는 빨갱이들이란 사실을 잊지 말아야 한다.

아래 영상은 지금까지는 저 좌익 빨갱이 선전·선동에 놀아나고 있었다 하더라도 누구든지 반드시 시청하고 넘어가자. 교회 목사들과 연관이 있으나 일반적인 설교가 아니다. 대한민국의 운명을 좌우하는 강의다.

미국의 중국 공산당 부수기 전략과 대한민국의 미래

https://www.youtube.com/watch?v=N74cxChR7Pg - 이춘근 박사

미국의 한반도 통일 전략 공산주의 중국/북한 붕괴 - 이춘근 박사

https://www.youtube.com/watch?v=iO5MsFcwCCA&t=2483s

유튜브 검색창에 **이춘근 박사**라고 입력해도 수많은 동영상을 만날 수 있다. 선량한 국민을 개돼지로 여기면서 사악한 좌·빨 이념의 바이러스나 퍼뜨리는 TV를 쳐다볼 게 아니라, 유튜버에 들어가서 당신에게 유익한 유튜버들의 기사를 청취하라. 당신의 뇌 구조가 진정한 행복을 창조할 정상적인 뇌로 돌이킬 수 있는 토양이 조성될 것이다. 다시 한 번 강조한다. **당신이 진정 행복을 원한다면 나라 걱정을 먼저 하라.**

13. 역설적으로 본 애국자들, 그 공통분모는 뻔뻔함

❶ **문OO** - 공산주의 이념의 바이러스가 얼마나 지독하고 사악한 것인지 그 실체를 몸소 보여준 사이코패스로서 나라를 부도 위기로 몰아넣고도 멀쩡하게 내로남불이라는 신조어까지 창조한 대담성은 가히 기네스북에 등재될 위인임. 애국 국민의 공분과 그 반작용으로 50년 집권 나발 불던 좌익분자들의 책동을 사전 분쇄한 공로가 인정됨.

❷ **조O** - [내로남불] 차기 주자로 뜨다가 추락하면서 마누라, 자식들까지 합동으로 저지른 자녀 입시 비리로 징역 2년을 선고받고도 양심의 가책조차 못 느끼는 내로남불 가족애가 애처롭다. 서울대 교수 시절, SNS에 잘난 채 글 올릴 때부터 알아봤다. **[세상 지식이 많아진다고 해서 현명해지는 것은 아니다]**는 댓글을 달았을 때, 도올이란 인물은 그래도 자기 글을 삭제하는 걸 봤는데, 이 작자는 전혀 느낀 게 없는 것 같았다. 가족 공동으로 양심 불량 대상을 수여할만하다.

❸ **추OO** - 윤석열 검찰총장 상대로 깐족대거나 갈구면서 대통령으로 키운 일등 공신으로, 무궁화 훈장 대훈장을 받을 만한 업적을 남김. 당시 문재인으로부터 법무부 장관 감투를 하사받고 [저것도 장관이냐?]는 손가락질받을 만한 언사로 웃음을 자아낸 공로까지 더하면 가히 훈장-깜이라 할 만함. 어쨌든 문재인은 어디서 저런 인물을 찾아냈을까 싶은 사람들을 장관에 기용하는 특별한 재주가 있었다.

❹ **이OO** - 범죄 종합백화점으로 그 끝은 도대체 어디인지 감이 잡히지 않는 철면피의 전형인데, 그것을 오히려 옹호하고 당 대표까지 옹립하는 걸 보면 그 집단이 모조리 구린데가 있는 거 아니면 집단 소시오패스에 감염된 상태다. 전면에서 나대는 인물들 또한 어찌 그리 뺀질뺀질한 거까지 닮았는지, 한통속으로 뭉쳐서 국민 분노 유발을 주도하고

있다. 전 정권하에서 재미를 본 여론 조사업체들의 농간으로 아직도 민심이 조작되고 있다는 사실조차 아는지 모르는지, 내년 총선을 계기로 자멸할 것은 불을 보듯 뻔하다. 그 수괴가 감옥에 간 이후에는 또 어떤 주자가 떠오를지 그것이 기대되는데, 그 또한 이 땅에 좌·빨 세력의 발붙일 곳을 점점 줄어들게 만드는 애국자가 아닐까?

이 책을 손에 든 사람 중에는 이 책을 두고 대번에 [극우]라고 말할지도 모른다. 이 나라는 지금도 특별한 환경 즉, 살인마 김정은이 지배하는 지옥과 대치하고 있다는 사실을 아는가?. 술에 술 탄 듯 물에 물 탄 듯한 보수로는 나라의 장래를 보장받을 수가 없다. 그만큼 좌파나 진보라는 집단이 사악하고 잔인하게 진화하고 있는 것이 주원인이기도 하다. 이를 척결하고 국민의 행복과 재산을 지키려면 그것을 정확하게 상쇄시킬 수 있는 강력한 우파 세력이 필요한 것이다. 아래 영상은 종북 주사파 세력을 척결할 대안을 찾기 위해서 반드시 청취해야 할 거란 생각에서 올린 것이다.

[특별대담/공작관 최수용] 민노총 전교조 외 종북세력이 급속히 늘고 있는 이유 (대담 김동원 박사)_230525
https://www.youtube.com/watch?v=wkhSihLc1Zc

지금도 이 땅은 정의와 공정, 그리고 진실과 거짓이 무엇인지 구분이 없는 세상이다. 저 사악한 공산 주사파들이 그렇게 만들어 놨기 때문이다. 보수나 중도 그리고 미적지근한 우파로는 제대로 대적할 수가 없다. 오히려 그들의 밥이나 되지 않으면 다행이다.

조작과 부패의 중심 축으로 떠오른 선거관리 위원회 해체하고, 제 2삼청교육대를 만들어야 한다는 호소

[최수용의 이슈핵펀치]_230707 .... (좌측 한글문장만 입력)
https://www.youtube.com/watch?v=0Wdmey3rZvI&t=4329s

위 유튜브 영상은 좌파 빨갱이들이 보기에는 극우라고 할 수 있으나 저 막가파식 사악함의 극치인 민주당 빨·갱·이들을 상대하려면 이와 같은 강력한 우파가 필요하다. 없는 괴담이 아니라 빨갱이들의 본질을 직격하고 있는 동영상을 반드시 확인하고 넘어가자.

다음은 사이비 평화 세력의 국가 말살 사상을 반드시 분쇄해야 하는 이유가 분명하다. 유튜브 검색창에 "신원식"이라고만 검색해도 된다.

신원식 "북한에 굴복하는 게 평화인가?"
https://www.youtube.com/shorts/r7euElMdjiI

인간은 저 숲속의 굼벵이와 같은 존재다

1. 마음 비우기 위한 준비 단계

한 사람을 죽이면 살인자가 되지만 만인을 죽인 자는 영웅이 된다는 말이 있다. 그것은 이제 옛말이다. 한 사람을 죽이든 만인을 죽이든 살인자, 범죄자일 뿐이고 전쟁을 일으키면 전쟁범죄자다. 지금의 대한민국, 한 사람의 국민이라도 억울하게 죽은 자가 있는지를 살피고, 죽어가는 나라 경제를 일으켜 세울 진짜 영웅이 나타났는데도 사람들은 멀뚱멀뚱 쳐다만 보고 있다. 어떤 사람이 진정한 영웅인지 그 의미까지 알 필요 없다는 듯, 오로지 한 번 고우(go) 했으면 죽어도 끝까지 간다는 고집만은 대단하다. **[한 번 좌향 - 했으면 영원한 좌·빨]**인가? 이다지도 이념 편향에 사로잡히는 이유가 뭘까?

사이비 종교에 한 번 빠지면 재림했다는 예수 교주가 죽었는데도 못 떠나는 소경들이 무더기로 널렸다. 〈**한 번 좌·빨 = 영원한 좌·빨**〉로 한 정치인을 사이비 교주 모시듯 하는 자들은 그보다 더 지독한 사상과 이념에 마취되어 있다. 전향이라는 기회가 있어도 못한다. 왜? 그만큼 앞을 보는 눈이 없기 때문이다. 그러니까 먹고 배설하고 후손을 만드는 일, 그것으로 끝나는 인생들이다. 무엇 때문에 이런 극단적인 생각에 심취되어 깨어날 줄 모르는 것일까?

[개인의 이익]을 극렬하게 우선하다 보면 공산주의 선전·선동에 쉽게 빠져들게 되고 그 영혼마저 빼앗기는 것이 시간문제다. 이렇게 한 번이라도 마취되면 깨어나기가 불가능할 정도다. **개인이기주의 - 이것을 자극하는 [포퓰리즘 마약]**이 그만큼 지독하고 사악하다. 불과 5년 동안에

완전히 망쳐놓은 이 나라를 수습하기 위해 피땀을 흘리고 있는 새 정부보다 **좌·빨·당 지지도가 더 올라가기도 한다는 사실**, 해괴(駭怪)한 일이 아닐 수 없다. 아직도 여론 조작 세력이 암약하고 있는 게 아니라면 뭐가 잘못된 것일까? **강도떼의 잔당을 지지한다는 것이 말이 되냐** 이 말이다. 하긴 저 북쪽의 살인마를 흠모한다는 자들도 인간으로 취급받는 현실에서, 정신 줄이 제대로 작동되지 않는 변형 인간들이 무더기로 남아있다는 것이 그리 이상한 일이 아니긴 하다. 지난 정권 이후, 이 땅에는 한 나라가 망할 때나 보이는 [말기(末期) 증상]이 나타나고 있다. 평소에는 멀쩡하던 사람들이 자기 이익이나 정치적 이념이 개입될 때는 그냥 돌아버린다는 사실이다. 너무 노골적으로 제정신이 아닌 거다. 이런 **집단 미치광이 바이러스**의 창궐이 코로나보다 심각하다.

다시 말한다. **나라가 있어야 나의 행복도 무한 창조된다.** 입만 열었다 하면 민생 / 민생 하면서도 뒤로는 지놈들 잇속이나 챙기고 이 나라를 파괴하는 데 앞장서던 자들이 누군가? 아무리 못해도 지난 5년 동안 국가 파괴 공작에 찬동하고 거든 자들이다. 같은 돌에 두 번 걸려 넘어지면 어리석은 자다. 당신의 진정한 이익과 행복은 [소득 주도]나 [기본소득]으로 창출되는 것이 아니다 그것은 단지 사악한 이념에 근거한 미끼라는 사실을 잊지 말라. 2024년 4월 10일 이전에 당신은 이 책을 인연으로 사상을 전향하고 빛나는 삶을 위한 특단(特段)의 결정을 하게 될 것이다. 저것들을 심판하는 날이 24년 4월 10일이다.

지금 이 땅은 한 치 앞을 볼 수 없는 소경 천지다. 영적 지도자가 있기는 하나 **한발 앞서 있을 뿐 역시 소경들**이라, 소경이 소경을 인도하는 꼴이다. 그러니까 바로 눈앞의 자기 먹을 거나 찾게 되는 유혹 그런 것에 묶여서 떠오를 수 없는 당신, 사태를 바로 알고 사유할 때 당신 마음속에 먼저 천국을 이룬다는 사실을 명심하라. 이것이 바로 자연의 이치이고, 신의 뜻이다. 이 단순한 경지를 깨닫기만 하면 저절로 진정한 기도가 가능하다. 굳이 경지랄 것도 없다. 맘먹기 나름이다.

저 영적 지도자마저도 왜 소경인지는 그들이 과연 신의 존재를 알고, 진정으로 신과 교통할 수 있는지를 직접 물어보면 된다. 지금껏 세상에 등장한 어떤 지도자라 할지라도 그 하는 짓을 보면 도저히 신의 존재를 제대로 안다고 볼 수 없다. 그것을 증명하려면 성경 속의 [신과 같이 창조된 인간]의 모습을 설명할 수 있어야 한다. 특히 사이비 교주 노릇을 하는 자들이 자기가 [재림 예수]라고 하는데, 그 밑에서 머리를 조아리던 사람들은 그가 죽어도 그곳을 떠날 줄을 모른다는 사실. 재림한 예수가 죽는다? 이렇게도 황당한 일이 또 있을까마는 당신이라 해서 벗어날 길이 없다. 한결같이 무슨 이유라도 갖다 대면서 그 세뇌당한 상태에서 벗어나지 못할 것이다.

재림 예수라면 바로 하나님이다. 하나님이 죽고 난 뒤 [어머니 하나님]이라면서 그 교주의 마누라를 섬기는 교회도 있다. 웃기는 일 아닌가? 이래서 어둡다는 것이고 소경 천지라는 거다. 이해하겠는가? 정통을 주장하면서 모르는 거나, 이단 소리를 들을지언정 성경만은 그런대로 똑 부러지게 해석할지라도 하나님을 모르는 것은 오십보백보다.

여타 종교도 마찬가지다. 그 기도하는 모습만 봐도 답이 나온다. 이 땅의 모든 종교는 조금 더 업그레이드된 샤머니즘의 일종일 뿐이다. 그러니 그 영적 지도자를 자처하는 사람들이 하나의 이익단체나 봉사단체의 수장 역할이나 하는 거다. 너무 솔직해서 더 이상 반론의 여지가 없을 테지만 뭔가 이적을 봤다든지 하나님을 만났다든지 하면서 간증하거나 신의 은덕을 입었다고 하는 것은 하나의 확신일 뿐이다.

자기에게 일어난 잘된 일은 전부 신의 은덕, 신의 음성과 꿰맞추기만 하면 그럴듯한 간증이 가능하다. 종교라는 집단 속에서는 이렇게 발표해야 한다는 강박관념의 환경 속에 이미 세뇌(洗腦)되어 있다. 그러니 발표할 자료를 미리 준비하면서 자기 경험을 끌어들여 짜 맞추는 것이다. 환각이나 환청이 실제로 들렸는지는 자신조차 모를지라도 그냥 대충 둘러대기만 하면 어디 내놔도 손색이 없는 그럴듯한 간증이 꾸며지는 것이다. 당신이 **진정으로 신의 은덕을 바란다면**, 그 소망하는 바의 집착부터 버려야 한다. 세상만사에 집착하지 않는 초연함, 쉽게 말해 포기에 가까울 정도로 **[기대치]를 제로(0)에 맞출 때**, 당신은 미래에 대한 희망과 현재 가진 것에 대한 감사의 빛을 보게 될 것이다. 그것이 바로 하나님의 마음이고 부처님의 심성이다. 당신의 영혼이 먼저 맑아질 것이고 진정한 기도는 그럴 때 가능하다. 전혀 기대하지 않은 빈 마음속에 눈곱만치의 기대가 채워지면 무조건 감사하고 볼 일 아닌가 말이다. **무한 감사하는 마음**, 진정한 기도는 바로 거기서부터 출발이고 그것으로 완성된다. 자고 일어나면서부터 숨 쉬고 있는 현재, 살아 있음에 감사할 일이고 당신과 함께하는 가족이 있어 행복할 것이다. 가족이 없다고 슬퍼할 일도 아니다. 없으면 없는 대로 사색하는 시간이 많아서 좋다. 나뭇가지가 바람에 흔들리는 저 천연색 풍경을 보는 것조차 감사할 일이니, 세상 만물이 축복 그 자체다. 인간사 모든 것들을, 스쳐 지나기 전에 하나의 12)프레임에 사진처럼 담기만 하면 그것으로 멋진 그림이 되고 진정한 감사의 기도가 되는 것이다.

이 책을 읽어가노라면 당신 내면에 숨어 있는 또 다른 당신이 진정으로 원하는 게 무엇인지, 그것을 정확하게 알게 된다. 부나방처럼 쫓던 현란한 불빛이 아니라 진정으로 당신을 더 높은 차원으로 인도할 가치 있는 깨달음, 그것을 얻기 위해 기도하게 될 것이다. 그러기 위해서는 무조건 비워야 한다. 어떻게 비울 것인가? 산사에 가서 3천 배 절을 한다고 해서 비워지는 게 아니다. 어떻게 해야 쉽게 비울 수 있는지 그 방법론을 터득하기 위해서 가장 먼저 해야 할 일을 바로 앞에서 언급한 바 있다. **[기대치 제로(0)]**, 그것이 답이다.

---

11) **프레임**(frame) : 현실의 한 장면을 자신의 머릿속으로 끌어들여 하나의 영상으로 저장하는 능력을 키우게 되면, 자기 내면의 아름다움으로 승화시킬 수가 있고, 그것이 능숙해지게 되면 보다 빠르게 저장하는 것이 가능하고, 그보다 멋진 그림은 세상에 없을 것이다.

2. 신의 성품, 인간의 성품

성경에는 우리 인간이 태어날 때부터 신과 같은 성품을 지니도록 창조되었다고 한다. 하나님이 인간을 지으실 때 자기와 같이 지었다는 말씀이다. 그런데 하나님의 명령을 따르지 않고 선악과를 따 먹음으로 에덴의 동산에서 쫓겨났고 그런 연유로 수고하고 땀을 흘려야 먹을 것을 구할 것이라 한다. 그렇다면 하나님은 왜 하필 선악을 알게 하는 나무를 에덴동산 그 중앙에 심어놓고 그 실과를 절대 따먹지 말라 하셨을까? 그러나 뱀의 유혹에 넘어간 아담과 하와가 그 선악과를 따먹고 그들의 **"눈이 밝아져** 자기들의 몸이 벗은 줄을 알고 무화과나무 잎을 엮어 치마를 만들어 입었고, 하나님의 음성을 듣고 두려워서 숨었다"고 한다. **오히려 눈이 밝아져서 역시 동산 중앙에 있는 생명나무의 실과를 따먹고 우리 중 하나같이 되었으니 영생할까 하노라 하시고 그 에덴에서 쫓아냈다는 거다.**

아담과 하와 이전에도 인간의 존재가 확인되고 있는데도 우리가 지금까지 오해하고 있는 **인간의 시조라는 그들**(아담과 하와)**은 이미** 선악을 알게 하는 나무의 실과를 먹었으니 **[우리 중 하나같이]** 즉 **하나님**(또는 에덴의 사람들)과 **같이 되었다**는 것이고, 나머지 **생명나무의 실과만 따먹으면 영생**할 것이 확실하다. 그런데 쫓겨났다는 거 아닌가. 이들의 죄가 [단순 하나님 명령 위반]이라고 보면 영생이라는 큰 선물에 비해 너무 가혹한 거 아닌가 여겨지기도 한다. 그러나 신의 뜻과 사람의 생각은 완전히 다를 수도 있다는 사실, 그래서 반전이 일어난다.

하나님이 [우리 중 하나]라고 한 사실이 놀랍기도 하지만 창세기부터 계시록까지 그 모두가 비유로 기록되었으며, 이 성경 말씀이 바로 하나님이라 하니, 성경을 알아야 한다면서 그 뜻풀이에 따라 사이비 교주들이 출몰한다. 이들의 주장인즉슨, 성경에서 말하는 천국이 그들 집단에 이름을 등록하고 그 소속의 일원이 되기만 하면 **[천국 티켓]**을 획득한다는 거다. 이것부터가 좀 황당하지만, 생각보다 많은 사람이 몰려들기도 하고 뭔가 홀린 듯이 이끌려가서는 쉽게 헤어 나오지 못한다. 신흥 교주들의 주장인즉슨 [살아서 들어가는 천국]이 성경 속에 기록되어 있는데, 그것이 언제 이루어질 것인지 정확히 아는 자가 없다. '휴거 날'이라면서 지붕을 열어젖히고 하늘로 승천한다며 난리·법석을 떤 종교집단까지 등장, 그 교주들이 죽을 때까지도 이루어진 일이 없다. 지금도 맹활약 중인 교주들도 그 나이가 90세 전후로 죽을 때가 다 됐다. 결국에는 그 교주가 죽게 되고 중심 사상도 흐지부지되어 기성 교회들처럼 죽어서나 갈지 말지 알 수 없는 천국이 될 것이다. 그러니까 지금까지 아무도 신의 성품을 알지도 못하고 느끼지도 못한 것이 분명하다.

어쨌든 신과 같이 창조된 이 인간의 뇌는 보통 사람을 기준으로 그 능력의 5%만 사용할 수밖에 없도록 세팅되어 있다. 아인슈타인이 인간 두뇌의 30% 정도를 사용했을 뿐이고 우리 범인은 죽을 때까지도 5%만으로도 충분하다는 거다. 그렇다면 나머지 95%는 도대체 무엇 때문에 창조되었으며 그마저 닫혀 있느냐는 의문이 생긴다. 언젠가는 그것이 열리기라도 할까? 아담과 하와가 에덴에서 쫓겨날 때 그 95%마저 소멸한 건 아니다. 그 눈이 밝아진 상태는 유효하고, 생명나무의 열매를 따 먹지 못함으로 인해 영생하는 것만 배제된 것인지는 알 수 없으나, 저 선악을 알게 하는 나무를 뱀이 알려주었고 하나님이 그것을 먹으면 죽는다고 했으니, 아담과 그 자손들은 창세 이후 6000년 동안 줄곧 사망을 피할 수 없는 운명이라는 것이다. 그런 숙명을 지닌 인간이 과연 에덴에서 눈이 밝아진 상태 즉, 당시의 [우리와 같이 되었다]고 할 당시와 같이 [하나님의 성품]을 지금도 지니고 있을까? 그 열 수 있는 열쇠만 있으면 빛의 세상으로 열릴까?

성경을 알고 믿어야 한다는 교주들은, [제대로 해석한 성경 말씀 씨]가 들어간 사람을 생명나무라 하고, 사단의 목자가 된 자들이 선악을 알게 하는 나무라는 것이다. 간단하게 말해서 사이비 교주 자신이 바로 생명나무이니 거기 모이기만 하면 영생한다는 논리다. 이렇게 주장하던 교주들 모두가 영생은커녕 병마조차 이기지 못하고 죽는다. 그러니까 결국은 [살아서 영생]은 거짓말이 되고 정통을 주장하는 기존의 교회들처럼 **[죽어서나 영생]**인지도 애매한 상태로 기득권자들의 감언이설로 유지될 것이다. **결론은** 이 인간 세상에서 **신을 믿는다는 의미를 새롭게** 정의할 필요가 있으며, 착각이나 오류에 기인한 **기도 방법의 획기적인 개선**이 절실하게 요구된다고 할 것이다. 과연 우리가 신의 성품으로 살아가기 위해서 어떻게 기도할 것인지, 신과 같이 영원히 살기 위해서 어떻게 변화해야 하는지 그것이 핵심 문제다.

3. 암실과 같이 캄캄한 인간 세상

그러니까 이 인간 세상은 앞이 전혀 보이지 않는 암실과 같이 어둠 속에 잠겨있다. 알겠는가? 이것을 인정하고 보면 쉽게 답을 얻을 수 있다. 표면적인 눈들이 있어, 보고 듣고 느끼고 사유한다고 하지만 신과의 교류가 단절된 세상, 영적 어둠의 세상이라는 사실을 깨달아야 한다. 바로 옆에 하나님이 와 있어도 볼 수가 없다. **[그러니까 없다]**고 하는 과학자도 바로 옆에 우리와 함께 살아가고 있다. 이것을 이해하지 못하면 제대로 된 기도가 불가능하다. 바로 옆에 하나님이, 또는 부처님이 계신다는 뜻이니 당신 **[마음의 눈으로 봐야 보인다]**는 뜻이다. 표면적인 눈으로는 아무리 보려고 해도 보이지 않는다. 이것은 분명한 사실이다.

마음의 문을 열고, 진실한 마음으로 바라볼 때 영안이 열리고, 참 하나님, 부처님의 마음과 일체가 될 수 있는 것이다. 당신의 영혼이 바로 하나님과 합체가 되는 순간이다. 그 하나님 마음, 부처님 마음으로 세상을 바라보게 되면 당신의 영은 찰나의 순간 하늘에 닿을 것이고 이 인간 세상이 한눈에 내려다보이게 된다. 영적 순간이동이 실현되는 순간이다. 그러니까 깨달음이라는 것이 오래 수련한다고 얻어지는 것이 아니다. 일순간에 깨닫게 되는 것이니 속도로 보면 빛만큼 빠르다.

잠시 눈을 감고 생각해 보라. 무엇이라도 보이는가? 참마음, 신(神)의 마음으로 보는 것이다. 참 마음이라고 할 때의 '참'은 진리(眞理)라는 뜻이니 세상 속에는 진리가 없다. 오로지 하나님 말씀만이 진리라는 성경 말씀을 인용한다면 신(神)만이 진리다. 그러므로 신의 마음으로 세상을 관조하기 위해서는 지금까지 누차 강조한 몰지각, 몰상식 그리고 세상살이로 터득한 잡지식으로부터 초월할 필요가 있다. 누구라도 이것을 깨닫는 순간, 이 책에서 말하는 [편견]이 이 어둠의 세상 모든 사람에게 던져진 하나의 [화두]이고, 그런 것에서 벗어나야 [참 나]를 발견할 수 있다는 사실. 그래서 이 책을 [극우]로 몰아붙일 이유도 없어지고 오로지 [세상의 편견]이 사라진 그 빈자리를 신의 마음으로 채울 방법이 저절로 터득될 수 있음을 깨닫게 될 것이다.

이 암실과 같은 어둠 속에서는 표면적인 눈이 필요치 않으며, 있어도 없는 것과 같다. 한석봉의 어머니가 불을 끈 상태에서 아들에게 글을 써보라고 한 일화를 기억하는가? 캄캄한 어둠 속, 한석봉처럼 되라는 건 아니다. 바로 그 암실 속에서 당신도 글씨를 써보긴 하되 나름대로 **깨달은 바를 글로 작성**해보라는 거다. 그 후에 밝은 곳에서 그 글씨가 잘 써졌는지를 확인할 것은 아니다. 비뚤비뚤 작성된 당신의 글이지만 이쪽 세상과 저쪽 세상을 왔다 갔다 한 흔적이 거기 보일 것이니 그것을 보고 이 세상이 캄캄하다는 사실을 절실하게 깨닫자는 것이다. 아마도 당신의 마음이 청정할수록 글씨가 깨끗하게, 바르게 써질 것이고 아무렇게나 쓴 글씨라면 편견이 개입된 세상의 마음이 거기 녹아 있을 것이다. 다시 말해 세상의 잡지식이나 편견이 개입되지 않은, 오로지 정성 어린 하나님의 마음만 거기 녹아 있는지를 확인하자는 것이다.

어둠 속 영적 세상에서 마음의 눈으로 본 것을 표면적인 눈으로 다시 확인한다고 생각하라. 이것이 습관화되면 영적 눈도 더욱 밝아지는데 그 속도가 점점 빨라질 것이다. 이 원리는 신의 영역으로 들어가기 위한 준비 운동으로서 최선 최고의 방법이다. 어떤 판단조차도 보류하고 무조건 실천해 보는 것, 이것이 중요하다. 당신이 큰 깨달음을 얻기 위해 돈을 투자하는 것도 아니면서 얻을 수 있는 최고의 자산, 최고의 선물이 될 것이다. 다시 한번 말한다. 눈을 감았을 때 보이는 것, 그 깨달음을 글로 작성하고 그것을 수시로 확인하는 연습, 이것이 쌓이고 쌓여서 당신 마음속에 천국이 이루어진다는 사실을 마침내 깨닫게 될 것이다. 바로 한 번 실시해 보는 것이 중요하다.

만약 눈을 감고 있어도 아무런 생각이 없고 깨달아지는 것도 없으면 또 다른 당신, 무의식 속의 당신에게 질문을 해보라. 당신 안에는 또 다른 당신이 존재한다. 당신이 어떤 문제에 부닥쳤을 때 이렇게 할까, 저렇게 할까 하고 갈등할 때는 두 얼굴의 당신끼리 논쟁하고 있는 상태다. 긍정의 마음과 부정의 마음이 공존하고 있기 때문이다. 어쨌든 또 다른 내가 나의 마음속에 있다고 생각하고 그에게 하나의 문제를 제시해 보라. 가령 **[내가 지금 기도하긴 하는데 어떻게 하면 나의 기도가 하나님께 빨리 상달되게 할 것인가?]**하는 고차원적 질문을 던져도 된다. 아니면 내가 지금 쇼핑을 나가야 할지 말아야 할지를 물어보되 내가 진정으로 필요한 것이 무엇인지 거기에 초점을 맞추라. 당신 내면에서 울려 나오는 그 진실의 목소리를 듣는 순간 무엇인가 깨닫게 될 것이다. 그것이 진정 당신의 영혼이 원하는 바다. 욕망을 좇아서 더 많이 가지고 싶어 하고 더 좋은 것을 원하는 것은 당신의 겉껍데기에 불과하다. 자신의 진정한 참모습은 표면적인 눈으로 볼 수가 없다. 왜? 어둠 때문이다. 눈을 감고 캄캄한 어둠 속에서 당신 자신을 보고, 하나님을 볼 수 있기를 기도하라. 하나님의 심성으로 기도하면 누구든지 아주 쉽게 하나님의 음성을 들을 수 있는 초능력이 생긴다.

이 땅의 어둠을 깨닫는 것이 바로 해탈로 가는 첫걸음이다. 당신 내면의 진정한 소망을 파악하는 일, 나의 눈앞에 나타나는 욕망을 모조리 배제한 상태에서 내가 진정으로 원하는 것이 무엇인지 그것을 알아채는 것으로 시작이다. 당신의 영혼이 진정으로 무엇을 원하는지 그것을 문서로 만드는 작업은 고차원적 기도로 진입하기 위한 첫걸음이자 영적 세계로 진입하는 문이요 열쇠다. 그렇게 기록하다 보면 나름대로 그에 맞는 해답도 내놓을 수 있을 것이다.

문제도 해답도 아무것도 생각나지 않을 수 있다. 당신의 영이 너무도 캄캄한 암실 깊숙이, 보통 사람보다 더 깊은 곳에 들앉아 있다고 생각하면 된다. 이 인간 세상 자체가 영적으로 통하는 문이 완전히 닫혀 있다. 눈을 뜨고 있어도 볼 수 없는 당달봉사 천지다. 모두가 다 소경들이니 너무 상심하거나 자책할 필요는 없다. 어떤 상황에서도 당신 자신을 사랑할 필요가 있다. 지금은 어둠 속에 있는 당신이지만 언젠가는 빛의 세상을 맛볼 권리가 있는 것이다.

4. 모든 일에 감사하는 마음으로

또 다른 당신에게 질문할 걸 찾으려고 골똘하게 많은 생각을 허비할 필요는 없다. **[지금 당장 감사할 일]**을 찾아보라. 즉시 답을 얻을 수 있게 되고, 감사할 일이 의외로 많다는 사실에 놀랄 것이다. 살아있는 것으로도 감사할 일 아닌가? 감사하는 마음이 습관화되면 저절로 행복해지고, 굳이 기도까지 하지 않아도 하는 일들이 좋은 방향으로 전개될 것이다. 어떤 일에도 감사하는 마음, 그 긍정의 힘이 기적을 낳는 것이다. 하는 일마다 잘 안 풀리거나 슬픈 일로 마음이 아플 때, 절벽밖에 보이지 않을 때 당신은 무엇을 하겠는가? **[오히려 감사하는 마음]** 그것만이 당신에게 위로가 되고 당신의 영을 한 차원 높은 곳으로 끌어올려 줄 것이다. 고난이 우리를 더 강하게 단련시킨다는 것은 진리다.

지나고 보면 [오히려 잘된 일]이었음을 깨닫게 할 좋은 일이 곧 생길 거라는 긍정의 마음, [인생만사 세옹지마]를 떠올리기만 해도 마음이 한결 편해질 것이다. 지금 잘못된 것이 잠시 후에는 축복이 되어 돌아온다는 이치이니 살다 보면, 아니 지난날을 돌이켜 보면 언제나 그랬다는 것을 알 수 있다. 당신의 인생 속에서 일어나는 어떤 문제도 당신 마음속에 그 해결책이 있다는 것을 잊어서는 안 된다. 여기서 잠깐, 우환을 당했는데도 당신의 마음을 평온하게 유지할 수 있겠는가?

당신의 인생길에는 구비도 많고 산도 많다. 당신의 앞길이 절벽으로 가로막혔을 때도 낙담할 필요는 없다. 지금 당장 아무것도 할 수 없다고 생각하면 막막함뿐이리라. 시간이 더 걸리더라도 돌아서 가면 되겠지만 그것조차 좌절된 상태라면, **세월에다 맡겨보자. 도무지 해결할 방법이 없는 문제는 세월이 해결해줄 것이다.** 흘러가는 물 위의 나뭇잎을 보라. 그 가는 곳을 알지 못해도 고통스러워할 일이 없다. 당신의 자아와 존재감은 외부의 환경에 영향을 받을 일이 아니다. 여전히 존귀한 것이다. 당신 자신을 스스로 상하게 할 필요는 없다. 이것이 부처님의 마음, 하나님의 심성임을 알게 되면 당신은 그때 바로 신의 음성을 들을 귀가 열린다. 이 캄캄한 세상에서 보이지 않는 신의 음성을 듣는다는 것이 바로 신의 심성으로 사는 삶 속에서 이루어지고 이것은 생각하기 나름이라는 진리를 터득하게 될 것이다.

5. 신의 심성으로 기도하고 느끼는 법

성경 말씀이 진리라고 치면, 이 인간 세상에서 왜 우리가 신과 같은 통찰력을 행하지 못하는지는 앞에서도 말했듯이 영적 어둠 때문인데, 우리 **인간이 스스로 이것을 해결할 방법은 없을까?** 세상의 용어로 앞을 내다볼 수 있는 **지혜, 또는 안목을 통찰력이라 한다.** 우리 인간이 신과 같은 통찰력의 만분의 1이라도 발휘할 수 있었어도 이렇게까지 짐승들이 판치는 세상이 되도록 방치하지는 않았을 것이다. 이 인간 세상에서 통용되는 안목과 신의 영역으로 통하는 영적 안목은 그 차이가 하늘과 땅 차이다. **그러니까 신과 인간의 관계에서 그 경계, 비무장지대와 같은 중간 지대를 어떻게 좁힐 수 있느냐 하는 문제를 두고, 우리 스스로가 먼저 어떤 문제가 있는지를 점검할 필요가 있다.**

이토록 캄캄한 세상에서 우리 인간은 모두가 하나같이 굼벵이와 같은 존재다. 먹고 배설하고 후손을 만드는 일, 그것으로 생을 마감할 수밖에 없는 숙명적 한계를 지니고 있다. 누구든 이 사실을 인정할 수 있겠는가? 당신의 몸은 소중한 존재지만 당신의 영안(靈眼)은 닫혀 있는 상태라 소경과 다를 바가 없다. 뭐 하나 불편하거나 답답한 것도 없는데 무슨 소리냐고? 그러나 당신이 염원하고 기도할 때, 아무리 몸부림을 쳐도 신의 음성을 제대로 들을 수 없는 이유가 바로 신과 통할 수 있는 영적 세계 그 비밀의 문이 닫혀 있기 때문이다. 알겠는가? 어쩔 수 없이 굼벵이 삶을 면할 수가 없는 것이다.

부처님 말씀처럼 우리의 인생은 [태어나면 사멸할 것]이 약속되어 있고, 뭔가 특별한 것을 깨닫고자 하나 실제로는 [허무] 또는 [무상]이라는 단어 이외에 더 깨달을 게 없다. 수십 년 토굴 속에 들앉아 수행하는 행자나 1주일, 열흘 동안 금식기도를 하면서 하나님을 부르는 기독교인도 진정한 신의 음성을 듣는다거나, 고차원적 세계를 들여다볼 방법이 없다. 인간이면 누구나 다 영적 안목이 닫혀 있기 때문이다. 하나님의 음성을 들었다는 간증은 세상에 널려 있어도 그 약발은 일주일도 못 간다. 그런 신의 음성이라면 그 같은 생고생을 하지 않아도, 밤새도록 하나님을 부르지 않아도 쉽게 들을 방법은 따로 있다. 누구라도 또 다른 자신, 그 내면의 세계로 들어가서 질문을 던져보라. 지금껏 당신이 보았다는 신은 당신 자신이 만든 환영이고 상상 속의 신이다. 아니라고 해봐야 별수 없다. 샤머니즘에 젖어 있던 당신의 믿음만 거기서 한 발짝도 더 나아가지 못하고 그대로 유지나 될 뿐이다.

[이 암흑의 세상을 어떻게 탈출하여 하나님의 나라, 빛의 세상으로 나아갈 수 있을까?]라는 화두를 앞에 놓고 눈을 감아보라. 현실적인 문제다. 이 소경 세상의 앞선 자들이 13)**거짓**으로 선동하거나 [**기본소득**]이라는 미끼로 유혹할지라도 저것들이 우리 인간을 개돼지로 취급하고 있는 것은 아닌지, 그 저의가 무엇인지를 이 어둠 속에서 마음의 문을 열고 하나님 마음, 부처님 마음으로 바라보자는 것이다.

바로 당신 스스로가 하나님이 되고 부처가 되면 그들의 하는 말이 진실인지 구별이 된다. 그런 걸 판단하고 있으면 "벌 받는다" 또는 **"죄를 짓는 거"**라 세뇌되어 있으니 무조건 순종하도록 강요받는 것이 현대 종교의 특징이다. 그러니까 종교라고 생긴 거면 모두 샤머니즘의 연장선에서 벗어날 수가 없다, 진실로 하나님 명령을 실천할 자는 이 땅에 아무도 없다는 사실, 당신 자신이 하나님이 되고 부처님이 되면 저절로 깨닫게 될 것이다. 그래서 당신 스스로가 저 어둠 속에 헤매는 사람들을 구제할 책무가 있다고 생각하라.

세상에서는 지금도 앞선 자의 지시나 명령, 그 관습에 따라 신에게 엎드리는 피동적인 자세로 **종교 생활**을 했을 뿐이다. **그러나 지금부터는**

---

13) **거짓** : 이 땅의 선지자라 자처하는 사람들이 자기가 하는 말이나 깨달은 것이 절대적인 진리, 참하나님 말씀이라 믿고 있으나 하나님, 신의 입장으로 보면 모조리 거짓이다. 그러니까 성경에는 [너희의 생각과 나(하나님)의 생각은 다르다]고 한 말씀이 바로 그런 목자, 자신을 두고 한 말인 줄은 모르고 있다. 사람이란 사람은 지위고하, 세상의 신분 따위를 막론하고 모두 눈이 감긴 상태라 그럴 수밖에 없다.

능동적, 자발적으로 신의 입장, 하나님의 마음을 당신 마음과 일치시키라는 것이다. 그런 이후 세상을 바라보면 구원해야 할 인류가 한눈에 보인다. **[나 혼자 잘 살겠다]**는 집착으로 신에게 무엇인가 달라고 하는 것은 **샤머니즘을 벗어나지 못한 종교의 일종일 뿐 [진정한 신앙]은 아니다.** 당신 자신이 부처가 되고 하나님이 되는 이 반전의 **[발상 전환]**이 바로 **[진정한 신앙인]**으로 거듭나는 계기가 될 것이다.

세상의 어떤 종교라도 미래에 대한 두려움을 사라지게 하는 것이 아니라 더욱 신에 매달리도록 조장할 수밖에 없는 구조다. 자잘한 문제가 생길 때마다 빌기만 할 뿐이고 그러다가 한 인생이 끝난다. 어찌하겠는가? 현대의 젊은이들을 중심으로 자꾸만 떠나가고 있는 이 마당에 획기적이고 경이적인 방법, 그 간단하고도 쉬운 **[발상의 전환]**만으로 진정한 신앙인으로 거듭날 수 있다면 누구라도 한 번쯤 시도해 봄직도 하다. 너무 쉬워서 다들 시답잖게 여길 수도 있으리라. 그러나 세상에 두려울 게 있겠는가? 순간의 깨달음으로 당신의 영은 하늘 위로 업그레이드될 것이다. 숲속의 굼벵이는 자기 집이랄 수 있는 숲의 형상을 도무지 알지 못한다. 그러나 그 굼벵이가 부활하는 순간에 가능해진다. 나비가 되어 하늘로 날아오르면 자기가 살던 숲 전체를 한눈에 다 볼 수가 있는 것이다. **당신 영혼의 부활, 그것이 재림 예수**를 의미한다.

부활한 당신의 영혼, 그것을 가시적으로 보여줄 장소가 이미 조성되고 있으며, 거기 방문하는 사람들이 모두 하나같이 그곳에 조성된 조형물을 바라보기만 해도 [아~~~]하는 탄성이 쏟아질 그런 곳이다. 일시에 **[집단 깨달음]**을 얻을 수 있는 **[가시적 조형물]**, 그것은 부처가 없는 부처상이다. 이게 무슨 말일까?

분명히 **[부처 형상의 윤곽]**을 그려내고 있는 바위인데 그 속은 비어있다. 그러니까 부처가 없는 바윗덩이다. 그 바위 속에는 누구든지 들어가서 앉기만 하면, 단번에 스스로가 생불이 되도록 치밀하게 설계되어 있다. 즉 다시 말하면 아무리 바삐 돌아가는 관광 일정이라도 그 속에 들앉아 부처의 자세를 취하면서 인증-샷을 찍기만 하면 끝난다. 이후 집에 돌아가서 그 사진을 벽에 걸어 두고 바라보는 순간 자기 스스로 부처가 된 이미지를 표면적인 눈으로도 확인할 수가 있다.

당신 스스로 부처 되게 하는 아주 쉬운 방법이면서 실제로 당신의 영혼은 세상을 초월한 상태를 보여주는 것이니 그 사진을 매일매일 기도하는 마음으로 바라보기만 해도 당신의 영은 하늘을 닮아가는 것이 된다. 바로 하나님 마음, 부처님의 심성을 당신 마음속으로 끌어들이는 최면 요법이다. 종교가 어차피 최면 요법 아닌가? 그런 샤머니즘에 머물러 있는 종교의 개념을 진정한 신앙으로 업그레이드시키는 것이니 당신의 영적 안목은 한층 더 높아질 것이다. 신의 안목으로 변모시키는 최면 요법이라면 누구든지 기꺼이 한 번 시도해 볼 필요가 있을 것이다. 당신이 바로 하나님이 되고 부처님이 되는 방법을.

인간으로 태어나서 아득바득 살아가는 세상, 여기서는 아무리 찾아봐도 당신의 참모습이 보이지 않을 뿐만 아니라 참하나님도 만날 수가 없다. 당신 속의 편견과 아집과 삶 속에서 터득한 고정관념을 버릴 수 있을 때 당신의 자아가 눈을 뜨게 되면서 당신의 영을 한층 더 높은 곳으로 고양(高揚)시키는 것이니 그때라야 빛이 보이고 이 영적 어둠을 벗어날 수도 있게 된다. 그러니까 그 순간의 회열은 단순한 행복 이상으로 고귀한 깨달음을 줄 것이다. 그리고 이 땅에서의 삶이란 것이 어렵다거나 고통스러운 것이 아니고, 그저 만만하게만 느껴질 것이다. 당신의 어깨는 가벼워질 것이며 마음 비운다는 것도 아주 쉽게 느껴질 것이다. 다만 당신은 그 순간을 놓치지 않고 당신 것으로 낚아채야만 한다. 이것을 성경에서는 [천국을 침노한다]고 표현되어 있다. 당신의 영적 눈이 열리는 순간이며 스스로 하나님이 되고 천국을 소유하는 방법이니, 그 침노한다는 표현을 이해하는 데 도움이 된다. 피동적으로 찬양이나 하고 설교를 듣는 것만으로 천국을 소유할 수는 없는 것이다.

[천국의 완성 - 할 수 있다]는 걸 확신하고 인정하게 되면 순간적으로 큰 깨달음을 얻을 수도 있다. 왜? 이 암흑의 세상에서는 그 어떤 사람도 죽음을 초월하지 못한다는 사실. 죽음까지는 아니더라도 우리 인간이 할 수 있는 능력은 한계가 있다는 것을 깨달아야 한다. 쉽게 말해 욕망이란 것도 한계가 있음을 깨닫기만 해도 충분하다. 자~~ 이제 어느 정도 준비 운동이 이루어졌으면 고차원 기도의 단계로 진입해 보자.

또 다른 내면의 당신에게 아래와 같은 질문을 던져보라.

⟨내가 만약 하나님이라면 더 이상 기도할 일이 있을까?⟩

좀 건방진 생각 같으나 이런 질문을 던져보는 거, 이것이 중요하다. 이게 바로 **[발상의 전환]**이고 **[천국 소유 또는 천국 침노의 방법]**이란 사실을 여기서 공개하는 것이니 이것이 천기누설이다. 자기가 재림 예수라면서 수십만 명의 신도를 거느린 교주가 내놓는 증거(새로운 성경 해석)를 천기누설이라 알고 있으나 실은 그게 아니다. 그 증거대로라면 그들이 재림 예수, 곧 하나님이 되는 것이니 이 땅에는 벌써 천국이 이루어졌어야 한다. 그렇게도 많은 사람이 몰려 있는 그곳이 지금 천국인가 이 말이다. 과연 이 놀라운 사실 앞에서도 사람들은 아무 반응이 없다. 왜 그럴까? 생전 처음 듣는 소리인 데다가 천국이 그렇게도 쉽게 이루어진단 말이 실감이 나지 않기 때문이다.

인류가 현재 어떤 상태라고 했던가. 눈을 뜨고 있어도 보이지 않는 소경 즉 당달봉사들 천지다. 그러니까 선과 악, 진실과 거짓을 구별할 눈들이 없다. 그런 상태에서 최근 코로나보다 더 지독한 이념의 바이러스가 확산하면서 인간성 상실의 시대가 급속하게 도래한 것이니 이것은 개인이기주의가 집단화한 집단이기주의와 국가관의 부재 즉 나랏일에 대한 무관심, 무감각증, 몰지각 바이러스까지 더해지면서 인류의 종말을 예고라도 하듯 이 나라뿐만 아니라 전 지구적으로 위험 수위가 높아져 가고 있다. 그러니 무슨 수로 참하나님을 찾겠는가 이 말이다.

대통령 취임 선서부터가 성경 위에 손을 얹어놓고 선서하는 미국조차도 그 옛날 한국의 연탄가스 사고 소식만큼이나 총기 난사 사건이 빈번하게 발생한다. 밖에서 보면 좀 이상한 나라 같다. 그렇게 무차별적으로 총을 난사하는 정신 이상자들이 계속해서 나타나는데도 특별한 규제 법안을 만들거나 하는 일도 없다. 총기 제조업체와 선출직 의원들과의 커넥션을 끊을 수 없기 때문이라 한다. 그런 대표를 표 찍어준 미국민들 또한 뭔가 이상한 바이러스에 감염된 게 아닌가 하는 의심이 들게 한다. 언제 어디서 또 정신 나간 사람들의 총기 난사로 무고한 시민이 죽어 나갈지 불안해서 어떻게 살까? 참으로 아이러니하다. 이내 평온해진 사회, 그래도 자유가 보장되어 있다는 그것 하나만으로 미국이라는 거대한 나라는 세계 경영의 중심 국가다.

세계의 중심 국가, 거기서도 어김없이 나타나고 있는 공통적인 현상은 사람들의 무관심, 무감각, 무개념, 몰지각이라는 단어를 또다시 떠올리게 한다. 아무리 문명이 발달하고 잘 산다 해도 인간의 영적 눈이 차단된 상태는 여전히 똑같다. 내일 일을 알 수 없는 소경 세상이 워낙 깊어졌기 때문에, 이 상황을 [답답하다]거나 이상하게 여기지 않는다. 그게 정상인 것이다. 이 캄캄함에 적응하며 살아갈 뿐이다.

너무도 간단하고 참으로 기이한 [신의 나라 건설 방법]을 당신은 지금 확인하고 있다. 알겠는가? 이것을 세상에 전하는 것은 당신 혼자서도 가능하고 점점 더 많은 사람에게 전파될 것이니 전 인류가 동시에 성취하는 **[집단 성불]**, 성경에서 말하는 〈인자의 임함〉이 가능하다. 이 비밀을 당신 소유로 하고 싶으면 반드시 종이에 적어서 그것을 기도문으로 사용해 볼 필요가 있다. 당신은 이미 하나님의 심성으로 무장되어 있을 것이니 그것을 확인하는 차원이다. 세상 어디에 두려울 게 있겠는가? 인간 세상의 자잘한 삶의 고민이나 고통쯤은 초월한 상태라 그런 것에 연연할 필요가 없다. 이제 때가 된 것이다.

6. 오늘날 종교의 현주소

어떤 불교 종파는 이 땅의 젊은이들을 중심으로 종교에 대한 관념이 희박해져 가고 있는 현실을 일찌감치 간파하고, 사찰을 처분한 후 경치 좋은 곳에 터를 잡아 농사나 지으면서 힐링을 추구하는 하나의 사적 공동체로 변모하고 말았다. 더 이상 신도들의 시주로 유지하기에는 한계가 있고 대책이 없으니 그들 입장으로 보면 이해가 되고, 종교단체가 이렇게 기형적으로 변질하고 있는 현상을 나무랄 수도 없다. 더구나 향락과 이기주의에 빠진 젊은이들에게는 고행을 동반하는 수행이 절실하게 필요한 것도 아니고 어떤 감흥도 불러일으킬 게 없다.

이 땅에 천국을 건설하라는 신의 명령을 실천해야 할 교회는 또 어떤가? 그 본연의 임무를 알지 못한 것도 한 원인이지만 어떻게든 살아남으려는 몸부림은 계속된다. **[가정이 화목하고 자녀가 잘되는 교회]**라는 초대형 현수막을 내 건 교회가 실제로 대도시에 존재한다. 그 지도자부터가 **[신(神)이나 천국의 존재에 대한 확신]**이 없으니 명목을 잃어버린 교회들이 살아남기 위한 궁여지책으로 내건 **[가정 화목 캐치프레이즈]**로 겨우 버텨나가고 있는 게 사실이다. 해가 갈수록 신도 수(數)가 줄고 있으나 마땅한 대책이 없다. 혹자는 기사이적(奇事異蹟)으로 사람들을 현혹하거나 그럴듯한 경전 해석으로 수십만이 넘는 신도를 거느린 거대 종단이 등장하기도 한다. 그런 이적이 끊임없이 나타나는 것이 아닌데도 사람들이 구름처럼 몰리는 것은 탄력이 붙은 자신감과 입심의 결과다. 그게 아니면 여자 전도사를 미인계로 이용하여 교회를 통째로 먹어버린다는 말까지 나오는 이단 집단으로 낙인찍힌 경우다. 그런데도 그 교주는 이미 신처럼 숭배의 대상이 되었으니 광신도와 기득권 세력이 형성되는 것이고 그들에 의해 눈덩이처럼 그 수가 불어나는 거다.

미루어 보면 어디라도 의지하지 않으면 불안하기만 한 것이 우리네 인생이고 이를 이용한 사이비 교주의 등장은 문명이 아무리 발달해도 계속될 것이다. 그 교주가 죽는다 해도 많은 사람이 떠나지 못하는 것은 그곳에다 자기 인생을 걸기도 하고, 종착지라 믿었기 때문이기도 하다. 한 번 확신하고 믿어버리면 눈이 멀어버리는 효과가 생기기 때문에 더 좋은 곳이 있어도 보이지 않기도 하지만 실제로 더 좋은 곳이 없으니 그냥 눌러앉아 있을 수밖에 없다. 이곳저곳을 기웃거리다 한평생을 허비하는 구도자들도 상당수다.

이런 와중에 아무리 [종교의 혁신]을 외치고 [참 신앙인]이 될 수 있는 파격의 현장을 보여준다 해도 제대로 볼 수 있는 눈들이 없으니 이 어둠이 해제될 기미가 전혀 없는 것처럼 보인다. 제대로 본다는 것은 사물을 있는 그대로 직시하기만 하면 된다. 이것을 굳이 능력이라 할 필요도 없이 그냥 **보기만 하면 보이는데도 못 본다는 뜻**이다. 이 땅의 영적 지도자라 자처하는 유명한 목자라 할지라도 제대로 볼 수 있는 눈이 없다. 아직도 세상은 암실처럼 캄캄하기만 하니 어느 누가 눈 같은 눈을 뜨고 보겠느냐 말이다. 소경이 소경을 인도하는 꼴이라 태초부터 없던 눈이 갑자기 생길 리가 없는 것이다.

영적 지도자가 그 장단이니 일반 소경 입장은 오죽하겠는가. 그래도 이 땅의 내로라하는 국민 대표급 소경(유명 인사)들이 우글거리는 저 국회를 들여다보자. 내일이면 뽀록날 **왜곡과 허세, 허풍, 동문서답과 적반하장, 내로남불과 삿대질, 그리고 막말과 괴담에다, 이권 개입, 개인 비리, 성희롱 등 사악한 인간 모델 전시장 같다.** 그 낯짝에는 철판을 깔았으니 그래야 정치꾼답다. 이 인간 세상이 아직도 캄캄한 어둠 속에 잠겨있다는 사실을 진정 이해하겠는가? 이 악한 세상을 어떻게든 구원할 방법이 있을까?

이 어둠의 세상, 앞선 자들 안목이 그 정도밖에 안 되니 명목상으로도 앞장서는 영적 지도자가 필요한 것이고 그래서 종교가 성행하게 된 거다. 비록 샤머니즘에 머물러 있는 종교라 할지라도 이 소경 세상을 살아가는 사람들에게는 위로가 되는 것이다. 그런데 문제는 그 영적 지도 자들이 자기가 소경이란 사실을 전혀 인식하지 못한다는 데 있다. 왜 그럴까? 이 땅이 캄캄하다면 태양이 없는 밤중이고 그런 것만 어둠인 줄 알고 있기 때문이다. 기를 쓰고 기도해서 환상 또는 상상 속의 하나 님과 만나는 게 전부였으니, 거기서 한 발짝도 더 나아갈 생각 자체를 할 수 없도록 그 눈들이 감겨 있다는 사실이다.

개보다 못한 눈을 가지고 있으면서 육신의 눈으로 보이는 세상, 그 이 면을 들여다볼 수 있는 영적 눈이 태초부터 감겨 있다는 사실. 그 세월 을 거슬러서 100년 전의 니체가 찾던 신(神), 그 하나님이 보이지 않 는 이유를 두고 [어둠 때문이 아닐까?] 하고 의문을 제기한 적이 있으 나 그 당시의 니체가 다시 온다 해도 똑같이 그런 사실조차 어둠 속에 묻혀버릴 것이다. 어디 가서 참하나님을 만나고 성불할 수 있겠는가 말 이다. 당시의 니체가 [영적 어둠]을 언급했다는 자체만 해도 참으로 놀 라운 깨달음이라 할 것이다.

현대의 과학은 우주를 정복하려고 도전하고 있으나 이 인간 세상의 영적 어둠은 태초 그대로 진행 중이다. 이제 때가 되어, 영안을 밝히기 위해서는 저 극으로 치닫고 있는 국회를 보면 된다. 사악한 이념에 미 친 자들의 행태를 보면서 그 분노의 자극으로 눈을 뜨라는 것이다. 종 교의 역할이 바로 이런 소경 세상을 빛의 세상으로 바꾸어가는 여정에 서 꼭 필요한 루트가 된다.

다음 단계의 새로운 방법

1. 때가 되어야 한다

성경에는 [**때가 되어야 한다**]고 기록되어 있으며, 사이비 교주들은 지금이 그 [**때**]라고 주장하면서 자기가 재림예수라는 논리를 편다. **"사이비"**라는 용어도 누가 누구를 두고 하는 말인지 애매하긴 해도 신흥 종교에 사람들이 기웃거리는 이유가 대부분 현재 그들의 종교가 그만큼 불확실하다는 걸 반증한다. 세상이 얼마나 캄캄한지를 당신은 이미 깨달았을 것이다. 그렇게 새로 생긴 곳에 사람들이 몰려가긴 하지만 그 신흥 교주 역시 소경이라 우리 인생들이 지금 어디로 가고 있는지, 또 거기 모인 사람들을 어디로 인도할지를 도무지 알지 못한다.

모든 해답이 당신의 마음속에 있다는 사실을 깨달을 때, 그 [**때**]라는 것이 바로 그때다. 첫머리에서부터 밝힌 [**경고**]에서 [당신의 선한 마음속에서 생성되는 고차원적 깨달음]이라 밝힌 그것을 깨닫는 것으로 때를 만나는 것이다. 아직 그것을 감지하지 못할 수도 있다. 성경 구절을 아무리 달달 외우고 제아무리 그럴듯하게 해석해도 그 교주의 죽음으로 허망하게 끝난다. 그동안 해놓은 업적이란? 자기가 해석한 성경 구절, 그것을 그대로 따라 외우게 한 거, 그것이 전부다.

그러니까 지금껏 자기가 재림예수 또는 보혜사, 또 다른 보혜사, 성령, 대언자(代言者), 인자, 스룹바벨의 손 등으로 지칭하면서 자기에게 와야 천국의 비밀을 알 수 있다고 했는데, 이들이 하나같이 늙어서 죽게 되면 그 생전의 말이 모두 거짓말이 된다. 그런 악순환이 계속되는 동안 당신도 나이 들고 죽어갈 뿐이고 그 가는 종착지가 무덤이다. 그렇다면 무엇을 깨달아야 그 [때]가 되었음을 알 수 있을까? 다시 한번 말한다. 기독교 신흥 종단에서는 성경 말씀이 하나님이고 그 하나님을 알기 위해서는 실상의 성경을 알아야 하며 이것을 증거할 수 있어야 한다면서 성경 공부를 빡세게 시킨다. 거기에서 그치는 것이 아니라 또 다른 보혜사가 되어야 한다면서 지도자가 되기 위해 치열하게 경쟁하기도 한다. 신흥 종교의 한계가 여기까지다. 그 스스로 하나님과 같이 되어야 한다는 사실은 어느 누가 제대로 가르쳐 주지도 않고 그 방법도 알지 못한다. 그러니까 지금까지 아무도 해탈(解脫), 또는 천국을 소유했다는 말이 없다. 정통을 주장하는 교회들이 [죽어서 천국 갔다]는 것이고, 살아서 천국에 들어간다는 쪽에서도 [이단]이라는 소리나 들을 뿐 그 꿈같은 소망이 이루어진 적이 없다. 그 교주를 신처럼 떠받드는 폐단만 남기는 것이니 두 경우가 다 샤머니즘이다.

번뇌나 속박, 또는 굴레나 얽매임에서 벗어나는 것이 해탈인데 그것이 고통을 동반하는 수행이어야 했으니 일반인은 아무나 접근할 수가 없다. 그저 부처님 형상을 만들어 놓고 절이나 하고 시주나 하면 되는데, 코로나 팬더믹 이후 자동이체만 해도 된다는 편리한 세상이다. 교회들은 어떤가? **[수고하고 무거운 짐진 자들아, 다 내게로 오라]**면서 그 짐을 가볍게 해서 쉬게 해주겠다는 성경 구절을 이용하여 교회로 오라는 것인데. 일단 갔다고 하면 [더 무거운 짐]을 지운다. 이름만 붙이면 되는 헌금만 해도 그렇다. 빚을 내서라도 하라는 **[작정 헌금 강요]**는 성경 속의 14)**강도**가 어떤 자들인지 알지 못하기 때문에 발생한다. 이런 교회가 샤머니즘이 아니라고? [피난처]를 만든다면서 돈을 강요하는 자나 돈 갖다 바치는 자들의 **종교 행위가 다 샤머니즘**인 거다.

---

14) **강도** : 성경의 호세아 6장 9절 : [강도떼가 사람을 기다림같이 제사장의 무리가 세겜길에서 살인하니 저희가 사악함을 행하였느니라] 이 말이 무슨 뜻일까? **정통**과 **이단**이 서로가 상대방을 두고 하는 말이다. 둘 다 사악하다는 사실을 깨닫는 것이, 때가 되어 깨닫는 깨달음이다. 살인이란, 사람들의 영혼을 사로잡은 상태라 살아 있어도 죽은 것과 같다는 뜻에서 나온 말이다. 앞에서 정치판을 비판하면서 [인간 좀비]라는 말을 왜 했겠는지 생각해 보라.

2. 때가 되었다는 사실을 무엇으로 알 수 있을까?

당신 속의 또 다른 당신에게 물어보라. 이 세상이 지금 인간이 사는 세상인지를. 그것을 적나라하게 표면적인 눈으로도 아주 쉽게 보여주는 장면이 있으니 그것이 바로 정치판이다. 뉴스만 보면 된다. 거기 나오는 정치꾼들은 인간이기를 포기한 자들이라 정권 탈취밖에 관심이 없고 [국민] 또는 [민주]라는 단어는 수단에 불과하다.

[진정한 기도]와 [정신 혁명]으로 이 인간 세상을 천국으로 만들자는 기치를 내걸고 발간하는 이 책의 첫머리부터 정치 이야기를 많이 한 것도 다 이유가 있다. 왜 정신 혁명이 필요한지, 그리고 어떻게 해야 진정한 기도가 될 것인지 이제라도 어렴풋이 감이 잡히기 시작한다면 그것만으로도 때를 만난 거다. 그 길(=방법)을 제시하는 사람도 필요하지만, 그 많은 성경 구절을 일일이 외우거나 고행을 동반한 수행을 한다고 도달하는 것이 아니라, 각자가 한순간에 눈을 뜨는 깨달음, 이것이 키-포인트다.

후진국에서나 [묻지마 살인 사건]이 일어나는 건 아니다. 빛처럼 빠른 전파를 타고 인류가 하나 되는 시대다. 한국뿐만 아니라 전 지구적으로 사람의 형상을 하고 있으나 사람이 아닌 사람들이 무더기로 나타나고 있다. 지금까지 말한 [이기주의]의 망령이 전 세계로 퍼진 상태에서 사악한 종교 이념과 공산주의 사상이 접목되면서 인간의 종말을 예고한다. 더구나 세계 경영의 선봉에 선 미국조차도 이유도 없이 [총기 난사] 사고를 일으키는 정신질환자들로 골머리를 앓고 있다. **극단적이고 집단적인 이기주의 + 무개념 + 무감각 + 몰지각 + 몰상식 + 사악한 이념의 바이러스 + 소시오패스 증후군 = 영혼을 상실한 인간 좀비**로 전락하는 무시무시한 전염병이 전 세계를 위협하고 있는 거다. 세상의 끝에서 인간이기를 포기한 자들의 멸망이 종말이라는 뜻이고, 하나님의 이름으로 강도질이나 일삼는 자들의 종말도 가깝다는 얘기다.

3. 심청전에서 깨달을 수 있는 것

심청전의 심봉사가 눈을 뜰 수 있었던 원인은 무엇일까? 죽었다고 생각했던 소중한 딸이 살아 돌아와 아버지를 부르는 그 목소리의 위력이다. 이것은 외과 의사도 할 수 없고 어떤 기도로도 불가능하다. 심청전의 작자가 바로 당신이라 생각해 보라. 당신이라면 어떤 감동 콘텐츠로 눈이 감긴 소경들 눈을 뜨게 하겠는지를. 심청이와 같은 입장에서 또는 심봉사의 입장에 서서 눈이 감긴 이 땅의 수많은 사람을 구제하기 위해서 어떤 마법의 언어가 필요할까?

자기 몸 하나도 구원하지 못하는 이 땅의 수많은 (영적) **지도자들에게 묻는다. 마냥 기도나 하고 설법, 설교나 한다고 구원이 이루어질까?** 소극적이고 부정적인 인간 한계의 울타리를 뛰어넘는다고 생각하면 삼라만상을 객관적으로 바라보며 한눈에 헤아릴 수 있는 지혜와 통찰력이 생긴다. 당신에게 맞는, 당신의 눈을 밝힐 감동 콘텐츠를 창출하려면 당신 스스로가 부처가 되면 가능하다. 부처님의 마음으로 바라보는 당신을 상상할 수 있겠는가? 이것이 중요하다.

수십 수천 년, 아니 원래부터 감겨 있던 눈이 떠지는 이변이 일어나려면 심봉사에게 닥쳤던 놀라운 이변, 벼락에 감전됐다 살아난 후 뇌 구조가 바뀔 정도의 충격적이고 감동적인 콘텐츠가 가시적으로 나타나는 것이려니 우리의 영적 어둠도 그만큼의 감동적인 콘텐츠를 번개처럼 쏘아대면 가능하지 않을까? 그렇게 긴 말이 필요치 않다. 그런데 왜 이렇게 길게, 지루하게도 정치 이야기를 많이 하느냐고 화를 낼 사람들도 있겠지만

좌파든 우파든 당신의 정치적 관점을 배제하고 마음을 청정하게 만들 필요성이 있으며 그런 편파적인 이념에 빠져 있을 당신의 정체성을 먼

저 확보해야 하기 때문이다. 진정한 자아를 되찾는 일, 이것이 중요하다. 진정한 기도는 당신의 자아가 편견이나 아집, 그리고 고정관념에 사로잡혀 있기라도 하다면 제대로 이루어질 수가 없다. 왜일까? 반대로 생각하면 답이 나온다. 인간을 창조한 신의 입장이나 당신의 기도를 접수할 신의 입장을 먼저 생각하면 된다. 당신의 고민을 해결하려면 그런 고민을 안고 있을 다른 사람의 입장이 되어 보면 금방 답을 얻는 것과 같은 것이다.

신의 입장을 헤아리고자 한다면 신과 같은 레벨로 당신의 사고와 자아를 업그레이드하지 않으면 안 된다. **고차원 기도란** 바로 신의 입장으로 신의 마음으로 기도하는 것이기 때문이다. 하나님의 마음으로 기도한다는 자체가 벌써 완전한 기도에 도달하는 것이고 성경 말씀대로 완전한 곳으로 나아가는 방법이다. 불교에서 말하는 해탈 또는 성불과 같은 말이다. 부정적인 생각이나 편견은 진정한 기도를 불가능하게 하고 당신이 소망하는 것과는 반대 방향으로 가고 있는 당신을 어쩔 수 없이 방치하는 결과를 초래하고 말 것이다. 우리 인간의 마음속에는 두 마음 즉 또 하나의 내가 존재한다. 나는 정상적이지만 그 내면에 숨어 있는 또 다른 내가 편견에 사로잡혀 있을 확률이 매우 높다는 사실을 간과해서는 안 된다. 그런 의미에서 우리 인간은 모두 심봉사와 같은 소경이다. 영적 눈이 모조리 감겨 있으니 사물의 겉모습만 보고 판단할 따름이다. 그 영적 눈이 떠지려면 신청의 목소리와 같은 감동 콘텐츠가 필요한 것이다. 우리의 영혼을 쪼갤 수도 있는 그런 마술적 언어가.

눈들이 감긴 것이 태초부터이고 보이지 않는 영역을 볼 수 있는 또 다른 눈이 아주 철저하게 감겨 있다는 사실조차 모르는 소경 천지에서 지금까지 우리가 살아왔고 앞으로도 그렇게 살아갈 것이다. 표면적인 눈을 통해 아무리 진리의 빛을 주입한다 해도 도무지 열리지 않는 눈도 분명히 존재한다. 무슨 뜻인지 지금이라도 알아챘다면 당신에게는 가장 빠른 때다. 아무리 해도 이 사실이 이해조차 안 된다면 지금까지 당신의 뇌에 입력된 세상 지식의 잣대가 모조리 편견 덩어리임을 깨닫는 것이 먼저다. 성급하게 판단하려고만 하지 말고 잠시 아주 잠시 3초 동안이라도 당신 내면의 또 다른 당신에게 물어보라.

 당신이 진정 가치 있다고 생각하는 것이 지금까지는 돈과 명예와 일신의 영달 아니던가. 실제로 당신의 영은 무엇을 진정으로 원하는지 도무지 알 수 없었기 때문에 고통과 번민과 허무함이 반복되는 삶을 살고 있을 뿐이다. 왜 우리가 우울증에 걸리고 영과 육이 고통을 겪어야 하는지 그 원인을 알기 위해서는 당신 내면의 또 다른 당신에게 물어보면 된다. 그 방법이 무엇이라고 했던가? 그런 사람들을 구제하겠다고 맘먹는 순간에 당신의 영은 높은 산꼭대기로 업그레이드되고 그 눈 아래로 인간 세상이 한눈에 뵈게 된다. 시야를 넓히면 당신이 살아온 그 눈 아래 숲속의 굼벵이들의 삶, 당신의 삶이 다 보일 것이다. 보이는가? 만약 그렇다고 대답할 수 있다면 당신은 이미 다 깨달은 것이다.

 인류를 구원할 키-포인터도 한마디 말로 가능하다. 사람이 짐승과 다른 점은 무엇보다 언어를 사용한다는 데 있다. 일상 속 언어를 잘 들여다보자. 정말 중요한 발견이다. 발견에서 발명의 의도로 접근하면 마법의 언어가 나올 수도 있다는 건 현실 속에서 이미 증명되고 있다.

 [공안 검찰] [없는 죄를 만들어내는 검찰]이라는 조작 언어에도 수십만 명이 마취되는 것을 보면, 이 어둠 속의 영혼들이 눈을 뜰 수 있도록 전기 충격기의 역할을 할 **마술적 언어** 창출이 그렇게 어려운 것도 아니란 걸 알 수 있다. 어둠 속에 거하는 사람들에게 빛을 안겨줄 감동 콘텐츠 하나만 있으면 가능하다는 믿음, 이것이 중요하다.

 아무리 이 땅이 캄캄하다 해도 거짓과 술수와 위선으로 쌓은 탑은 오래지 않아 무너질 것이다. 그 허구가 바닥까지 드러난 이후에도 계속해서 눈을 뜨지 못하는 사람들도 의외로 많을 것이지만 [사악한 뱀도 하나님이 지으셨다]는 이 사실 하나만 알면 그냥 통과다. 언젠가 우리가 이 땅에서 천국을 이룬다손 치더라도 모두가 다 천국의 기쁨을 누리는 건 아니다. 많은 사람이 해탈의 강을 건넜는데도 계속하여 딸막거리기만 하는 사람, 딴짓을 계속하는 사람, 어깃장만 놓을 또 다른 집단이 있을 것이고 그들이 가는 그곳이 지옥이 될지 짐승 세상이 될지는 누구도 단정 짓지 못한다. 왜? 지금은 어둠의 세상이니까.

4. 국민이 나라 걱정하도록 만든 자의 뻔뻔함

1년 만에 돌아온 이낙연 "못다 한 책임 다할 것" / TV CHOSUN 신통방통

 저 사람 하는 말은 지금의 윤석열 정부는
[국민이 나라를 걱정하도록 만들었다]는 것이고,
그러니까 자기는 **[국가가 국민을 걱정하는 시대]**를 열겠다는 뭐 그런
되먹잖은 포퓰리즘에 꿀까지 발라 엄청 먹음직해 보이도록 만든 떡을
내밀고 있다. 그 말 듣겠다고 버스까지 수십 대 전세 내어 상경한 지지
자들이 공항을 메운 사진과 함께 그의 귀국을 알리는 뉴스가 방송되었
다. -23년6월27일

❶ **국민이 나라를 걱정하도록 만든 자가 누구지?** 저 사람이 바로 문재
인과 함께 나라를 궁지로 몰아넣고 국가 재정을 파탄 낸 장본인 아닌
가? 그 참, 미국에 가서 1년이나 넘게 뭘 연구했다는 건지, 적반하장
이 따로 없다. 불과 1년여 사이에 머리가 이상하게 된 건 아닐 테고~

❷ 국가의 주인이 국민인데, 그 주인이 국가를 걱정하는 게 잘못되기라

도 했다는 건가? 저 사람 하는 말은 [국가가 국민을 걱정해야 한다]는 거다. 어찌 보면 자식 걱정하는 인자한 부모 같다. 마마보이로 자란 현대 젊은이들은 **좋아 죽을 지경인가 보다**. 버스까지 전세 내어 공항까지 몰려들 간다. 우파 대통령이 집권할 때는 뭔가 사고라도 터지면 "대통령이 뭣 하고 있었는지"를 따지고, 그것을 빌미로 촛불 들고 난리·법석을 떤 자들 아닌가? 나라를 통째로 살인마 집단에 갖다 바치던 자들에게는 일언반구 꿀 먹은 벙어리가 되고 자기 이익과 관련된 거라면 저토록 환장들이다. 이런 자들이 있어서 행복한 것이 저 좌익 빨갱이들이다. 사악한 무리가 지난 5년 동안 나라를 통째로 무너뜨릴 수 있었던 것이 바로 저런 영혼 없는 자들의 환호에 힘입은 결과다. 두 번 다시 악몽의 세월을 초래하지 않으려면 저런 어리석은 자들을 상대로 한 정신 교육이 절대적으로 필요하다. 머저리들을 위한 삼청교육대~~~공영방송만 제대로 국민 교화 프로그램을 운영한다면 굳이 그런 것을 만들 필요는 없다. 그 공영방송들이 알 권리만 주장하면서 좌익 빨갱이들의 행적을 오히려 띄워주고 있는 것이 문제라는 것을 강조하기 위해서다.

알겠는가? 국민 스스로가 먼저 사고 날 걸 대비하고, 수해가 나기 전에는 자기 집부터 각자가 꼼꼼하게 점검할 필요가 있다. 세월호 사고로 많은 희생자가 나온 원인은 오로지 선장 한 사람 그 입에서 나온 말 한마디 때문이다. 사고를 유발한 최초의 원인은 별개로 하더라도 배가 침몰하는 와중에 내보낸 방송이 가장 큰 요인으로 작용했던 것이니, 배 안에 있던 사람들을 **[모두 방 안에 가만히 있어라]**고 **가둬놓고** 자기 혼자만 탈출했던 거다. 그놈 혹시 간첩 아닌가? 그게 아니라면 죽일 놈은 그놈 한 놈이다. 그 입에서 나온 말 한마디로 그만큼 많은 학생과 선생이 수장된 사건이 세월호 사고다.

사실을 오히려 은폐하면서 정치적으로 이용한 세력들이 재조사다 뭐다 하면서 혈세를 물 쓰듯 쏟아부은 사실을 아는가? 그 조사단에 쓰라고 준 돈(650억 원)이 미국의 9·11테러 조사비(163억 원)보다 몇 배나 더 많은가? 그따위 정권 유지를 위한 선심성 **[시체팔이]**를 두고 국가가 국민을 걱정하는 척하는 저 사람에게 물어보자. 그래, 무슨 도움이 되었는지를, 그리고 국가 재정 파탄은 누가 책임지는지를 분명히 따져봐야 할 것이다. 그 사용처에 대해서도 철저한 감사가 필요하다. 이렇듯 논점을 흐리고 선심이나 퍼부으면서 국가 재정을 파탄 낸 악마들이 정치를 했으니 나라 꼴이 **[악마들 잔칫집]**이 된 거다.

저 사람이 또 미국에서 책을 냈다는데 그 내용은 안 봐도 뻔하다. "**어렵게 달성한 평화와 번영**이 동시에 위협받게 됐고, 대한민국은 새로운 생존전략이 필요해졌다"며 "그에 대한 제 고민과 구상을 책에 담았다"고 설명했다. 이어서 "이 책이 국가생존을 걱정하는 일반 국민과 대한민국에 작은 도움이라도 되리라고 믿는다"고 덧붙였다 한다. 출판기념회를 여는 것은 여느 정치꾼들과 다를 바 없으나 그 책 내용이 적반하장, 내로남불, **[지난 과오(過誤) 뒤집기 작전]** 아니면 뭐겠나 싶다.

어렵게 달성한 평화와 번영? 이게 바로 그런 작전명이다. 그 아비에 그 자식이란 말이 있듯이 지난 5년 동안 이 대한민국이란 나라를 세월호처럼 침몰시켜 놓고도 그 선장이 한 말을 리바이벌한다. 말썽 일으키지 말고 조용히 핵 개발하라고 돈 퍼다 주면서 살인마에게 아부나 떨던 자들 아닌가? 어렵게 달성한 게 뭔지, 그 머리에 뭐가 들었는지 의구심이 들 정도다. 저 사람이 최장수로 국무총리 해먹은 사람이 맞는지, 이 땅의 인간들이 왜 저다지도 소경들인지 알겠는가? 최고지도자가 그 장단이니 저런 사람이 국무총리를 한다는 게 이상할 건 없지만 저런 자를 지지한답시고 버스 전세 내어 지방에서까지 올라갔다는 거 아닌가. 어쩌면 이 **인간 세상의 종말을 부채질하는 용병**(?)들이다.

5. 선거 조작의 은거지, 그 사악함의 극치

인간은 왜 역사까지도 아닌 엊그제 일을 잊어버리는 걸까? 아니다. 잊어버리는 게 아니라 조작 여론을 이용하여 정권을 탈취한 자들에게 **이미 세뇌되었으니 더 이상 뵈는 게 없다.** 그 사악한 무리가 내뱉는 선전·선동에 놀아날 뿐이다. 그러니까 저 사악한 무리가 그 맛을 잊을 수가 없고, 그 여론이 왜 조작될 수밖에 없는지, 원인을 밝혀보자.

기절초풍 민경욱/무슨일?/누리PD-TV - 2023년 6월 26일
https://www.youtube.com/watch?v=gS60MGmLUnE

선관위에 의뢰해서 받은 **[여론 조작 모집단]**을 통해서 여론조사를 진행해야 한다는 법까지 만들어져 있다는 사실, 우리 국민 한 사람이라도 알기나 할까? **여론조사를 공정하게 하도록 감독한다는 명분으로**

여론조사에 필요한 모든 시스템을 선관위가 장악하고 있다는 거다. **강도 집단의 권한**이 대통령보다 크다. 일국의 대통령도 그들의 여론 조작으로 가능하기 때문이다. 지금까지도 이 나라가 망하지 않은 게 정말 천우신조다. **[기적]** 이외에 더 이상 무슨 말을 하겠는가? 이 말을 부정할 사람 나와 보라. 섬뜩하다.

1차; 여론 조작, 2차; 공영방송을 통한 선전·선동, 3차; 선거 조작으로 이어진다고 볼 때, 이들의 권한은 무서울 정도로 막강하다. 그러니까 간단하게 여론만 조작해 놓고 보면 소경이나 다름없는 국민 눈 속이는 작업은 **[식은 죽 먹기]**다. 좌익 빨갱이들이 저 북의 지령을 받은 것이 아니라고 단언할 수 있겠는가? 낙하산으로 뿌려놓은 좌익 빨갱이들, 저것들이 장악하고 있는 서식지가 모조리 악의 뿌리다.

선관위 해체해야 하는 7가지 이유

https://www.youtube.com/shorts/AJ2TIFDHZq8

　선거관리위원회의 권한이 가히 대통령 권한 보다 세다는 걸 직감할 수 있겠는가? 언제부터 여론조사를 좌지우지할 권한을 집어넣었는지는 모르지만 아마도 저 주사파 정권 때가 아닐까 여겨진다. 때마침, 조직적이고 상습적인 [**채용 비리**]로 수사선상에 오르면서 깡패노조 다음으로 파헤쳐야 할 개혁 대상이 되었다. 한국 사람 성깔대로라면 당장에 긴급조치라도 내려서 저 국회부터 해산시키고 나라를 좀먹던 버러지들을 완전히 소탕해야 할 것이다. 지금이 기회다. 그러나 윤석열 새 정부는 오로지 법대로 뚜벅뚜벅 한걸음 씩 전진한다.

　최근에는 일본 원전 처리수(*이 처리수를 오염수라고 표현하는 자체가 벌써 괴담이다.*)를 빌미로 새 정부의 발목을 잡으며, **괴담과 방해 공작**으로 미쳐 날뛰고 있으나, 근본이 워낙 사악한 자들이라 더러운 짓을 일삼다가 저절로 곪아 터지는 바람에 들통이 난 거다. **공정?** 그것은 좌익 빨갱이, 지놈들끼리만 공정하다는 뜻이다. 민주가 없는 민주당과 한 통속이면서 [국민]이나 [공정]을 혀끝에만 달고 사는 집단이다. 사악하기 이를 데 없다. 그 뿌리를 통째로 도려내지 않으면 안 될 암 덩어리라는 사실로 때가 되었음을 만천하에 알리고 경각심을 일깨워야 한다.

　이제 모든 비밀이 풀리고 있다. 인간이 얼마나 간악할 수 있는지를 직접 눈으로 확인하면서 [**극에 달한 인간성 상실**]이 [**때가 되었음을 알리는 것**]이다. 인간이 아닌 것들을 심판하는 것이 하나님의 심판이다. 하나님을 믿으시는 당신이라면 하나님이 어떻게 심판하실지, 어느 정도 알고 있는지 궁금하다. 선과 악이 무엇인지, 거짓과 진실이 철저하게 가려지는 세상을 우리의 영혼은 갈망한다. 그것이 완전한 세상이라는 사실, 깨달을 수 있겠는가? **악의 무리를 멸족시키기 위해서는 먼저 눈이 밝아진 사람들이 나서야만 한다.**

대통령 한 사람이 난국을 해결할 수 없으며, 국가가 무엇을 해주길 기다리기 전에 **국가의 주인인 내가 국가를 위해** 무엇을 할 수 있는지를 깨달아 **직접 나서야 할 때다.**

[국민이 국가를 걱정해서 되겠느냐]면서 자기들의 과오(過誤)를 호도하고 있는 저 사악한 무리를 심판해야 할 때다. 뭐든지 다 해줄 것처럼 유혹하고 있으나 **달콤한 사탕 입에 물려놓고 권력 탈취를 목적으로 괴담이나 퍼뜨리는 사악한 무리다.** 국민을 개돼지로 여기는 그 얄팍한 선전·선동에 놀아나는 **어리석음에서 깨어나야 한다.** 지금이 바로 그 [때]다. 때를 알고 행동하는 자만이 천국을 침노하는 것이니, 먼저 뛰어들어 건너는 자가 이기는 자요, 이 어둠에서 깨어나는 자다. 이 성취로 향하는 강을 건널까 말까, 당신이 의심하고 주저하는 동안에 상황은 끝날 것이다. **바로 내년(2024년) 4월 10일이다. 심판의 날이다.**

좌익 빨갱이들의 민주화란 무엇인가?

김광일 쇼 충격 9844명 https://www.youtube.com/feed/history

고차원 기도

- 이미 다 이루어졌느니라 -

하나님도 좋고 부처님도 좋다.
당신이 만약 신(神)을 믿는다면
줄곧 저 높은 곳에만 계시던 절대자,
경배의 대상으로 바라만 보던 하나님과 부처님을
간단한 [불러오기]를 한 다음
당신 내면의 또 다른 당신과 치환하라
그때부터 당신 마음속에는 그 하나님, 함께 하신다

저 연좌대(蓮座臺) 높은 곳에 계신 부처님을
당신이 절 올리던 바닥으로 내려오시게 해서
당신의 잠재의식 속 또 다른 당신과 치환하라는 거다
그때부터 당신 마음속에는 그 부처님 거 하나니

자, 다시는 세상에 두려울 게 없고
잡다하게 먹고 사는 일로 고민할 일 없을 것이니
세상의 슬픔과 분노, 번뇌, 고난 따위는
그 모두 초월한 것이라 그것들은 이미
먼지가 되고 바람같이 사라졌느니라

궁핍하던 삶은 육신의 부지런함으로 해결하고
 지금 당장 해결할 수 없는 문제는
 그냥 접어두고 다음 문제 풀면 된다
 인간의 힘으로 안 되는 것들, 세월에 맡겨놓고
 고통을 고통으로 느끼지 않으려면
 세상만사가 [세옹지마]라 맘먹기 나름이니

 중생의 소원 모두 담아 염불하기를
 나무아미 타불 관세음 보살
 나무아미 타불 관세음 보살~~

 당신의 염불 소리는
 당신 속 부처님의 기도 소리
 천국이 저 4차원 어딘가에 존재하는 거
 절대 아니고 바로 당신 마음속에
 부처님, 하나님 거하는 곳, 거기가 바로
 당신이 찾고 찾는 천국이다
 당신이 가는 곳 어디든지 천국이고
 이 땅에서 마침내 천국이 이루어지나니.

주기도문을 외워보라.
 하늘에서 이룬 것같이 땅에서도 이루어지이다
 하나님의 나라가 당신 마음속에 이루어졌으니
 두루두루 전하기만 하면 바로 이 땅이
 천국이 되는 것을 오늘에야 깨닫는 것이라
 이미 다 이루어졌느니라

1. 한 치 앞을 볼 수 없는 인간의 눈

 속설에 의하면 사람의 눈에 보이지 않는 귀신이 개의 눈에는 보인다고 한다.   - 실화 하나를 소개한다. -

 울산의 한 분식점 주인아주머니가 직접 겪은 사건인데 너무 기이하고 놀라워서 20년이 지난 지금까지도 생생하게 기억되고 있다는 거다.

 바로 어젯밤이라 보면, 11시 30분경이라고 한다. 여느 때처럼 하루의 일과를 마치고 청소까지 끝낸 뒤. 마지막으로 홀에서 모은 쓰레기를 들고 가게 밖으로 나갔다는데. 단독 건물 바로 옆 대문을 열고 들어가서 평소에는 보이지 않는 곳에 놓아둔 큰 쓰레기봉투 쪽으로 발길을 돌리던 그녀는 순간적으로 기겁하고 말았다.

 거기서 바로 올려다보이는 이층 주인집 방문 앞에 거짓말 조금 보태서 망아지만큼 큰 흰 개 한 마리가 아래를 내려다보고 울부짖더라는 거다. 그냥 개 짖는 소리가 아니라 납량 특집 드라마에서나 들을 수 있는 늑대 울음, [우우~~~~]하는 이상한 개소리를 내는 바람에 혼비백산하고 말았다는 거다.

 어째, 나중에 생각하니 흰 개가 확실한데 그때는 왜 그렇게 슬프게, 아니 절박하게 하소연하듯이 울어대는지 알 수 없었다고 한다. 손에 쥐고 있던 쓰레기 뭉치를 저도 모르게 냅다 집어 던지고 언제 그 자리를 빠져나왔는지 모를 정도였다니 그 이야기를 듣고 있는 사람 누구라도 소름이 돋으며 숨이 쉬어지지 않을 지경이었다. 그날은 남편도 야근이라 혼자 있는 게 너무 무서워 이것저것 챙길 겨를도 없이 정신없이 문만 잠근 후 집으로 들어갔다고 한다.

 다음날이다. 전날 밤에 있었던 일은 까마득하게 잊고서 무심코 출근했는데 이웃들이 집 앞에 모여서 웅성거리고 있었다. 진짜 놀랄 일은 그때 벌어졌다. 이 층에서 살고 계시는 주인 할아버지가 간밤에 돌아가셨다는 거다. 할머니는 부산 딸네 집에 다니러 가고 혼자 계셨는데, 전화를 아무리 해도 받지 않아 한밤중에 119까지 출동했다는 사실도 그때야 알았다. 노인의 고독사가 가끔 뉴스거리가 되긴 해도 예사로운 일로 받아들여지는 현실에서 그것이 단지 본인 주변에서 일어났을 때 조금은 놀라운 것이 사실이다.

그러나 이 아주머니, 갑자기 온몸에 소름이 돋으면서 간밤에 있었던 일이 생생하게 떠올랐는데. 그래, 퍼뜩 생각나는 게 있어 「이 동네에 흰 개 키우는 집이 있느냐」고 물었는데. 모두들, "난데없이 웬 개소리냐" 식의 농담이었다. 이 근처 지나다니는 개도 그런 개는 못 봤다는 소리에 이 아주머니 혼자만 입이 벌어진 채 말문이 막히고 눈앞이 캄캄해지고 말았다. 순간적으로 진짜 눈앞이 캄캄해지는 이상한 현상, 그게 아무래도 저승사자와의 충돌 현상 아닐까 하는 것이다.

그렇다면 할아버지가 키운 적도 없는 그 백구는 도대체 어디서 왔을까? 그녀는 갑자기 신들린 사람처럼 눈앞에 아무것도 보이지 않더라는 거다. 혹시 그 개의 눈에 저승사자가 보인 것은 아닐까? 「아, 그러니까 어젯밤에 그 개가 할아버지의 임종을 사람에게 알리려고 그토록 울부짖었구나!」 생각하니 섬뜩하더라는 거다. 전생에 무슨 인연이 있어도 그렇지, 어떻게 알고 여기까지 찾아왔을까 생각하니 듣는 사람 누구라도 이상한 느낌에 사로잡혀 머리끝이 하늘로 치솟는 듯하고 머릿속이 하얗게 비어버리는 경험을 하게 된다. 남자들이 들어도 오싹할 정도였으니 직접 겪은 그녀는 여자로서 오죽했겠는가.

이후 1년이 넘도록 거기서 장사를 하긴 했지만, 그와 비슷한 개를 우연히라도 봤다는 사람은 나타나지 않았다는 거다. 그때의 충격은 평생 잊히지 않을 거라며, 연신 눈을 동그랗게 뜨고 허공을 응시하던 그녀가 아직도 눈에 선하다. 이 실화는 한마디도 덧붙인 것 없이 사실 그대로다. 그 아주머니 또한 그렇게 능청스럽게 거짓말을 잘도 하거나 이야깃거리를 만들 사람이 아니다.

 말 못하는 개의 호소를 이렇게 생생하게 전달받는 경우가 흔치 않을 것이지만 세상 사람들에게는 바로 돌아서면 잊히리라. 개는 개일 따름이고 무엇보다 그것이 사실이라 해도 우리가 살아가는 데는 아무런 영향도 줄 일이 없다는 판단 때문이다.

 좋다. 그러면, **훨씬 더 고등동물인 사람의 눈에는 왜 저승사자(?)가 보이지 않는 것일까?** 그러니까 귀신은 없다고 말하기 전에 잠시 잠깐만 눈을 한 번 감아보자. 그리고 생각해 보라.
　　　　.............**〈과연 보이지 않으면 없는 것일까?〉**.................

> **다시 눈을 뜨고 얻은 결론은 무엇인가?**
> **사람에게는 〈저세상(=저승)〉을 볼 수 있는 눈이 없다.**

 이 엄청난 사실에 근거하여 **〈인간 존재〉의 의미**를 알겠는가?
 머리 굴릴 필요 없이 있는 그대로 현실을 보자. 우리의 눈이 그쪽 사정에 밝은가, 아니면 어두운가? 둘 중 하나다. 정확히 말해 그 방면에 시야가 열려 있느냐, 아니면 감겨 있느냐 하는 **모양새(=꼴)**만 깨달으면 거기에 답이 있다. 만물의 근본을 깨닫기 위해 수십 년씩이나 토굴 속에 들앉아서 도를 닦을 필요가 없다.

 자, 개의 눈에 보이는 귀신이 사람의 눈에는 보이지 않는 이유를 알겠는가? 귀신의 존재를 논하자는 것이 아니다. 흔히 하나님을 증명하겠다는 신학 박사들이 바람을 볼 수 없는 것처럼 보이지 않는 하나님을 무조건 믿는 것이 믿음이라고, 얼핏 보면 그럴듯하기도 하고 따져보면 조금은 황당한 논리지만 **사람에게는 영적 세계를 볼 수 있는 눈이 없다는 사실**, 그러니까 개보다 못한 눈을 가졌다는 이 경천동지할 사실을 어느 누가 인정이나 하겠는가 말이다. 동물들은 자체적으로 몸속에서 비타민 C를 만들 수 있지만 사람은 그렇지 못하다. 채소 과일을 먹는 것으로 외부에서 섭취하지 않으면 안 된다. 우리 인간도 원래는 자체적으로 비타민 C를 만들 수 있는 유전자를 가지고는 있었는데, 그 기능이 언제부턴가 정지되어 있다는 사실을 과학자들이 밝혀냈다는 거 아닌가. 이렇듯 **원래는 귀신도 볼 수 있는 눈이 있었으나 무슨 연유로 이 [영적 눈]이 닫혀버린 건 아닐까?** 태초부터 닫혀 있었으니 그 자체를 인식할 수도 없다. 모르면 몰라도 사람의 눈으로 귀신을 볼 수 없다는 것만은 확실하다. 바로 이것이다.

우리가 영적 세계─신의 영역을 볼 수 없는 것은 그쪽에 해당하는 눈들이 하나같이 닫혀 있기 때문이다. 다시 말해 시야(視野)가 한정적으로 차단되어 있으니 그쪽 세계가 캄캄할 수밖에 없다. 어쩌면 우리가 우물 안 개구리처럼 육신의 울타리 안에 갇혀 있는 상태, 그러니까 육신에 관한 것만 바라볼 수밖에 없도록 세팅(setting)된 이것을 우리가 숙명으로 여기고 사는 것은 아닐까? 가볍게 지나칠 일이 아니다.

「아니, 그게 무슨 말인가?」 하고 골똘히 생각하며 눈을 깜빡이는 사람이 있을 것이다. 잘 생각해 보라. 이 땅이 지금 밝은 세상, 다 밝혀진 세상인지를. 이게 무슨 말인지도 모를 리는 없다. 우리가 모르는, 표면적인 눈으로는 감지할 수 없는 세상이 분명하게 존재한다는 사실.

이 세상 전체가 어둠 속에 잠겨있다는 사실 하나만으로도 흔히 말하는 천기누설(天氣漏泄)인데, 어느 누가 쉽사리 영안(靈眼)을 열고 이 땅의 어둠을 감지할 수 있겠는가. 그러니까 이 영안이란 것도 사람의 의지로 열리는 것이 아니고, 인간 세상이 깡그리 암실과 같은 소경 세상이니 어느 누가 어둡다고 말이라도 하겠는가 이 말이다. 소경 세상에서는 눈을 뜬다는 것, 그 자체가 비정상이다. 현재의 인간세상이 어떤 상황인지를 깨달을 수 있겠는가? 흔히 〈사람이 연구하면 안 될까?〉하여 신앙 간증이나 체험담, 그런 세계를 인정할 수 없다는 철학자, 과학자들의 이론으로 분분하다. 실제로 개보다 못한 눈을 가졌다는 사실을 깨닫지 못하고 무모한 도전은 계속된다. 그러므로 보이는 것과 보이지 않는 것의 차이가 그저

[육신의 눈을 통한 형상이 망막에 그려졌느냐, 아니냐]로 끝이다.
그게 눈이고, 그런 눈밖에 없는 줄로 알고 있을 뿐이다.

더 이상의 고차원적 영역으로 통하는 시야가 어떤 식으로든 차단되었기 때문에 인간의 능력이 그만큼 축소될 수밖에 없다는 사실을 인정할 수 있겠는가? 생生과 사死, 그 불가사의한 영역을 들여다보지 못하는 것은 인간이 신과 같이 시공(時空)을 초월할 수 있는 능력, 언제부터인지 몰라도 이 신과 같은 능력이 닫히게 된 차단현상 때문이다.

2. 왜 불가해(不可解)인가

인간 세상의 끝없는 화두, 그 종착점이 불가해다. 말 그대로 〔불가해 不可解〕=〔도무지 옳고 그른 것을 분간할 수 없음〕이다. 캄캄해서 보이지 않는 것이고, 보이지 않으니 가타부타 토를 달 수 없다. 당연한 것을 가지고 왜 또 의심들이 그다지도 많은지, 사람의 탐구심은 끝이 없다. **인간의 존재 의미에 대해** 더 많은 것을 알고 싶어 하는 욕망은 이 어둠이 끝나야 종식될 것이다.

이제 시작이다. 우리의 눈들이 어느 한쪽으로만 열려 있고 다른 한쪽

은 완전히 닫혀 있다는 이 사실을 인정하는 순간, 예부터 선사들이 해 온 대로 **수천 가지 화두를 두고 시간을 허비할 필요가 없다**. 번개같이 깨달음, 가능할까? 알 수 없는 화두나 하나 더 남기게 될 그런 하찮은 깨달음을 얻기 위해 고통까지 감내할 필요가 있겠는가 말이다.

너무 간단하다. 새벽이 와야 열리고, 열리는 순간 누구에게나 다 보인다. 불치의 소경 또는 의식적으로 눈을 감고 뜰 생각이 없는 경우가 아니면 누구든지 저절로 보인다. 이것은 절대적 진리다. 그럼, 무엇이 문제인가? 때를 기다려야 한다. 때가 되지 않으면 인간이 연구한다고, 학문적으로 깨닫는다고 열릴 영역이 아니기 때문이다. 이것을 모르고 별의별 사람들이 별의별 연구를 다 하고 있다. 그것으로 밥벌이나 하고 있을 것이니 본인에겐 다행이라 할 것이다. 개중에는 철학자도 있고 신학자도 있고 박사학위 열 개라도 받았다고는 하지만 따지고 보면 어리석은 인간의 욕망 충족에 지나지 않는다.

지금까지 누차 재탕, 삼탕으로 들려드린 이 어둠의 세상에서는 옳고 그름, 선과 악을 분간한다는 자체가 불가능하다. 그러니 누가 누구를 나무라기도 하겠는가 말이다. 악은 스스로 괴멸하게 되어 있고 그 심판의 날을 스스로 재촉한다. **내년 4월 10일이다.**

3. 우리의 영적 세계도 하나의 〈혼돈체〉였다

원래는 하나의 혼돈체(混沌體)였던 우주가 하늘과 땅으로 나뉘면서, 오늘의 인간 세상이 열리게 되었다는 고대 중국의 사상에서 나온 말이 천지개벽(天地開闢)이고 과학 이론으로는 빅뱅이다. 단순하게 책 읽는 재미를 떠나서, 이런 기적과 같은 현상을 오늘 여기서 당신이 직접 맛보기로 체험할 수도 있다는 말이다.

그 무한한 경이로움에 감동하면서 소름이 돋는 기이한 현상. 당연한 것으로 여기며 살았던 인간 세상의 일면이 완전히 뒤집히면서 지금까지 상상조차 해보지 못한 영적 세계가 바로 자신의 마음속에서 열린다는 사실에 경악한다.

세상의 15)**겉옷**을 벗어버리면 닫혔던 **가슴**이 열리는 거시적인 사상의 반전이라 할까. 여기에는 기존의 어떤 논리도 관념(觀念)도 개입시킬 필요가 없다. 지상에서 얻은 어떤 지식으로도 해명하거나 반증할 수 없는 〈**신(神)의 세상**〉인 것이다.

그 빈틈없음에 놀라고 그토록 확고한 신의 의지에 공포를 느끼게 할 실상이 어떤 파장을 가져다줄지는 고려하지 않고 있다. 그런데도 세상(사람들의 영혼)은 너무 평온하다. 천지개벽이 일어날 징조가 보이는데도 사람들은 먹고 마시고 서로 헐뜯고 엮이면서 보다 많이 가지려고 경쟁하기 바쁘다. 스스로들 무덤으로 가는 길 위에서 분주하기만 한 자신을 인식하지 못하는 것이다.

그리고 우리는 〈**흙에서 나서 흙으로 돌아가는 것이 인생**〉이라는 말마따나 언젠가는 알 수 없는 날에 죽으면 죽는 것이다. 어디서 어떻게 죽을지 그 죽는 날까지 예정되어 있을지라도 미리 알 수는 없다. 세상에서 유명한 업적을 남기고, 이름을 남겼다 해서 덜 죽는다거나 죽음 자체가 영광스러워진다는 보장이 없다. 국립묘지에 묻히고, 뭇사람들이 애도할지라도 영적 세상에서는 어떤 대접을 받을지 도무지 알 수 없는데도 그것이 최대의 영광이라 여긴다.

---

15) **겉옷이란** 겉치레 즉, 우리 인간이 육신에 매여서 그저 먹고 사는 일이나 급급할 수밖에 없는 허울뿐인 인간세상을 뜻함. 이런 의미에서 그 뒤의 〈가슴〉은 반대적이다. 바로 신의 영역을 깨달을 수 있는 영성, 진정성, 순수성. 확신의 가슴이다. 성경 속 예수님의 겉옷은 그 뜻이 완전히 다르다.

과연 전생이 있어 다시 태어나는 것인지, 그렇다면 죽음이 시작을 의미한다고 말할 수는 있으나 확인할 길이 없다. 삶과 죽음이 하나의 고리로 묶여 있어, 그 매듭을 찾을 수 없는 이것이 〈영적 혼돈〉이다.

　철학자나 도인들이 눈에 보이지 않고 증명할 수 없는 신 대신 머리를 싸매고 매달리는 〈초인 또는 초월의 경지(境地)〉도 인간으로서는 접근하기 어려운 고차원적 영역이다. 이처럼 인간과 신의 경계, 그 중간 지대 또는 알 수 없는 영역(=**없다고 생각하는 영역**)의 존재가 불확실한 것은 그 자체의 불확실함 때문이 아니라 우리의 영이 어둠 속에 있기 때문이다.

　그야말로 눈을 감고 있으면서,
〈왜 아무것도 보이지 않느냐〉고 허우적거리는 꼴이다. 우리의 영적 세상은 눈을 감고 잠을 자는 중에 그려지는 꿈속의 세상과는 별개 영역이지만 그 중간 지대가 꿈이라고 보면 된다. 어쩌면 우리는 꿈을 꾸는 무의식 상태에서 영적 세상을 일부 체험하고 있는지도 모른다. 그런데 우리가 이 꿈(夢幻)을 현실로 끌어내어 체험할 수 있겠는가? 꿈은 꿈으로 끝나고, 눈을 뜨면 육신이 지배하는 세상이다. 그러나 이상하게도 해몽으로 인해 꿈이 현실과 연결되고 있으나 이것을 임의로 조작할 수는 없다. 꿈이란 가끔 미래를 예측하는 수단이 되기도 한다.

　이런 혼돈의 세상에서 그토록 불가사의한 것들을 드러내어 밝혀보겠다고 온갖 잡다한 지식을 다 끌어다 맞추고 뒤섞으며 이게 옳다, 아니다 싸우느라 정신들이 없다. 예측 불허의 세상이고 꿈처럼 뒤숭숭한 모양새가 영적 혼돈 상태를 말해준다. 이런 와중에 신의 존재를 어디 가서 찾겠는가. 인간의 상상에 기초한 사상만이 난무할 뿐인 이 정신 분열증적 혼돈 상태는 영적 어둠이 너무 오래 진행된 탓이기도 하다.

(신은 물론) 우주 만물이 안개 속에 있어 16)**무상**(無相)하다는 뜻을 이제야 알겠는가? 불가(佛家)에서 말하는 〈17)**공**(空)〉이란 것을 여기서 깨닫기란 너무 간단하고 쉽다. 아직도 인간의 영적 세상은 캄캄한 어둠이 진행 중인 관계로 혼돈이고 암흑이다. 눈에 보인다고 해서 그것이 실상이라 단정할 수도 없다. 왜냐하면 개보다 못한 눈으로 무엇인가 제대로 보았다고 말할 수 없기 때문이다.

그러면 우리가 무엇을 보고 무엇을 목적으로 사는지 알겠는가? 캄캄한 어둠 속에서 눈에 뵈는 게 없으니 더듬질로 살아가는 것이다. 더듬이과 동물이라면 이해하겠는가? 우리 스스로가 고등동물이라 하지만 그것은 인간의 생각일 뿐이다. 적어도 현재에는 신의 입장으로 보아 더듬이과 동물에 불과한 것이다. 그러니까 지금까지 우리가 세상의 지식으로 터득한 기준과 원칙들이 영적 세상에서는 무용지물이다. 성철스님의 가르침을 여기서 충분히 이해할 수 있겠는가?

그러니까 어둠 속 세상에서 더듬질로 알게 된 것들은 껍데기에 불과하다. 어둠을 벗겨봐야 〈참〉의 형상이 보이고, 지난 세월이 어둠이었음을 그때야 비로소 알게 된다. 뚜껑을 열어봐야 비밀의 실상을 알 수 있을 것인데. 이 밝은 문명시대에 뭔가 닫혀 있어 보이지 않는다고 생각할 사람은 없다. 그냥 보이지 않으면 없는 것이고 자신의 표면적인 눈으로나 확인되는 그 껍데기를 진리라고 믿는 것이다. 그러니까 편견이 생기는 것이고 내로남불 집단과 사악한 이념의 바이러스가 창궐하는 것이다. 또한 자기가 본 것만 진짜라고 하는 아집에 사로잡히게 되는 것이니 장님이 코끼리 다리 만지는 식이고 수박 겉핥기다. 세상의 어둠을 이해하겠는가? 이다지도 쉽게 설명하는데도 아직도 이해가 안 된다고? 그럴 수도 있다. 그것이 정상이기 때문이다.

---

16) **무상**(無相) : 〈불교 용어〉 모든 사물은 공(空 = 비다. 근거가 없다)이어서 일정한 형태나 양상이 없음을 나타내는 말.
17) **공**(空) : 〈불교〉 중생제법(衆生諸法)이 인연으로 말미암아 임시 화합하여 된 것이므로 불변의 실체가 없음.

세상 만물이 어둠 속에 있어 무상할 수밖에 없다는 사실, 이 천기누설이 자기에게 던져졌는데도 도무지 느낄 수 없도록 그 눈들이 감겨 있는 상태 - 이 또한 신의 뜻이라면 인간의 의지로 될 일이 아니다. 아무리 골똘하게 생각해도 깨닫는 것은 육신에 속하는 것들뿐이다. 우리가 잘못 인식하고 있는 영적 세계도 육신의 머리에서 나오는 정신세계의 일부일 따름이다. 신(神)과 통할 수 있는 영적 루트가 분명히 차단되어 있다는 사실을 깨닫는 것, 일만 명 중 한 사람이라도 이것을 깨닫는 경우, 그 사람에게 일말(一抹)의 희망이 있다. 이 책을 읽는다고 해서 모두 그 길을 무사히 통과하고, 빛의 세계를 경험하는 것은 아니다.

  이토록 혼돈상태에 있는 인간의 영적 세계에 대해 제삼 제사 아무리 거듭 설명해도 〈아, 그렇구나!〉하고 감동은 하면서도 제시되는 비밀 루트를 통해 빛의 세계로 진입할 수 있는 사람은 극히 일부다. 캄캄한 **어둠 속에서 어둠을 인식시키려는 시도**는 우물 안에 가둬놓고 우주를 깨닫기를 바라는 것과 같다. 죽었다 살아난 자라야 저승을 말할 수 있는 것과 같이 빛(?)을 맛본 이후가 아니면 자신이 어둠 속에 있다는 사실조차 깨닫지 못하는 것이 정상이다. 인간의 생각으로 얻어지는 것이 아니기 때문이다.

  누구든지 다시 태어나고 싶으면 이 책을 처음부터 다시 읽고 빠뜨린 유튜브 영상이 있으면 반드시 청취하고 넘어가 보자. 악의 무리가 더욱 선명하게 보여야 한다. 스스로 멸망을 재촉하는 사악한 무리다.

4. 인생 속에는 명쾌한 것이 없다

수도승들이 수십 년 동안 용맹정진하여 무엇을 얻겠는가? 종래는 그래도 〈부질없음〉을 깨달았다. 이 땅의 어둠이 얼마나 깊은 상태인지, 그런 암흑 속에서는 더 이상 깨달을 것이 없다는 의미로 좋게 해석하자. 그러나 중생들에게 "천배 만 배 절을 하면 복을 받는다."고 가르치면서 뜻도 모를 화두話頭나 하나 더 보태놓고 가는 것, 그것이 무슨 소용이겠는가.

그래서 구도求道라는 것이 고통을 즐기는 일종의 카타르시스katharsis 가 아닐까 하는 생각을 떨칠 수가 없다. 너무 정확해서 미안한 말이지만 사실은 사실이다. 육신을 고통 속으로 몰아가면 한계점을 넘어 정신적 평화를 얻게 되는 인체의 메커니즘 때문이다. 단식 후에 머리가 맑아지는 현상을 아무라도 간단하게 즉시 체험할 수 있다. 이해하겠는가?

기독교인들의 금식기도 또한 맥락을 같이 한다. 캄캄한 골방에 들앉아 굶으면서 기도하다 보면 헛것이 보이거나 환영이 떠오르는 현상을 경험하면서 하나님을 만났다고, 이것을 자랑삼아 신도들에게 간증하는 것은 지금도 흔한 일이다. 소경이 소경을 인도하기 때문에 발생하는 당연한 현상이다. 명쾌할 수 없는 혼돈의 암흑 세상에서는 이런 것이 감동이고 진실이고 명쾌함으로 받아들일 수밖에 없는 것이다.

그리고 이 땅의 어떤 예배나 수도 또는 수행도 사람의 행위를 〈**어떻게 하라**〉고 옭아맨다. 그것이 계율이고 율법이다. 아니면 자기 스스로 자기 방식대로 옭아맨다. 새벽기도, 철야기도, 또는 삼 천배 절을 했으니 그 고통의 대가로 깨달음을 얻거나 소원을 이루고 싶다는 계산이다. 썩어질 육신을 위해 곳곳에 세워진 우상 앞에 엎드려 떼쓰듯이 비는 행위, 이것밖에 할 것이 없다. 앞서간 지도자들을 따라 가난한 이웃에게 봉사하는 삶 역시, 행위 우월주의에서 나온다. 이뿐만이 아니다. 세상살이 전반에 걸쳐서 우리는 한 치 앞도 분간할 수 없는 어둠 속에서 더듬질이나 하면서 살아가는 것이다. 내일 당장 어떤 일이 벌어질지 알 수 없는 세상이다. 도대체 무엇으로 명쾌할 수 있겠는가 말이다.

5. 정상에 올라 봐야 숲의 실체가 보인다

높이 나는 일이 왜 필요한가? 높이 날면서 내려다보면 인간 세상이 한눈에 들어온다. 그 속에서 아등바등 살아가고 있는 굼벵이 같은 존재가 바로 자신이라 생각해 보라. 이것을 깨닫는 것은 중요하고 존재의 가치를 깨닫기 위한 첫걸음이다. 이렇게 날기 위해서는 영적 눈, 즉 지혜가 필요하다. 지혜를 가진 자는 세상의 지식이나 물질 따위가 그다지 중요하지 않다. 그것은 생명을 유지하기 위한 기본 수단으로 필요하긴 하지만 이를 위해 전쟁을 치를 필요는 없다. 다른 사람은 전쟁하듯 경쟁하더라도 지혜를 가진 자에게는 그냥 [세상살이] 정도쯤으로 만만해서 능숙한 운전자가 습관적으로 운전하는 것과 같을 것이다.

인간 세상의 숲속에 살면서 세상 지식이나 물질에 얽매이다 보면 그 숲의 전체가 보이지 않는다. 작은 동산이라도 올라 보라. 인간 세상이 한눈에 보인다. 그 아래, 전쟁을 치르듯 살아갈 필요가 있겠는지를 생각하라. 돈이나 물질은 추구할수록 만족감은 사라지고 말아~~ 미친 듯이 달려가던 자신의 실체가 허망하게 느껴져야 비로소 영적 눈을 밝힐 준비가 된다. 의심을 가질 필요가 없다. 실제로 그것이 허망하다는 것을 죽은 자들의 무덤이 증명하기 때문이다. 1만분의 1도 가지고 갈 수 없다는 것을.

성공이라는 신기루를 좇아서 경쟁의 전쟁터에 내던져진 자신을 보았는가? 바로 눈 아래 그 모든 것이 신기루이고 그것을 좇아서 굼벵이처럼 살아가던 자신을 그 높은 곳에서 내려다본다. 흔히 말하길, **이런 것이 인생 아니냐**면서 일탈도 해보고, 반칙도 해보고, 어느 정도 깨달았다고 생각도 해보는 인생에서 그것이 진정 행복인지는 느끼기 나름이라고 누구든지 자기만족으로 살아온 날들을 조망하게 될 것이다.

그러나 여기서 우리 자신에게 던져진 질문, 그토록 악착같이 달려간 끝에서도 **[내가 진정 목말라하는 그 무엇]**을 잠시라도 생각할 여유는 없을까? 천국의 존재를 알고 싶어 했던 그 회장님처럼 오를 만큼 올라본 사람이라면 그 끝에서 몰려오는 허허로움, 그 정도는 아닐지라도 뭔가 조금은 허전한 자신을 발견이라도 한 사람이라면 이제부터라도 자신을 좀 더 높은 차원으로 끌어올릴 필요가 있다.

그 영이 산의 정상에 오른 상태가 되면 인간 세상이 한눈에 보이고 생명을 유지하기 위해 사는 것은 참으로 단순하고 쉬우며 만만하게 느껴질 것이다. 그래서 여유가 생긴다. 여유가 생기면 뭘 할 거냐고? 고통으로부터 자유로워지는 방법을 터득하라. 인간 세상에서는 진리라는 것이 없다. 언젠가는 바뀔 수도 있고 아무리 바꿔도 자꾸만 바꿀 일이 생긴다. 그러니 인간으로서 추구해야 할 최고의 가치는 이 혼돈의 삶의 현장에서 찾을 것이 아니라 더 높은 곳에 올라 봐야 존재의 의미를 한눈에 알아볼 수 있으며 자기 자신을 객관화시킬 수가 있다. 죽은 자들이 외치는 소리는 높은 곳에 올라가 봐야 들린다. 이것이 깨달음이다.

지금까지는 제아무리 유명한 자라 해도 더 이상의 고차원적 사고를 할 수 없도록 뇌 구조가 정지되어 있었다는 것, 그리고 이 상황을 초월할 수 있는 **[95%의 능력]**이 잠자고 있다는 사실을 간파할 필요가 있다. 정확하게 말하면 세상에 그 치부가 드러난 사람이나 그렇지 못한 사람이나 [오십보백보]라는 사실. 이 글을 쓰고 있는 사람 또한 다르지 않다는 것을 인정하면서 우리가 마냥 이 자리에 머물러 있어야만 하느냐는 것이다. 이제 우리가 알았으면 더 높은 곳을 향해 날아올라야 한다. 높은 곳에 올라가 봐야 인간 세상이 한눈에 뵈는 법, 거기서 내려다본다고 생각하라. 우리에게 주어진 95%의 권리가 무엇인지를, 인간 세상이라는 울타리 안에서 굼벵이처럼 살아가고 있던 자기 자신을 조망할 수 있는 것이다. 문제를 알았으면 이제부터가 시작이다.

- 태산이 높다 하되 하늘 아래 뫼이로다

오르고 또 오르면 못 오를 리 없건마는

사람이 제 아니 오르고 뫼만 높다 하더라

- 조선 중기 양사언의 시

6. 파계가 없으면 [파격]도 없다

유사 이래 전무후무한 이 프로젝트를 현실 속에서 구현하기 위해 하나의 특별한 행사가 준비되고 있다. 여기에는 비용이 그다지 많이 소요되는 것도 아니고, 전단지(傳單紙) 같은 인쇄물과 그것을 배포하는 비용만으로 가능하고 특히 부처를 모셔 놓은 사찰에 먼저 적용하려고 한다. 처음부터 기사자료를 배포하여 보도 의사를 타진하기 때문에 이것이 특종 기삿거리가 된다면 그들이 먼저 적극적으로 달려올 것이다. 하나의 종교행사처럼 보이지만 기존의 종교 개념으로는 이해할 수 없는 파격 그 자체다. 그 실행과 동시에 어떤 일이 벌어질까?

아마도 **기복신앙**에 머물러 있는 현대 종교의 모순과 치부가 적나라하게 드러나고, 인간 세상의 믿음에 대한 가치와 사상이 뒤집혀 지면서 경천동지할 일이 생긴다. 사람들의 영혼이 혼란에 빠질 수도 있으며 도를 찾던 사람들에게는 빛과 같은 깨달음을 줄수도 있다. 매스컴의 주목을 받기만 하면 빛과 같은 속도로 전파될 것이다. 그러나 기대는 제로 상태다. 왜냐~~ 저 공영방송을 향해 칼을 휘둘렀으니 사이비라고 삐딱하게 보지만 않아도 좋은 거 아닌가.

어둠 속에 묻혀 있던 인간의 영적 세계가 마침내 열리는 것이니 실제로는 **칠흑 같은 어둠의 장막이 눈 깜짝할 사이에 걷히는 것이니 심봉사가 눈을 뜨는 것과 같다.** 이는 유신론자 무신론자 상관없이 먼저는 사상의 혼란이 일어나면서 이내 영적 빛이 어떤 것인지를 감동적으로 맛보는 현장이다. 누구든지 여기서 빛의 순간을 목도하고 체험할 것이며, 너무 쉽고 간단한 발상의 전환이 촌철살인(寸鐵殺人)의 전율과 함께 고도의 깨달음에 도달하는 이 원리는 지금까지 지구상 어디서도 시도된 적 없는 파격 그 자체라 할 것이다. 어떤 종교라도 그 교리에 심취한 사람일수록 완고하게 이 현상을 거부하려고 몸서리를 치거나, "파계" 또는 "이단(異端)"이라는 단어를 떠올리며 정통이 아니라고 격하게 반응할 수도 있지만 이렇게 거부감을 표출하는 사람조차 부정하지 못할 단 한마디는 **[파계가 없으면 '파격'도 없다]**는 것이다.

7. 집단 깨달음의 기적 - 천기누설

제2장의 [저절로 달성되는 국가 개조사업]에서 제시된 **[힐링캠프]** 그 이상의 **[신 인격체 수련코스]**가 여기서 시험실시 될 것이다. 100년 전의 니체가 말한 "신인"의 실현을 목표로 하지만, 그 "신의 인격체"를 신과 같은 존재로 보는 것이 아니라 현실 속에 존재하는 최상으로 업그레이드된 지도자의 인격체를 말한다. 이 프로그램을 실현하는 것은 그다지 어렵지 않다. 현재 일부 사찰에서 운영하는 **[템플스테이]**가 고차원적으로 업그레이드된 형태라고 보면 된다. 무엇보다 특별한 것은 이곳을 찾는 사람들이 현장에 들어서는 순간 눈 앞에 펼쳐진 놀라운 광경 앞에서 한결같이 소리치는 것은

> **"어, 이게 뭐지?"**에 이어서
> **"아~~맞네!"**라는 말이 될 것이다

일순간에 집단 성불하는 기적의 현장이다. 깨달음이란 것이 토굴 속에 들앉아 10년, 20년 정진한다고 얻어지는 거 아니다. 설사 깨달음을 얻었다 해도 자기 하나조차 구제하지 못하고, 또 하나의 화두나 남겨둔 채 하직하고 마는 것이 수도자의 일생이다. 일반 중생이나 다를 바 없는 것이다. **원래 깨달음이란** 번개가 東에서 西로 번쩍임같이 찰나에 우주를 깨달아야 한다. 이 진리는 성경 속에도 나타나 있으니 **마태복음 24장 27절**이다.

[~번개가 동에서 서로 번쩍임같이 **'인자의 임함'이 그와 같을 것**]이라 했다. 이는 세상 누구라도 번개처럼, 번개를 얻어맞은 듯이 한순간에 깨달음을 얻는 **[순간의 성불]**을 말하는 것이다. 다시 말해 신의 성품인 (예수)성령이 어떤 한자리에 있는 많은 사람(人 者)에게 옮아가면서,

집단적 성령이 임하는 이것이 [**인자의 임함**]이라
— 이것이 바로 [**천기누설**]이다.

*(사이비 교주들은 **재림한 예수**로서 자신을 '인자'라고 해석한다.*
그렇다면 그가 번개 번쩍이듯 하늘에서 뚝 떨어졌다는 말과 같다)

8. 당신 아내가 바로 부처다

죽어서 천국(극락) 가려고 수십 년 걸쳐서 기도할 것이 아니라 살아 있을 때 부처가 돼라. 아내를 쳐다볼 때 부처님을 쳐다본다고 생각하고 바라보라. 그게 바로 당신 자신이 부처 되는 길이고, 살아 있을 때 부처가 되면 죽어도 죽는 것이 아니다.

부부가 집안에서 자잘한 시빗거리로 서로 옳다고 다툴 일이 많을 것이다. 그러나 진짜 싸워야 할 적은 바로 당신 마음속에 있고, 저 사악한 이념의 바이러스 전파자들을 맥 못 추게 할 의무가 제정신인 대한민국 국민에게 부여되어 있으니, 당신이 진정 사이코패스나 소시오패스가 아니라면 진짜 적이 어디 있는지를 살펴 깨달아야 할 것이다.

당신의 배우자는 용서라는 선물을 얼마든지 퍼부어줘도 되겠지만 저 사악한 바이러스 전파자들은 그것을 악용하는 자들이라 용서한다고 해서 회개할 자들이 아니다. 오히려 기세만 등등한 그 철면피들로부터 어리석은 백성을 구원하라. 이것이 하늘의 명령이다.

윤석열 영웅을 보내신 이의 명령이 들리지 않으면, 당신 머리에 전기 충격기로 한 번 지져보라. 이것은 상상 이상의 효과가 있다. 심장이 멎었을 때 갖다 대고 지지는 전기 충격기를 연상하면 된다. 당신의 영혼은 이미 멈춘 심장과 같을 것이니 그 전기 충격기가 답이고, 확실하게 당신 자신을 먼저 구원할 구체적인 도구가 될 것이다.

우선은 당신 가족과 당신 주변에 있는 모든 사람이 부처다. 당신은 바로 부처님의 나라, 천국을 소유하고 있음을 항상 상기하라. 그렇게 되면 신의 심성으로 세상을 바라볼 혜안이 생긴다.

회개하라

날마다 새로 짓는 죄를 [**사함~ 받겠다**]고, 쓸데없는 회개 기도나 하고 있을 때가 아니다. 이 땅이 얼마나 사악한 이념의 바이러스에 노출되어 있는지를 직시하기 위해 [**제대로 행동하라**]는 것이 진정한 회개다. 자기 종단에 이름만 올리면 [죄사함]을 받고 거듭난다는 교회도 사이비 소리 듣지 않으려면 제대로 회개할 때다. 나라가 공산화된 뒤에도 [죄사함] 소리나 하고 있을 자들은 아니지 않은가. 설마 살인 집단의 우두머리 김정은을 상대로 죄를 사해 주겠다는 건 아닐 테니 하는 말이다.

[**죄**]라는 것이 거짓말 한번 한 걸 두고 반성하라는 말이 아니란 사실, 알기나 할까? 아둔하고 몰지각해서 자기 자신이 사악한 이념의 바이러스에 감염되었는지 아닌지를 분간조차 못 하면서 그것이 죄악이라 여기지도 않는 **무감각, 무개념, 몰지각 상태를 죄**라고 한다. 쉽게 말해 **멍청한 게 죄다. 거기서 돌이켜 깨어나라는 뜻이다.** 천국이 가까이 있어도 누리지 못하고 지옥을 동경하는 자들이여, 깨어나라~~~

1. 사악한 자들은 교회 안에 몰려있다

하나님을 믿는다는 사람 중에는 벼라 별사람이 다 있다. 자기가 지은 죄는 회개하면 되는 것이고, 그래서 자기는 [**하나님 함께 하신다**]고 굳세게 믿는다. 이 믿음이 신앙의 핵심이다. 그래야 위로가 되기 때문이다. 그러니 누가라도 의심이 들기만 하면 자기 생각으로 판단하고 죄를 덮어씌워서 하나님의 이름으로 심판하려는 습성이 생긴다. 애초부터 소시오패스, 사이코패스인데 하나님에 대한 신념이 추가되어 그 사악함은 보통 사람을 능가할 수밖에 없다. 평소에는 하나님의 심성으로 위장하고 있으니 성인군자처럼 보인다. 이런 자들이 상상 이상으로 많이 숨어 있는 곳이 교회다. 그러니까 적은 바로 당신 마음속에 있고 당신의 조직체 내에 은거해 있다는 사실, 직시해야 한다.

당신이 진정 성공하지 못하는 원인도 바로 당신 속에 존재하는 부정적인 마음, 성공하고 싶지 않은 마음 때문이다. 그런 사람이 어디 있겠냐고 할 것이다. 앞에서 줄곧 말한 바와 같이 당신 마음속에 침투한 부정적 바이러스들로 인해 이미 당신은 국가관이 상실된 거 아니냐 이 말이다. 국가관이 투철하지 않으면 돈을 아무리 많이 긁어모은다 해도 결국은 모래 위의 성(城)이 되고 만다. 조폭 출신으로 대기업을 먹은 [쌍방울]의 몰락이나 [이스타항공]을 소유하면서 국회의원까지 누렸던 자가 지금 교도소에서 썩고 있다는 사실, 그것은 빙산의 일각이다.

남아도는 쌀도 처치 곤란인 현실에서, 농민이 생산한 쌀을 무조건 정부에서 사들이도록 하자는 법을 만든 자들, 그 사고방식은 진작부터 국가의 이익은 뒷전이고 농민의 표만 긁어모으자는 사악한 음모를 깔고 있다. 속이 뻔히 보이는데도 이런 사악한 구호가 먹히는 시대다. 그들이 뿌려놓은 **[기본소득 마약]**을 먹고 취한 자들이 그토록 많다는 사실이다. 이 사악한 이념의 바이러스는 언제쯤 종식될까?

2024년 4월 10일이다. 그날이 바로 완전 박멸의 날이다. 그 전모를 시각화한 캡쳐 화면으로 확인하자. 아무리 말로 해도 깨어나지 못하는 사람을 위한 서비스다. 너무도 쉽게, 초등생도 알 수 있는 그림이다.

與 땐 반대 양곡법 野 되니 강행,
몰염치 다수당엔 국민이 '거부권'을

국민 권리 '거부권' 행사하는 날 : 2024년 4월 10일

몰염치, 몰지각, 몰상식의 저 악마 집단을 심판하는 날이 다가오고 있다. [땅에서 이루어진 천국]을 파괴하려는 자들이나 그것을 누릴 자격이 없는 자들은 지옥으로 보내야 한다. 스스로 지옥을 선택한 자들이기 때문이다. 악마라고 해서 뿔 달린 짐승의 모습이 아니다. 겉으로는 성인군자요, 그 목소리만 해도 반할 정도로 인자하다. 그 겉껍데기만 보고, 그 선전·선동 문구만 보고 미쳐 날뛰는 어리석은 백성이여~~~

내년, **2024년 4월 10일, 정신 차리는 날이다.** 정신없이 날뛰던 영혼없는 자들에게 고한다. 이날을 잊지 말라. 당신이 회개하고 천국을 맛볼 수 있는, **전향의 기회**가 주어지는 절호의 기회다. 사태를 직시하라. **안일함, 무감각, 몰상식, 몰지각, 편견, 국가관 부재, 개인이기주의, 이런 근시안적 사고에서 벗어나야 한다.** [사악한 이념 바이러스 전파자]들은 그런 소경들을 골라서 거지 근성을 주입한다.

선심성 구호에 미쳐 날뛰게 만드는 **거지 근성**, 그 뿌리가 되는 [**개인이기주의**]가 인간성 상실과 **나라를 망치는 최대의 적**이다. 촛불 들고

광란하는 짓이 진정 나라를 걱정하는 행위인지 제대로 직시하지 못하면, 그들의 내로남불, 적반하장 개소리가 좋게만 들리는 것이니, 귀까지 멀어버리는 소경, 안목이 썩어버린 머저리가 되고 만다. 여기서 해방되려면 내년 4월 10일, 당신이 진정 눈을 뜰 수 있는 날이다. 제대로 뜨고 제대로 찍어서 나라를 구하고 스스로 행복을 창조할 수 있는 진정한 자유인이 되는 날이다.

국민 의식 수준을 거지 근성으로 만들어 놓으면 사악한 공산 이념의 바이러스를 침투시키는 일이 훨씬 수월해진다는 원리

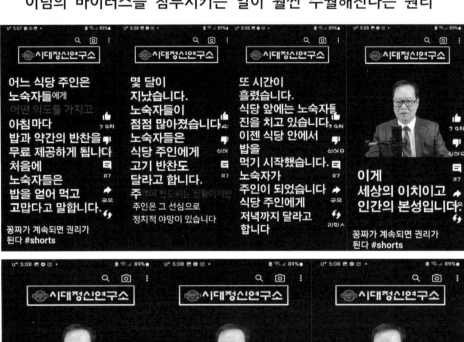

2. 부처님, 땅으로 내려오시다

　조만간에 기존의 종교 개념으로는 이해가 안 되는 기도 도량이 조성될 것이다. 분명히 사찰로 보이지만 연좌대 위에 부처님이 없다. 지금까지 스님이 목탁 두드리면서 염불하거나 신도들이 3천 배를 올리던 그 바닥으로 내려와 있다. 그래서 부처님이 땅으로 내려오셨다고 표현하는 것이다. 유사 이래 이런 사찰을 본 적 있는가?

　이 책에서 처음 공개되는 것인데, 언제가 될지 모르나 대한민국 어느 사찰에서 이와 똑같은 상황을 생생하게 현실 속에서 볼 수 있는 법회가 열릴 것이다. 그때는 공영방송 기자단이 방송 장비를 설치하고 실시간으로 방영할 것이며 이 행사가 의미하는 것은 가히 종교계의 혁명이라 할 **[파격의 현장]**이기 때문이다. 혹자는 정통만을 고집하는 불교계나 여타 종교인들까지도 대번에 하는 소리가 **[파계]** 또는 **[이단]**이란 말을 총알처럼 쏘아댈 것이다. 그때 던져줄 질문이다.
　　"부처님은 어디 계십니까?"
　　"하나님은 또 어디 계십니까?"
　이 질문에 모든 불교계 스님이나 기독교계 신학 박사들까지 뭐라고 대답할지 독자 여러분은 이미 다 알고 있다.
　　"바로 당신 마음속에 있습니다"
　이것이 그들의 한결같은 대답이어야 한다. 왜냐하면 평소 입버릇처럼 설법하거나 그렇게 믿고 있는 것처럼 보여줬기 때문이다.

"그렇다면 왜 굳이 저 높은 곳에 부처님의 형상을 모셔놓고 3천 배씩이나 절을 하면서 나의 복을 빌어야 하나요?"
　이렇게 되물었을 때 과연 무슨 말이 나올지 궁금하다. 그들이 대답한 내 마음속의 신(神)이라면, 사람의 손으로 만들어진 부처님 형상이라 할지라도 바로 내 옆에 두어서 더 가깝기도 하거니와, 바로 옆에 앉아서 부처님 귀에 대고 내 소원을 빈다면 부처님이 더 빨리 응답하실 게 아닌가 말이다. 틀린 말인가? 우리의 일상 안에 항상 함께하는 부처님 아닌가. 하나님도 마찬가지다. 지금까지 선각자(?)들이 깨달은 바와도 일치한다. 더 나아가서는 내가 바로 부처 되기 위해 그 높은 [연좌대]에 올라앉아도 되는 것이다. 미친놈이라고?

 찰나의 순간이다. 벌써 깨달은 사람은 다 깨달았을 것이다. 깨달음이란 바로 이렇게 번개를 뚜드려 맞는 듯이 와야 한다. 당신이 바로 부처가 되라는 거다. 당신이 바로 부처인데 무엇이 두려울 것이며 무엇이 문제인가? 세상 만물이 다 당신의 눈 아래 있느니라. 세상의 어떤 고통도 무엇을 근거로 생겨나고, 우리가 나고 소멸하는 것이 다 인연이거늘 존재의 의미가 무엇인지, 수십 년 수행해도 깨달을까 말까 한 진리를 한순간에 다 깨달았을 것이다. 당신이 바로 부처 되는 일순간에 우주를 깨달을 수도 있다는 사실을 이제 알겠는가? 더 이상 무슨 말이 필요하겠는가 말이다.

 앞으로는 법당이란 의미도 굳이 골 기와를 덮어서 모양을 낸 건축물이 필요한 것도 아니다. 비를 피할 몽골 텐트 하나만 해도 거기 내가 있는 곳이 바로 법당이고 부처님 세상이니 하나님도 마찬가지 원리를 적용하기만 하면 된다.

 우리가 지금까지 가지고 있던 상식과 규례와 관습이 한꺼번에 무너지는 현장이다. 인간의 머리에서 나온 것은 진리가 아니다. 그러므로 세상 사람들이 [원칙이다, 상식이다] 하는 것도 깨질 수 있다고 봐야 한다. 그것이 편견으로부터 해방되는 길이요, 맘먹기 나름으로 정신 혁명을 달성하는 방법이다. 그러니까 스스로 부처가 되는 날에는 더 이상 깨달을 게 없다. 참으로 건방진 깨달음이라 할 것이다.

3. 세상사 모든 것이 명쾌해지다

내가 만약 신이 되면 세상사 모든 것이 명쾌해질 것이다. 세상의 이치는 전체가 유기적으로 연결되어 있어서 하나를 깨달으면 찰나의 순간에 그 모두를 깨달을 수 있게 된다. 이 원리만 알아도 머리를 싸매고 헛고생할 필요가 없다. 이 세상에는 명쾌한 것이 없지만 한순간의 깨달음으로 **세상사 모든 문제가 명쾌**해진다. 참 진리, 득도(得道)라는 것이 복잡한 경전이나 통달한다고 얻어지는 것이 아니다. 세상 물정 어두운 사람도, 일상이 늘 바쁘기만 한 사람도 바로 여기에서, 간단한 하나의 공식에 자신을 대입하는 찰나의 순간에 참 진리를 깨닫고 감동하도록 만들 방법론을 실현하는 것이니 세상에 이런 거짓말 같은 사건이 또 어디에 있겠는가.

이 혼돈의 세상, 어둠의 세상에서 헤매고 있는 중생을 일시에 구제할 신의 프로젝트가 이렇게 쉽게 달성될 수 있을까? 일신의 영달이나 부귀영화에 골몰해야만 했던 이 인간 세상에서 너무도 간단한 **[발상의 전환]**, 이 무형의 원리를 깨닫는 것만으로 빛이 보이고,

먹고 사는 문제로 연연하던 굼벵이 같은 삶은 저절로 초월할 것이니 이 원리는 앞으로 **[인류 구제의 기본원칙]**이 될 것이다. 기존의 틀을 깨는 이 방법론에 따라 하나의 프로세스가 진행되면,

이 현장에서는 **[눈 앞에 펼쳐진 현상]** 하나만으로 발상 전환이 저절로 이루어지면서 순간적으로 득도(得道)에 이르는 초인적 능력이 생긴다. 어떤 이는 아마도 그 한순간에 인간 존재의 이유와 행복의 원리까지도 저절로 깨닫게 되는 기적이 가능하다. 그야말로 성경을 곡해하여 말하는 천국이 저 4차원 어딘가에 존재할 것이라는 기독교인들조차도 눈을 뜨기만 하면 알게 되는 성경의 실상-

"**이 땅에서 이루어지는 기적**"을 우리 세대에서 맛보게 되고 이 프로젝트에 참여하는 당신이야말로 이 과업을 직접 수행하는 선지자가 될 것이다. 불교 사찰을 시작으로 붐이 일어나겠지만 기존의 종교 개념으로는 이해되지 않는 **발상의 전환, 사상의 반전, 정신 혁명**으로 [**바로 이 시대, 이 땅에서 천국을 이룬다**]는 취지의 프로젝트라면 쉽게 이해될까? 여기서 "천국"이란 "불국정토"의 의미로도 통한다. 이것을 제대로 이해하려면 이 책을 한 번 읽는 것으로는 부족할 수도 있다. 소경인 심봉사가 눈을 뜬다고 가정해 보면, 참으로 선택받은 자만이 명쾌한 세상의 주인이 될 거라는 것은 기정사실이다.

참고 : "천국이 이 땅에서 이루어진다."는 성경의 실상은 기독교인들이 밥 먹듯이 줄줄 외워대는 [**주기도문**] 말미에 나와 있다. "~~(하나님의 나라가)... 이 땅에서 이루어지이다"라고..........이렇게 기도하라고 기록되어 있고, 또 그렇게 밥 먹듯 외워대면서도 실제로는 일신상의 복이나 빌고 있을 뿐, 죽어서 가는 4차원의 세계에 대해서는 그다지 관심이 없다. - 이 새로운 이론은 국내에 번성하고 있는 사이비(?) 교주들도 똑같이 주장하지만, 자기 자신을 재림 예수로 꿰맞추기 때문에 이단 소리를 듣는 것이 다르다. 보이지 않는 신에게 복을 비는 거나 사이비 교주를 신처럼 받들고 추종하는 것은 똑같이 맹목적 기복 신앙에 기초한다. 이런 기복신앙의 기도 방식은 불교라고 해서 다를 바가 없다.

다들 왜 그런 오류에 빠져 있을까? 그 이루는 주체는 경외하는 하나님이고, 우리 인간이 감히 범접할 수 없는 높은 곳에 계시는 성스러운 존재라 추론하고 믿는 것이니 이 피동적, 관습적, 소극적인 기복 신앙에서 탈피하지 못한 것이 주원인이다. 이 이런 혼돈의 세상이 어찌 하나님의 나라가 되겠는지를 상상이나 할 수 있겠는가?

4. 성공의 관건

성공의 관건은 본 프로젝트가 얼마나 현실적으로 치밀하게 준비되어 있으며, 얼마나 많은 사람의 호응을 끌어낼 수 있느냐에 달렸다. 단순한 조합이나 벤치마킹이 아니라 형이상학적 정신세계를 가시적으로 형상화하고 있다는 사실이 독특하기도 하고 좀처럼 믿기지 않을 수도 있다. 그러나 이 사업은 이름도 없던 하나의 작은 유적지(말무덤)를 세계적인 명소로 부각시키는 아주 작은 사업으로 시작을 알리지만, 이와 매치시켜서 우리의 정신세계를 혁신적으로 변화시킬 수 있는 명확한 방법과 우리가 새롭게 정립해야 할 민족사상의 근간을 제시하고 있다는 점에 주목해야 할 것이다. 하나의 작은 캠페인으로 시작하여 전 국민이 놀이하듯이 즐겁게 참여할 수 있고, 그래서 저절로 성취되는 개혁이며 정신 혁명이다. 투자 대비 이보다 더 큰 효과와 감동의 파장을 가져다 줄 대박 사업은 없을 것이다.

흔히 말하는 〈대박〉이라고 하면 투자 대비 그 수익이 몇십 배, 몇백 배가 나오는 경우를 말한다. 그러나 여기서 말하는 대박의 개념은 그런 속물적인 것들은 굳이 목표로 삼지 않아도 부수적으로 굴러 들어온다고 보는 것이다. 우리의 목표는 한 치 앞도 알 수 없는 이 인간 세상, **[인류의 구원과 평화]**다. 한마디로 말해 신과 같이 창조된 인간의 정체성을 되찾게 한다는 것이 목표다. 흙에서 나서 흙으로 돌아간다는 것이 우리 인간의 머리로 생각해낸 종착점이고 성경 말씀을 빌리자면 본향으로 돌아간다, 또는 불교에서 말하는 환생이나 윤회로도 해석할 수 있을 것인데 이 이론을 정확하게 구체적으로 완성하는 작업도 하나의 목표라면 목표다. 추상적인 것들을 가시화하는 작업, 이 자체만으로도 전무후무한 천기누설이다. 어떤 특정 부류를 위한 것이 아니다. 만인을 위한 만인의 힐링 명소, 세계인들이 줄을 서서 찾아오는 순례지 차원의 정신 혁명 도량이 저절로 만들어지는 것이다.

대구광역시가 1조라는 거금을 투자하여 금호 강변에 [거대 랜드마크 정원]을 만들겠다고 발표한 것이 2021년 10월이다. 그것을 이용할 대구시민이나 관광객들의 쉼터 역할을 목적으로 한다. 이런 사업은 각 지자체가 벤치마킹하면서 경쟁적으로 시행하고 있으나 사람들의 영혼까지 힐링이 되는 진정한 쉼터의 역할은 기대할 수가 없다. 우리의 잠재의식이나 내면의 세계는 〈고통과 번민〉으로 가득 차 있는데 눈요기나 즐기라는 발상 자체가 〈우는 아기에게 사탕 하나 입에 물려주는 꼴〉과 같아서 지자체들의 이러한 돈 잔치가 인간 세상에서는 그래도 대단한 사업임에는 틀림이 없으나 [치유와 회복]이 절실한 현대인들에게는 마취제나 진통제 역할이나 할까 말까다. 일시적인 약발이 한 1주일만 가도 삶의 질을 높여주는 것은 확실하다고 보는 것이 인간의 생각이다.

그리고 개인의 삶에 대한 사유와 위안의 차원이라면 교회나 사찰과 같이 사람들의 정신적 힐링을 담당하는 분야가 따로 있지 않으냐고 반문할 수 있다. 그러나 삶에서 파생되는 무거운 짐을 종교가 해결한다고 생각하는 그 자체가 인류를 착각에 빠지게 했다. 그것은 잠시 잠깐의 위로가 될 뿐, 실제로는 더 무거운 짐을 지우는 경우가 다반사라는 사실, 세월 속에서 세뇌된 사상에 의해 까마득히 잊은 듯하다. 교회 헌금만 하더라도 아무거나 갖다 붙이면 된다. 새벽기도, 금식기도, 철야기도, 산상기도, 안수기도, 방언기도 등 그 수많은 기도가 실제로는 무거운 짐이라는 사실을 아는 사람은 없다. 그 영혼이 그만큼 부담을 느끼고 있는데도 그것이 자기를 위하는 것이라고 착각하는 것이다. 달리 찾을 곳이 없으니 그럴 수밖에 없다. 지금까지 우리는 이러한 틀 속에 갇혀 있다는 사실, 그 눈들이 모두 감겨 있었기 때문에 소경이 소경을 인도하는 종교 생활의 굴레에서 한 발짝도 더 나아갈 수가 없었던 거다.

인류가 지금까지 관습적이고 유전적인 형태로 만들어 놓은 종교의 틀, 그 형식적이고 관념적인 사상에 머물러 있기만 할 것이 아니라 이제는 그런 굴레를 벗어나 초월해 보자는 것이다. 우리의 생각을 에덴 시대로 되돌린다고 보면, 인간 스스로가 금 그어놓은 어떤 형식이나 규칙, 규범의 부담으로부터 우리의 영혼을 자유롭게 해줄 필요가 있다. 대규모 공적자금을 투자하여 공연장이나 [**야외 쉼터**]가 될 음악당과 같은 문화시설을 확보하는 것도 필요는 하겠지만 더 중요한 것은 그 랜드마크에 영혼을 불어넣는 작업이 필요하다. [**보여주기식**] 랜드마크라 할지라도 이러한 인본 사상을 기초로 하여 건설한다면 보다 이상적이고 가치 있는 명소가 될 것이다. 우리가 늘 해오던 방식을 고집할 것이 아니라 지구촌의 전 인류가 모범국가로 우러러볼 [**세계의 중심 국가 이미지**]를 만들기 위해서는 고차원적 정신 혁명이 필요하며 그것을 수행할 초대박 연수원 사업을 구상할 단계가 된 것이다. 이것은 기존의 종교단체가 거부감을 느끼거나 반발할 여지가 있으나 이것은 하나의 문화시설이고 종교의 개념으로는 상충하는 부분이 있으나 법적으로는 문제 될 것이 없다. 다만 이 사상이 붐을 일으키게 되면 인간 세상에서 통용되던 종교 개념 내지, 그 사상이 뒤집히면서 지각변동이 일어날 것이니 이는 천지개벽에 맞먹는 변화를 예고한다.

특히 지방자치 시대를 구가하는 현대인들을 상대로 하나의 새로운 생각, 차원이 다른 힐링 열풍이 일면서 사악한 바이러스가 저절로 사멸하는 기현상이 전 지구적으로 형성되면서 충격과 감동을 선사할 수도 있다. 그러나 이는 한 사람의 노력이나 [맘먹기 나름]으로 이루어지는 것이 아닌 만큼 그 전파 속도에 따라 가속도가 붙을 것은 확실하다.

5. 그림 같은 삶을 위한 제언

 그림 같은 삶을 위한 간단한 방법 : 다수의 보통 사람은 공기 좋고 풍치 좋은 곳에 그림 같은 집을 짓고 사랑하는 사람과 영원히(?) 살고 싶어 하거나 노후에라도 그런 삶을 꿈꾼다. 실제로 그런 꿈을 이루었다 해도 〈이런 게 진정한 행복일까?〉하는 의문이 생길 수 있다. 우리는 언제 어디서나 정신적 고통이라는 인간의 숙명에서 완전히 자유로울 수는 없기 때문이다. 그렇다면 이것을 그대로 인정하면서 점점 줄여나가는 방법을 터득해서 진정한 영적 해방, 자유로운 영혼의 안식처를 내 마음속에 굳건하게 세울 수는 없을까?

 전원생활, 아무나 할 수 없는 삶이기에 남들 보기에 부럽기도 하고 질투가 나기도 하겠지만, 이런 삶의 이면에는 번잡한 세상과의 단절이 있다. 단순하면 행복해진다. 그렇다면 세상 어디에 살아도 생각부터 단순해지고 마음이 가벼워지기만 하면 되는 거 아닐까? 여러 가지 복합적인 요인이 작용할 수 있겠지만 그런 거 모두 지워버리고 진짜 단순, 명료하게 우리의 삶을 그림처럼 만들 방법은 없을까?

 지금도 전 세계적으로 **힐링 열풍**은 식지 않고 있다. 힘든 세상살이에 지친 자신의 영혼을 위해 편안한 안식과 위로를 주고 싶은 것은 누구나 갈망하는 그림이다. 그러나 안타까운 것은 힐링의 효과가 일시적인 위로는 될지언정 영원히 지속되지 못한다는 점이다. 진정한 힐링, 영원히 지워지지 않는 그림으로 내 마음의 안식처를 구축할 수는 없느냐 하는 난제를 하나의 화두로 삼고 기도한 결과다.

 그림 같은 삶, 언제 어디서든 가능하다. 우리의 삶이 [마음먹기] 달렸다고 말들 하면서도 누구나 다 행하지 못하는 이 〈**마음먹기**〉 방법이 중요하다. 어떻게 하면 될까? 이 글을 읽는 누구라도 즉시 실천해 보

자. **자기가 원하는 그림 같은 집을 마음속에 먼저 그려보자.** 자기가 그리는 만큼의 삶이 가능하다. 진짜 그림이나 사진을 벽에 걸어 두거나 추상적인 언어로 표현하는 것도 한 방법이다.

다음, 무조건 그 상상 속의 그림 속으로 뛰어드는 것이다. 눈 깜짝할 사이에 그림 속으로 자신을 그려 넣는 방법, 그것을 터득하기만 하면 된다. 이것이 중요하다. 단지 하나의 그림일 뿐이고 현실은 다르다고 생각하는가? 아니다. 현실도 **[마음먹기에 달렸다]**고 입버릇처럼 말하던 당신 아닌가? 말이 씨가 된다. 바쁘기만 한 일상에서도 같은 말을 되풀이하다 보면 그것이 [자기 최면]을 유발하는 것이니 너무 쉬워서 의심이 들 정도가 될 것이다.

스스로 그림 속에 뛰어드는 것, 그렇게 힘들 거 없다. 그림 속의 자신을 생각하면 된다. 그림 속에서 세상을 바라보는 일. 마음속으로 자신을 그림 속에 그려 넣는 일- 이것이 중요하다. 그림 속에서 세상을 바라본다고 생각해 보라. 나는 단지 그 그림 속에 있으나 가족들과 대화도 할 수 있고 맘먹기 나름으로 더 행복한 삶이 가능하다. 이런 삶이 바로 자기가 갈망하던 것이라고 자신에게 [암시 주기]를 몇 번만 거듭하다 보면 점점 쉬워진다. 저절로 유유자적 그림 같은 삶이 다가올 것이다. 그림 속에 화난 자기를 그린다는 것은 비참하고 보기 싫은 일이다. 자신을 먼저 그림 속으로 보내기만 하면 그 순간부터 그림 같은 삶이 가능하다는 걸 이내 터득하게 될 것이다.

그림 속에서는 화낼 필요도 없고 조급해할 필요도 없다. 거기는 시냇물도 흐르고 그 속에 겹쳐 있는 푸른 하늘, 구름 속에서 물장구치는 자신을 상상할 수도 있다. 누구나 시인이 되고 화가가 되는 것이니. 삶이 바로 예술이 되는 초월적 상상력이 동원된 결과다. 이러한 **자기 최면**이야말로 우리의 삶을 고차원적으로 관조하면서 객관적으로 자신을 볼 수 있게 하여 세상사에 쉽사리 휘둘리지 않게 한다. 자기 최면이 어렵다고? 같은 행위, 같은 말을 반복하다 보면 자신도 모르는 사이에 점점 빨라지고 그 최면 효과는 배가된다. 우리는 알게 모르게 자기가 내뱉는 말로 최면을 걸면서 살고 있고 앞으로도 그렇게 살아갈 수밖에 없다. 입버릇처럼 같은 말을 되풀이하다 보면 스스로 그 말의 노예가 되고 좋은 뜻으로는 하나의 신념이 된다. 머지않아 그것이 현실이 되는 기적이 일어나는 것이니 이것은 단순히 이론으로 치부할 것이 아니라, 아무라도 쉽게 실천할 수 있는 **힐링의 최고 요법**이라 할 수 있다.

그림 속에서의 삶 - 그림 같은 삶은 세상의 번민과 욕망의 사슬로부터 완전히 벗어난 무아의 경지도 가능할 것이다. 돈이 많고 적음에 구애받지 않는다. 불교에서 말하는 해탈의 경지에 오르기 위해 수십 년 토굴 속에서 정진해도 얻기 힘든 것이, 우리의 마음속에 존재하는 이 그림 요법이다. 누구나 이 방법만 터득하면 언제 어디서든 쉽게 끄집어낼 수 있다는 사실을 인식하는 것으로 시작이다. 이 그림그리기 요법은 앞에서 언급되고 있는 **[힐링캠프]**에서도 하나의 화두가 될 것이다.

6. 기도를 일상 속으로 끌어들이는 법

 하나님의 음성을 들었다거나 듣고 싶다면 그때부터는
[**내가 하나님과 같이 되는 방법**]을 갈망해야 한다. 그런 것도 아니고
그저 자기가 갖고 싶은 거나 빌고 있었으니 기복적 샤머니즘에서 벗어
나지 못하는 것이고, 그것이 이루어지든 아니든 그 약발은 일주일도 못
가서 사라지고 만다.
 - 부처님을 믿는 사람도 마찬가지다.

 하나의 숙제를 염두에 두라.
"내가 어떻게 하면 하나님과 같이 될 수 있을까?"
아니면
"어떻게 내가 바로 부처님과 같이 될 수 있을까?"
 이 어려운 숙제는 이불 속에서 골똘히 생각한다고 해서
해답이 떠오르지 않는다. 그 문제를 머리 아프도록(?) 생각하다가
즉시 답이 떠오르지 않으면 다 덮어 놓고 산책길에 나서라.

 당신의 한 걸음 한 걸음의 보폭에 리듬이 실리면서
당신의 생각은 우주의 순리대로 움직이기 시작할 것이다.
책상 위에서는 아무리 생각해도 떠오르지 않던 것들이
기억의 유추와 되새김, 그리고 감질나는 생각의 소용돌이 속에서
[**불러오기**] 속에서 번득이는 지혜의 해답,
그것을 순간적으로 감지하여 내려받는 센스가 필요하다.

[**불러오기**]를 잘하려면 지난 경험 속에 잠자고 있는

당신의 모든 기억으로부터 집합되고 간추려진 신의 존재에 대한
확신, 그리고 당신이 바로 그 신과 하나가 되는 연습문제를
계속해서 학습하다 보면 인간이 신과 같이
하나가 되는 지난한 문제가 해결된다.
이것은 하나의 방법론으로서 핵심에 속하며
자기에게 적응되도록 적극적이고 지속적인 연습이 필요하다.

공부 잘하는 방법은 하나의 작은 성공을 통해 자신감을 더하고,
성공에 대한 노하우가 터득된 후에는 가속도가 붙게 마련이라고
앞에서도 언급한 바와 같이 이 원칙과 기법을
일상적인 기도, 차원 높은 영적 깨달음, 그리고
고차원 기도로 업그레이드시키는 것이니
천리 길도 한걸음부터라는 사실, 누구나 적용하면 된다.

세상의 달인도 하루아침에 이루어지는 것이 아니다.

7. 깨어있으라~

'깨어있어라' - 성경 속에 가장 많이 등장하는 말 중의 하나다. 세상의 신학박사들은 이 말을 '**믿음을 굳게 지키라**' 또는 '**쉬지 말고 기도하라**'고 한다. [무언가에 취해서 나태해지는 것을 경계하라]는 고상한 의미로도 해석하면서 신도들을 붙잡아두는 그물로 활용한다. 그런데~

[18)](깨어있어라. 내가 너희에게 하는 이 말이 모든 사람에게 하는 말이니라 하시니라]는 구절 속의 [-깨어있어라-]는 뭔가 의미심장한 의미를 담고 있다. 이 [**인간 세상을 향한 경고의 메시지**]가 포함되어 있으니, 잠자는 상태와 반대의 의미로만 해석할 게 아니다. 그렇다고 해서 〈국민이 깨어있어야~~〉 따위로 인용하면서 좌익 빨갱이 사상을 미화하고 편견에 사로잡힌 책이나 쓰고 있는 자가 있다면 그야말로 웃기는 일이다. 이 땅의 좌파 공산주의 이념의 노예가 된 자들은 이렇게 뭐든지 자기들에게 유리한 쪽으로만 해석하고 꿰맞추는 희한한 재주를 가졌다. 그래서 진보라 하는지도 모를 일이다. 이 책을 제대로 읽었다면 저 말씀도 정확히 알아들을 수가 있게 된다.

〈**잠자고 있는 것**〉과 반대, 또는 [**신도 잡아두는 그물**]로만 단순하게 해석할 것이 아니다. 〈**깨어있어라, 또는 깨어나라**〉는 신의 명령을 사악한 바이러스로 변한 정치꾼들에게 대입하면 그 즉시 답을 얻을 것이니, 우리 인간의 **무지, 무감각, 몰지각에서 벗어나라**는 뜻이다. 하늘의 명령이고 분발하라는 메시지다. 그러나 이 [인간 세상]은 하늘의 뜻과는 무관한 [**몰지각의 늪이요, 오로지 먹고 사는 일로 서로 속고 속인다**]고 성경은 예언하고 있다. 그러니 공짜 돈 [기본 소득]에 눈이 먼 소경들에게는 [-깨어나라-]는 호소가 그저 공허한 메아리로 끝날 수밖에 없다.

---

18) 신약 마가복음 13장 37절 : [깨어있어라. 내가 너희에게 하는 이 말이 모든 사람에게 하는 말이니라 하시니라]

8. 진심으로 회개하라

 특히 교회에서는 〈회개〉를 빼면 시체다. 잘못한 거, 죄지은 것을 뉘우치라는 뜻으로 해석되는 성경 말씀을 실천하겠다고 회개의 기도를 한다. 하다 하다 더 할 게 없으면 〈**젖먹이 때 엄마 젖꼭지를 깨문 적이 있지 않냐면서 그것까지 회개하라**〉는 거다. 그 명분이 참으로 요란스럽기도 하거니와 자칫 잘못으로 극도의 사악함을 조장하는 경우를 배제할 수 없다. 언제든 회개하면 되니까. 얼마나 많은 사람이 밤낮, 주야로 하나님을 부르며 괴성을 질러대는지 그 이웃들은 잠을 설친다는 사실을 생각이나 하고 있는지 알 수 없다. 민폐도 이런 민폐가 없고 착각도 이런 착각이 없다. 그러니까 아무리 사악한 짓을 저질러도 회개하면 된다는 비양심, 몰지각의 종착지가 바로 저 교회들의 기도 현장이라는 사실, 자각할 수 있을까?

 성경 속에서 말하는 진정한 회개란 전향(轉向)하라는 뜻이다. 뇌 구조를 바꾸라는 거다. 천주교 사제단처럼 좌익 빨갱이 민주(?)투사가 되라는 게 아니라, 그 잘못된 이념 사상을 버리고 전향하라는 것이지만 실제로는 불가능에 가깝다. 좌익 빨갱이가 전향하면 진정한 민주 투사가 된다. 그러나 이 땅의 **[민주 투사]**란 민주주의를 말살하려는 공산주의자들의 선전·선동에 꼭두각시 노릇이나 전사적으로 잘하는 시위꾼들로서 이 나라 민주주의 혜택을 누릴 자격이 없다. 부강해진 나라의 온갖 혜택을 다 누린 자가 어쩌다 지도자가 된 적이 한두 번이 아닌데, 박정희 영웅의 잔재를 지우는 것이 자신의 지상 과제인 것처럼 떠벌려도 어리석은 국민은 이미 **[그는 독재자]**라는 선전·선동에 마취가 되어 있어, 멍청히 바라만 보고 있을 뿐이다. 대한민국의 현실이다.

 아래 영상은, 아직도 악성 이념의 바이러스로부터 국가와 국민을 보호하려는 애국 국회의원이 있다는 사실에 안도하면서 이 마지막 영상을 통해 진실로 회개하고 진정한 인간의 삶을 찾을 사람이 한 사람이라도 나오기를 바라면서 이 책을 마감하려고 한다.

간첩 위험성 말하는 정경희 (우측 한글 문장만 입력시켜도 검색 가능)
https://www.youtube.com/watch?v=e2fVxzs6LBg&t=159s

대한민국에는 양대 세력이 있다. **대한민국을 지키려는 자들과 허물어뜨리려는 악마 세력**이다.

어리석은 국민은 이 사실을 모르는지, 아니면 모르는 척하는지는 알 수는 없으나 **두 경우 모두 눈이 감긴 것만은 사실이고 그 증상은** 모두 심각하다. 국민의 대표라는 자들이 모여 있는 국회가 그렇다는 것이고 국민이 둘로 갈라진 원인도 바로 거기에서 기인한다.

수많은 외세의 침략에도 살아남은 이 민족이 왜 저따위 사악한 공산주의 이념에 미쳐버린 세상이 되었을까? 정치에는 관심 없다는 무관심과 무개념, 나라야 망하든 말든 나의 이익이 먼저라는 몰지각과 몰상식, 그리고 집단적 이기주의가 판치는 세상이 되었으나 그 치유의 필요성을 제시한 자도 없고 방법도 없다. 정치꾼들 또한 어떻게 해서라도 표를 얻으려면 그 이기주의나 충족시켜주려고 애쓰는 척이라도 해야 한다. 수요와 공급의 법칙처럼 그런 얄팍한 포퓰리즘에 울고 웃는 것이 오늘의 인간 군상이다. 이래서 정신 혁명이 필요하다는 것이다.

9. 국민 주권 시대, 국민이 나서야 할 때다

국민이 나서야 할 때입니다.

스님들도, 교회도 함께 나서야 합니다.
한가하게 목탁이나 두드리고 기도회나 열어서
일신의 복이나 빌어줄 때가 아닙니다.

참회하십시오. 회개하십시오.
부처님도 하나님도, 나라가 있어야 가능합니다.
종교가 정치에 개입하는 게 아닙니다.
들개 무리가 조장하는 말에 현혹되지 마십시오.

여론 조작과 시위 조장으로 집단 이기주의나 부추기며
나라를 통째로 무너뜨리고 있는 저 짐승 같은 자들,
그 간악한 이념의 바이러스를 물리쳐야 합니다.
국민이 나서야 합니다. 회개 / 참회가 가능한
종교인이 먼저 나서야 합니다.

괴담과 선동으로 어리석은 백성을 미혹하는 영,
저 사악한 영들에겐 배려나 용서가 필요치 않아요.
국민을 위한다는 명분으로 조작과 불법을 자행하는 저

악마 집단은 심판만이 답입니다.
2024년 바로 내년입니다. 4월 10일~
그 [때]가 바로 심판의 날입니다.

그날을 위해 선한 사람들이 힘을 모아야 합니다.
지금부터 한 사람이라도 더 전파해야 합니다.
때를 놓치면 다시는 기회가 없습니다.
그다음엔 지옥입니다. 저 북의 지옥 세계가
정녕 보이지 않는다는 자들은
자발적으로 저 공산 주사파 빨갱이들과 함께
모조리 북으로 보내져야 합니다.

기억하십시오. 잊지 마십시오.

2024년, 내년 4월 10일입니다.

때를 놓치기라도 하면 영원히
악의 구렁텅이로 떨어질 것이니
그것이 바로 무저갱이라는 사실, 많이 많이 전파해 주십시오.
저 불의와 사악함을 보고도 눈을 감는 것은 죄악이며,
이를 척결하는 데 앞장서는 것이
선을 행하는 최고의 선택입니다.

유 언

내가 살 만큼 살았다고 느끼는 것이 아니라
삶과 죽음이 하나라는 것을 깨닫고,
그것을 몸소 실천해야 할 마음이 생겼을 때
인간의 가장 기본적인 욕구, 음식부터 끊고
스스로 생불이 될 수 있는 길을 택할 것이다.

나는 이미 그런 장소를 정해놓고 있으며
인류가 부처님의 나라, 천국으로 거듭나는 계기가 되길 바라는
메시지까지도 준비해 놓고 있다.
그 메시지는 아래와 같다.

당신이 바로 부처인데 지금껏 어디 가서 부처를 찾으셨나요. 여기, 저 연좌대는 당신이 앉아야 할 자리입니다. 누구라도 저기 앉아 스스로 부처가 되십시오. 그리고 가실 때는 세상 두려움도 번뇌도, 사람에 대한 기대조차도 모두 다 내려놓고 가십시오. 그리고 영원히 그 초심 유지하려면 인증-샷으로 찍은 사진, 큰 액자에 넣어서 집안 가장 잘 보이는 곳에 걸어 두고 매일매일 업장 소멸하는 삶 사십시오. 그게 바로 성불하는 것이고 바로 이생에서 천국을 소유하는 방법입니다.

연좌대 앞에는 뚜껑이 있는 무덤이 하나 조성되어 있을 것이다
바로 내가 들어가서 생불이 될 장소이다

묘비명에는 아래와 같은 문구가 새겨질 것이다.
- 삶과 죽음이 하나인 것을 깨달음으로 영생하느니라 -

출판사 서평

이 책을 건성으로 읽거나 얼핏 훑어보면 대번에 [극우]라 할 정도로 좌익 주사파 세력을 극렬하게 비판하는 것처럼 보인다. 그러나 이 책은 저 여의도 정치-판을 까뒤집으면서 인간의 영적 세계가 얼마나 캄캄한 어둠 속에 잠겨있는지를 적나라하게 보여준다. 그리하여 이 땅에 만연하고 있는 집단 이기주의와 향락 문화를 더욱 조장하는 저 사이비 정치꾼들의 민생이라는 이름으로 포장된 선심 정치가 인간성을 얼마나 말살하고 있는지를 신랄하게 비판한다. 그러면서 국가관이 무너진 국민 정신을 일깨워야 한다고 역설한다. 우리가 진정 어떻게 살아야 행복한 삶을 살 것인가 하는 화두는 기본이고, 세계 평화에도 기여(寄與)할 [국가 개혁]이라는 범정부적 과제도 너무 쉽게 달성할 수 있는 구체적 방법을 제시하고 있다.

그리고 이 책을 통해 지금까지 우리가 하던 기도란 기도는 모조리 기복(祈福) 즉, 일신상의 복이나 빌 뿐인 샤머니즘에 머물러 있음을 지적하면서 어떻게 해야 신의 성품으로 기도하고 느낄 수 있는지를 아주 간단하게 깨닫게 한다. 이 책에서 제시되는 방법은 유사 이래 전무후무한 시도로서 형이상학적인 인간의 정신세계를 눈으로 보고 느낄 수 있도록 하나의 감동적인 콘텐츠로 가시화하고 있다는 것이 백미 중의 백미라 할 것이다. 그리고 이 땅의 종교라는 것이 유전적이고 관습적인 율법 속에 갇혀 있음을, 성경 구절을 인용하여 새롭게 해석함으로써 이 또한 천기누설이라 할만하고, 그 사실 하나만으로도 파격이며 천지개벽에 가까운 빛의 세계라 할 것이다.

2023년 07월 편집부 제공

[대한핀홀연구소]의 **[K-7핀홀안경]**을 통해 육신의 눈을 밝히시려는 고객 여러분, 영적 눈도 밝아지시라고 발간한 책입니다. 마침내 이 땅에 [천지개벽]이 일어나고 여러분의 영(靈)도 어둠 속에서 빛으로 나아올 수 있는 계기가 되어 당신에게 기적이 일어나길 빕니다. 이 책 특별 증정 이벤트는 계속됩니다. 네이버, 쿠팡 검색창에 **[K-7핀홀안경]** 검색요.

tuyen3133@naver.com   카톡ID : 신인간혁명

- 영적 어둠 속에 갇혀 있는 인간 군상을 빛 속으로 드러내어 마침내, 우리의 진정한 자아와 정체성을 되찾고자 시도되는 시각화 작업 -

신 인간 혁명

발 행 일 : 2023년 7월 20일 초판 발행
저작권자 : 대한핀홀연구소 왕은주
표지편집 : 영남인쇄출판
ISBN   : 979-11-983969-0-7
판권소유 : 더밝은세상
품   목 : 일반서적 출판업
주력제품 : 철학(인간학, 형이상학, 자기개발,인식론)
발 행 처 : 더밝은세상
등록번호 : 제373-2023-000009
전화번호 : 070-4288-3133
팩   스 : 052-254-3137
대량주문 : 010-7578-3130 (문자만 가능)
주   소 : 울산광역시 울주군 상북면 신기길 26
e-메일   : tuyen3133@naver.com